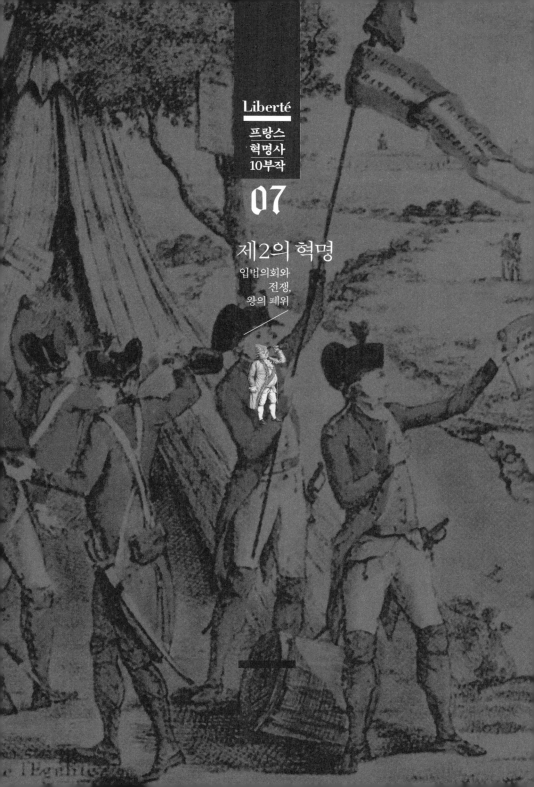

Liberté

프랑스
혁명사
10부작

07

제2의 혁명

입법의회와
전쟁,
왕의 폐위

Liberté ― 프랑스 혁명사 10부작 제7권
제2의 혁명 ― 입법의회와 전쟁, 왕의 폐위

2018년 5월 31일 초판 1쇄 발행
2022년 9월 15일 초판 2쇄 발행

지은이 l 주명철
펴낸곳 l 여문책
펴낸이 l 소은주
등록 l 제406-251002014000042호
주소 l (10911) 경기도 파주시 운정역길 116-3, 101-401호
전화 l (070) 8808-0750
팩스 l (031) 946-0750
전자우편 l yeomoonchaek@gmail.com
페이스북 l www.facebook.com/yeomoonchaek

ⓒ 주명철, 2018

ISBN 979-11-956511-0-8 (세트)
      979-11-87700-22-7 (04920)

이 도서의 국립중앙도서관 출판시도서목록(cip)은 e-CIP 홈페이지(http://www.nl.go.kr/ecip)에서
이용하실 수 있습니다(CIP 제어번호: 2018013351).

• '리베르테Liberté'는 '자유'라는 뜻으로 혁명이 일어난 1789년을 프랑스인들이
  '자유의 원년'이라고 부른 데서 따온 시리즈명입니다.
• 여문책은 잘 익은 가을벼처럼 속이 알찬 책을 만듭니다.

Liberté

프랑스
혁명사
10부작

07

주명철 지음

제2의 혁명

입법의회와
전쟁,
왕의 폐위

여문책

　　　　　　　　　2015년 말에 프랑스 혁명사 10부작의 첫
권을 내놓기 시작할 때부터 우리나라는 구체제와 신체제의 갈림길에 접어들
었다. 2017년 11월에 나온 제6권 『헌법의 완성』은 프랑스 혁명에서 최초의
성문헌법을 제정하는 과정을 다룬 책이었는데, 그 책을 쓸 때 우리나라의 최
고 화두는 재조산하再造山河였으니, 이 또한 국가체제를 완전히 새롭게 바꿔
보자는 뜻이라서 우연치고는 아주 공교롭다. 요즘 우리 여야 정치권은 지난
30년 동안의 체제를 규정한 헌법을 개정하는 방법과 시기를 조율하고 있다.
헌법을 개정한다는 것은 기존의 헌법에서 시대에 뒤떨어진 조항들을 빼고
새 시대의 정신을 반영하며, 또 미래에도 존중해야 할 인류 보편의 가치를 담
는다는 뜻일 터. 그러나 과거 우리나라의 헌법 개정의 역사를 보면 늘 독재자
의 입맛에 맞는 방향으로 바꾸었기 때문에 그 결과는 대체로 개악이었다. 마
침 이번에 내놓는 제7권(『제2의 혁명』)의 내용은 프랑스 최초 성문헌법에 따
른 헌정이 1년도 안 되는 사이에 중단되는 사태를 다루는 것이므로 헌법 개
정문제와 깊은 관계가 있다. 따라서 제7권의 내용을 잠시 살펴본 뒤 우리의
현실에 대해 함께 고민할 문제를 생각해보자.
　　프랑스 역사상 최초의 성문헌법을 적용해서 민주적 선거로 뽑은 입법의
회는 1791년 10월 1일부터 법을 만들면서 국내외의 온갖 어려움을 겪었다.
종교인들은 헌법에서 공무원의 지위를 얻었으며, 헌법에 충성하겠다고 맹세

해야 했지만 거부하거나 맹세를 하고서도 철회하는 경우가 많았다. 귀족주의자들은 단원제 국회를 영국식 양원제로 바꾸자고 주장했다. 종교인과 귀족주의자들은 나라 안팎에서 헌정을 파괴할 목적으로 군대를 모으고 외국의 지원을 받았다. 그들은 내전을 부추기는 동시에 외국으로 망명한 왕족들과 내통하고 외국 군주들의 지원을 얻어 대외전쟁까지 부추겼다. 그렇게 해서 프랑스는 1792년 4월 20일에 선전포고를 하고 오스트리아와 프로이센의 연합군과 전쟁을 시작했다. 그러나 예상과 달리 개전 초기부터 고전하면서 국내의 불만세력이 국회와 왕을 더욱 압박했다. 결국 왕과 그 지지자들의 비협조적인 처신에 불만을 품은 상퀼로트 계층이 1792년 8월 10일에 왕의 폐위를 부르짖으면서 봉기했다. 왕은 가족과 함께 튈르리 궁에서 나와 입법의회로 피신했다. 입법의회는 상황을 보면서 개각을 단행했다. 이렇게 해서 이른바 '제2의 혁명'이 일어났다.

최초의 성문헌법을 개정해야 하는 이유가 '제2의 혁명'에서 갑자기 생겼다고 보기는 어렵다. 그 근본적인 이유는 무엇일까? 당시 프랑스인들이 민주적 정치의 경험을 많이 쌓지 못한 점을 가장 먼저 꼽을 수 있다. 정치인들은 각 지방의 유명인사들이자 지식인이었다. 그들은 계몽주의의 이상을 문서에 담을 능력을 갖춘 사람들이었다. 그럼에도 모든 사람이 이론적으로 알던 문제와 나날이 부딪치는 현실은 차이가 났다. 한마디로 국회의원들도 일반인처럼 현실정치 경험을 하나하나 새로 쌓아야 했다. 그래서 헌법의 전문前文에서는 자유·평등·국민주권을 기본권으로 써놓았음에도, 실제로 국민주권을 행사하는 구체적 방법에서는 평등을 적용하지 않았다. 국민을 남녀로 나누고, 남성을 능동시민과 수동시민으로 나누면서 투표권과 피선거권을 제한했다. 또한 국민 일부가 뽑은 대표(국회의원)와 혈통에 따라 왕국을 대표하는 이른바 '세습대표'인 왕을 동등한 지위로 규정했다. 그래서 왕에게 국회에서 만든 법을 거부할 권한을 주었다. 국민주권을 대표하는 의원들이 일반의지의 표현이라고 생각하고 합의해서 만든 법을 왕은 간단히 거부할 수 있었다. 더욱이 국가비상사태 때는 능동시민과 수동시민을 가리지 않고 나라를 지켜야 하지만 헌법에서는 수동시민의 참정권을 제한했으니, 똑같이 고통을 분담하는 데 비해 정치적 권리를 갖지 못한 이들이 헌법을 인정할 리 없었다. 또 유권자들도 정치 경험이 없었기 때문에 의원의 성향과 자질을 제대로 검증하지 못한 채 뽑았다. 지식인들은 대표로 뽑지 말아야 할 인사들에 대해서 알리느라고 노력했지만, 유권자들은 제대로 검증하지 못했고 투표율도 낮았다. 뽑아서는 안 될 정치인을 걸러내고 유권자의 자질을 높이면서 투표율도 높이는 방법은 오늘날 우리도 고민해서 신중하게 강구해야 할 과제다.

우리의 헌법을 개정하자는 논의가 시작된 이때를 프랑스 혁명기의 헌정중단사태와 비교할 만한가? '제2의 혁명'은 물리적 충돌과 유혈사태로 개헌을 촉발했지만, 다행히 우리는 평화적인 정권교체를 통해서 탄생시킨 새로운 정부와 입법부가 헌법 개정을 논의하기 시작했다. 그러나 여기까지 오는 과정을 돌이켜보면 왜 이 시점이 중대한 고비인지 저절로 드러날 것이다. 우리는 헌법을 개정할 때마다 대통령제를 선택했다. 그러므로 대통령을 뽑는 방식을 중심으로 헌법 개정의 역사를 보면, 제1호 헌법(1948)에서는 대통령과 부통령을 국회에서 무기명투표로, 제2호(1952)와 제3호(1954)에서는 대통령과 부통령을 보통·평등·직접·비밀선거로, 제4호(1960)와 제5호(1960)에서는 대통령을 양원제합동회의에서, 제6호(1963)와 제7호(1969)에서는 대통령을 보통·평등·직접·비밀선거로, 제8호(1972), 이른바 유신헌법에서는 대통령을 통일주체국민회의에서 뽑도록 했다. 박정희는 김대중과 대결한 선거에서 겨우 이겼기 때문에 자칫하면 평생집권의 욕심을 채우지 못할까봐 두려워했다. 그래서 이른바 유신헌법을 제정해 2,000~5,000명 사이의 통일주체국민회의에서 토론 없이 대통령을 뽑는다고 못 박았다. 그리고 그는 실제로 장충체육관에서 거의 100퍼센트의 지지를 받아 대통령이 되었다. 박정희에게 많은 것을 배운 전두환은 제9호(1980)에서 규정한 대로 대통령 선거인단이 무기명투표로 뽑은 대통령이 되었다. 임기 말 그는 전방에서 군대를 동원해 함께 쿠데타를 일으킨 육군사관학교 동창생 노태우에게 정권을 물려주려고 꼼수를 부리다가 6월 항쟁에 부딪쳤고, 할 수 없이 제10호 헌법(1987)을 내놓았다. 그렇게 해서 노태우부터 문재인까지 제6공화국 대통령의 계보를 잇게 되었다.

제6공화국 체제의 30년 동안 여러 대통령이 나라를 경영했다. 그동안 민주주의를 발전시킨 대통령이 있었지만, 후퇴시킨 대통령도 있었다. 특히 이명박과 박근혜의 재임기간 9년이 지나면서 마침내 대통령제의 결함이 있으니 헌법을 개정하자는 주장이 나왔다. 과연 그 말이 타당한지 따져보자. 그동안 온갖 말과 추측만 무성하던 국정농단 사건이 2016년부터 본격적으로 불거졌다. 박근혜와 최서원(최순실)이 이익공동체이며, 상식선에서 상상할 수 없는 일을 꾸미고 사리사욕을 채웠음이 여러 가지 증거로 하나둘 드러났다. 궁지에 몰린 박근혜는 개헌을 앞세워 정국의 주도권을 잡으려 했지만, 민주시민은 그를 타도하자면서 평화적인 촛불시위를 벌였다. 전국적으로 촛불시위가 지속적으로 일어나 연인원 1,700만 명 이상이 참가하는 동안 자연스럽게 '재조산하'라는 말이 나왔다. 그 뜻과 내용은 개헌과 다르지 않겠으나, 방법과 수준에서 박근혜와 구여권이 생각하는 헌법과 다를 것임은 충분히 예상할 수 있었다. 그들은 헌법 제10호에서 대통령의 권한을 너무 크게 주었기 때문에 제왕적 대통령이 나왔고 필연코 독재로 흐를 수밖에 없었으니 헌법을 고쳐야 한다고 주장했다. 그들이 정권을 잡은 초기에 기득권을 포기할 각오를 하고서 주도적으로 개헌을 얘기했다면 진심을 받아들일 용의가 있으나, 국정농단 사실이 드러나 모두가 "이게 나라냐?"고 한탄하는 시점에 자기 손에서 빠져나가는 주도권을 회복하려고 개헌 얘기를 꺼냈으니, 누가 선뜻 동의하겠는가?

이명박과 박근혜를 대통령으로 배출한 구여당 인사들은 마지못해 박근혜 탄핵에 동의한 뒤, 결코 진심 어린 반성을 하지 않고 표정만 바꿔 합리적 보수를 표방하고 있다. 그들은 틈만 나면 새 정부의 인사들과 그 지지자들을 종북, 좌파라는 딱지를 붙이면서 지지세력을 모으려고 노력한다. 헌법을 개정할 때마다 독재를 연장하기 위한 꼼수를 부렸듯이, 제10호 헌법을 개정하자는 얘기를 먼저 꺼낸 사람들은 독재에 협조하던 사람들이었으니, 그들에게 개헌의 주도권을 줄 수 없는 이유다. 새 체제를 만들려면 새로운 시대정신을 담을 용의가 있거나 합리적 일관성이라도 있어야 할 텐데, 그들에게는 그것을 기대할 수 없다. 삼성전자 부회장 이재용의 항소심 재판 결과에 대해 자유한국당은 "법원의 현명한 판결에 경의를 표한다"고 논평하더니, 최순실의 제1심 선고에 대해서는 "추상같은 판결"이라고 논평했다. '안종범 수첩'의 증거 능력을 인정하지 않은 판결과 인정한 판결을 모두 긍정적으로 평가하는 제1야당의 자세에서 합리적 일관성보다 비합리적 일관성을 볼 수 있어서 씁쓸할 뿐이다. 시대에 뒤떨어진 냉전사고에서 벗어나지 못한 집단이 새 시대의 정신을 어떻게 주도적으로 구현할 수 있을지 의문이다. 그들은 냉전체제를 벗어나기보다 유지하는 것이 더 유리하다고 여기는 것 같다. 툭하면 상대편을 종북, 좌파, 사회주의라는 말로 규정하면서 항상 색깔론을 활용한다.

그들의 지지자들도 구태의연한 색깔론과 냉전체제의 사고방식을 좋아한다는 뜻이니, 그들에게 개헌의 주도권을 넘겨주기가 두렵다.

문재인 대통령은 개헌안을 발의해놓고 6·13 지방선거일에 국민투표에 부치자고 제안했다. 제1야당은 관제 개헌·사회주의 개헌이라고 트집을 잡으면서 반발하고 있다. 그들은 박근혜가 개헌을 입에 올렸을 때 동조했던 사람들이다. 그들의 편리한 두뇌활동에 늘 놀랄 수밖에 없으니 참담하다. 지방선거일에 개헌안을 국민투표에 부치면 좋겠지만, 그렇지 못한 경우 국회의원들이 개헌안을 마련하겠다고 나설 텐데, 그 과정은 몹시 험난할 것이다. 조금이라도 좋은 헌법을 만들려면, 유권자들이 6월 13일에 지방선거와 재보궐선거에서 현명하게 권리를 행사해야 한다. 적폐세력을 확실히 심판해 과거의 잘못된 관행에서 벗어나고 예측 가능한 미래를 한시라도 빨리 구현할 바탕을 마련해야 한다. 이번 선거는 '촛불혁명'의 미래를 결정한다. 정치권은 좋건 싫건 지방선거와 재보궐선거의 결과에 따른 국민의 뜻을 받아들여야 하기 때문이다. 부디 적폐세력이 더는 정치적 야망을 품지 못하게 준엄한 국민의 뜻을 밝혀 '촛불시위'를 진정한 '문화혁명'으로 승화시키기를!

문화혁명을 이룰 여건과 가능성은 이미 나타났다. 우리는 1792년에 프랑스에서 '제2의 혁명'을 일으킨 사람들보다 평화적인 방법으로 민주주의를 회복하고 있다. 그러나 아직도 우리의 민주주의는 위태롭다. 냉전체제의 사고방식에 젖은 사람들이 남북분단을 고착화하고, 그것을 정치적으로 이용해서 틈만 나면 국민을 억압하고 정권을 잡아 연장할 궁리만 하기 때문이다. 국군과 정보기관들을 이용해 민간인과 정치인들의 약점을 캐고, 여론을 조작하고, 선거에 개입하고, 국민의 세금을 정권안보와 사리사욕을 위해 마구 남용한 사례가 지난 1년 동안 하나둘씩 드러났다. 무수히 많은 공문서나 사문서를 무단으로 폐기해 증거를 인멸하려고 노력했음에도 국정농단 사례가 여러 곳에서 드러났으니, 비리와 국정농단의 끝은 어디까지일지 상상하기도 싫다. 그럼에도 적폐청산의 의지를 꺾으려고 발버둥치는 사람들이 있다. 그들은 비리척결을 정치보복이라고 폄훼하면서 여론을 선동한다. 그들은 줄곧 이렇게 묻는다. "당신들의 정권은 그렇게 깨끗한가?" "이명박의 비리만 있느냐, 노무현과 김대중도 털면 나온다." 심지어 "세종대왕까지 조사할 것이냐?"라는 억지주장까지 서슴지 않는다. 왜 단군을 들먹이지 않는지. 비리에 대해 조사를 받거나 벌을 받아야 할 사람이 자신을 정치보복의 제물로 포장하려 하며, 그에 동조하는 세력이 똑같은 얘기를 널리 퍼뜨린다. 정치인과 공직자에게 정직하고 성실한 품행을 바라지 말라는 것인가? 그들은 일벌백계 一罰百戒의 제물이 되었다고 반발하지만, 상식적인 사람들은 신상필벌信賞必罰의 원칙을 따르는 체제를 만드는 과정일 뿐이라고 대답한다. 신상필벌의 원칙을 제대로 적용하는 사회를 만들어야 '촛불혁명'을 '문화혁명'으로 정착시킬 수 있다.

우리 헌법 개정의 역사는 이승만, 박정희, 전두환 같은 독재자들이 주도했다. 그리고 박근혜는 탄핵국면을 전환해보려고 개헌 얘기를 꺼냈다. 그러나 박근혜와 그 지지자들은 주도권을 잃고, 그들보다 더욱 민주적인 세력이 개헌을 주도할 수 있는 분위기가 조성되었다. 여기까지 오는 데만도 무척 힘들었다. 그럼에도 멈춰서는 안 된다. 문화혁명을 이룩해야 진정한 '촛불혁명'을 완수하기 때문이다. 문화혁명이란 무엇인가? '문화란 무엇인가'에 대해 답할 수 있을 때, 문화혁명을 규정할 수 있다. 문화는 역사를 구축하는 방식을 말한다. 다시 말해 역사는 문화적 구축물이다. 자원을 활용하고 생활에 이용하는 방식, 인간관계를 유지하는 방식, 사람이 태어나서 살고 죽는 과정이 모두 문화다. 물론 죽은 사람과 이별하는 방식, 꿈꾸는 방식, 사고방식, 세계관, 가벼운 몸짓과 행동까지도 문화가 아닌 것이 없다. 지금 우리는 적폐청산이라는 과제를 해결하면서 문화혁명을 겪고 있다. 독재자의 비밀주의에서 벗어난 진실들이 백일하에 드러나고, 따라서 그들이 저지른 불법행위의 실체에 접근할 수 있는 길을 열고 있다. 툭하면 증거를 없애려는 세력은 일제의 군국주의로부터 물려받은 폭력성과 그것을 감추려는 비밀주의를 유지하기 좋은 여건으로 냉전체제를 존속시키고자 노력했다. 무려 100년 동안 쌓인 적폐가 우리나라의 운명을 크게 좌우한 문화였다. 개발독재를 옹호하는 적폐세력의 문화는 그들의 세계관, 사고방식이다. 단순하다. 자신들에게 반대하거나 협조하지 않으면 무조건 적으로 낙인찍는다. 국제결혼을 한 가정만이 아니라 모든 가정이 다문화 가정이다. 부모, 자식, 모든 구성원이 다양하게 생각하고 꿈꾸면서 살아가기 때문이다. 그런데 나 아니면 적이라는 이분법적 사고방식에 젖은 그들은 자기가 지배하는 대상에게는 꿈꿀 자유조차 허용하지 않는다. 그 폭력성은 밀실의 문화다. 그러나 그들은 스스로 자책골을 많이 집어넣더니, 앞장세웠던 박근혜를 마지못해 탄핵했다. 따라서 이제부터 진정한 문화혁명을 시작할 때가 왔다.

문화혁명은 모든 사회가 다문화 사회임을 인정하는 데서 출발한다. 민주주의 문화라 생각해도 좋다. 더불어 사는 존재를 인정하고, 타인의 자유를 침해하지 않는 한 자유를 보장해주는 사고방식과 행동이 바람직한 문화다. 이기적이고 나쁜 문화는 나눌수록 삶을 황폐하게 만든다. 이 경우, 나눈다는 말은 이기적인 소수만이 공유한다는 뜻이다. 무한경쟁을 강요하는 교육이 좋은 예다. 나눌수록 삶을 풍요롭게 만드는 문화를 키워야 한다. 이런 문화는 공익을 위해 모든 정보를 공개하고 소통할 때 가능하다. 그러나 우리나라의 역사에서 지배자는 대부분 모든 곳을 밀실로 만들고자 노력했다. 독재자가 만들었던 '5·16 광장'은 덩치만 컸지 밀실이었다. 지금은 인터넷에서 자유로운 대화의 광장이 열리는 시대이며, 그만큼 시민사회가 발달했지만, 독재정권은 광장을 시민에게 돌려주려 하지 않고 차벽을 세우면서 밀실로 만들었다. 또 도청과 감청장비를 수입해서 시민사회의 동향을 감시했다. 마침내 2016년 말부터 일어난 촛불시위를 통해 시민들은 비로소 광장을 되찾았다.

이제 진정한 의미의 '근대화'를 이룰 때가 되었다. 산업화만 강조하고 민주주의를 유보한 시절을 일본의 군국주의 잔재로 파기처분하고, 정치·경제·사회·문화의 모든 분야에서 민주화를 성취할 때다. 시민사회가 모든 정보를 활발히 유통시키는 광장을 온전히 가꾸고 보전하면 밀실의 폭력성을 몰아내고 새 체제를 정착시킬 수 있다. 그러나 국가기밀까지 마구 유통시키자는 뜻은 아니다. 독재정권은 국가기밀보다 소수 집단의 비밀을 지키려고 공문서도 조작하고 무단으로 파괴했는데, 민주정권은 국가기밀을 잘 보전하고 역사를 올바로 정립하는 상식선에서 활동한다는 뜻이다. 이 책을 읽는 독자의 세대와 경험에 따라 그때의 프랑스와 오늘날 대한민국의 유사성과 차이에 대해 달리 느낄 것이다. 그럼에도 '민주주의란 무엇인가'라는 화두만큼은 늘 생각해주기 바란다. '촛불혁명'의 성패는 우리가 어떻게 생각하고 행동하느냐에 달렸기 때문이다. 그러므로 독자에게 아래의 한 구절을 선사한다.

우리의 자유가 공격받을 때, 나도 싸웠다. 프랑스군이 적군을 무찌르던 날, 나도 거기에 있었다. 나는 도시의 방벽을 지켜 그들의 공격을 막아냈다. 나는 그날 조국·자유·평등을 위해 피를 흘렸다.

입법
의회

제 1 부

1
입법의회 개원과
초기 활동

1791년 10월 1일 토요일 오전 10시에 입법의회는 첫 회의를 시작했다. 제헌의원 카뮈가 비서의 자리에 서서 장내를 정리했다. 그는 제헌의회가 처리하지 못한 문서업무를 마무리하는 임무를 맡았기 때문에 오전회의에서 입법의원들의 점호를 진행했다. 그것은 지난 6월 13일에 통과하고 17일에 왕이 재가한 104개조의 입법의회 관련 법안에 따른 절차였다.* 카뮈는 두 번에 걸쳐 참석 인원을 호명하면서 명단과 대조했다. 회의를 진행하려면 모두 745명 가운데 과반수인 373명 이상이 참석해야 했다.

"여러분, 방금 두 번이나 의원의 이름을 부르고 명단과 대조한 결과 모두 434명이 이 회의에 참석하셨습니다."

첫날 출석인원이 과반수를 넘겼다는 카뮈의 말이 떨어지기가 무섭게 의원들과 방청객들의 환호성이 마네주 의사당을 들썩이게 만들었다.

"여러분, 법이 정한 대로 내 임무를 마쳤으니 이제 물러나겠습니다. 그래도 나는 의사당에 들어오자마자 첫 번째 사무실에서 계속 일할 테니, 명단에 이름이 빠졌거나 나중에 출석하는 의원들은 찾아와 신원확인 절차를 마쳐주십사 부탁드립니다."

---

* 제6권 제2부 1장 "제헌의원의 재선문제와 입법의회 선거법" 참조. 이하는 6월 17일의 법이다.

정식 투표로 의장을 뽑을 때까지 최고령자인 클로드 바토Claude Batault 가 의장이 되었다. 1716년에 출생한 그는 75년 6개월을 살아온 법관 출신으로 코트도르에서 당선되어 입법의회에 진출했다. 그다음 고령자인 두 명은 그르노블의 법조인으로 이제르에서 뽑힌 조제프 뱅상 뒤몰라르 피스Joseph-Vincent Dumolard fils('fils'는 아들을 의미한다)와 두브 도의 작은 마을 행정관 출신인 장 프랑수아 부아자르 피스Jean-François Voisard fils였으며, 자동적으로 비서가 되었다. 어떤 의원이 이제 의원 자격심사를 진행하자고 제안했다. 보즈 도의 행정관이며 비슈레의 치안판사 출신인 프랑수아 드 뇌프샤토Nicolas François de Neufchâteau는 6월 17일 법을 인용하면서 '임시 입법의회'라 부르자고 제안했다. 여러 의원이 반대하자, 그는 자기 주장의 근거라면서 "이렇게 임시로 구성된 국회는 출석의원들의 자격을 심사한다"라는 제25조를 인용했다. 에로 도 행정관 출신인 르불Henry Reboul은 373명 이상의 의원이 모이면 입법의회Assemblée nationale législative라고 규정한 제23조를 인용한 뒤, 그럼에도 아직 의원 자격심사를 거치지 않았으므로 정식 입법의회라 부를 수 없다고 말했다. 이 말을 들은 의원들은 그를 지지하는 듯이 박수를 쳤다.

"따라서 우리는 당장 1791년 6월 17일 법의 조항에 따라 의원 자격심사를 진행해야 합니다."

첫 회의에서 의원들은 745명의 등록과 자격심사의 방법을 놓고 토론하다가 일요일에 다시 논의하기로 하고 회의를 마쳤다. 정오를 조금 넘긴 시각이었다. 입법의원들이 다음 날 모일 때까지 카뮈가 관장하는 국회사무처에서는 의원들을 출신 도별로 열 개 집단으로 나눠 명부를 작성하도록 했다. 그렇게 집계한 결과 모두 677명의 이름을 확인할 수 있었다. 10월 2일 일요일 오전 10시부터 의원들은 이 결과를 듣고 입법의회가 구성요건을 충분히 갖추었다고 생각했다. 비서인 뒤몰라르가 출석의원의 자격심사를 시작했다. 다른 비서인 부아자르는 모두 394명의 자격을 확인했다고 공표했다. 의원들은 빨리 입법의회가 구성되었음을 선언하라고 의장에게 재촉했다. 바토는 의원들에게 정식으로 묻고 나서 선언했다.

"헌법 제3장 제1절 제5관 제3조에 따라 우리는 이제 정식으로 입법의회를 구성했음을 선포합니다."

모든 의원이 곧바로 자리에서 일어나 손을 들고 "자유가 아니면 죽음이다"라는 맹세를 외쳤다. 방청석에서는 열렬한 박수와 함께 "국민 만세!" 소리가 퍼졌고, 의원들은 맹세의 말을 거듭했다. 어떤 의원이 의장에게 긴급히 제안했다.

"이제 헌법이 정한 대로 한 사람씩 잇달아서 맹세합시다."

비서 뒤몰라르가 그 제안에 동조했지만, 코트도르의 의원 바지르Claude Basire jeune가 정식 의장과 비서들을 선출한 뒤에 의원들의 개별 맹세를 받아야 옳다고 지적하고 나서, 따라서 월요일 9시에 의장과 비서들부터 먼저 선출하자고 말했다. 의원들은 3시 반에 회의를 파하면서 오후 6시에 사무처에 들러 의장, 부의장, 비서진을 뽑는 투표를 하기로 했다. 그렇게 해서 3일 회의를 열자마자 임시의장 바토가 투표 결과를 보고했다. 모두 323명이 투표에 참가했으나 아무도 첫 투표에서 162표 이상 얻지 못했기 때문에 2차 투표를 해야 한다고 했다. 의원 수에 비해 투표율이 낮은 이유는 의원들끼리 서로 잘 몰랐기 때문이다. 바토는 최다 득표자가 파리 도의 검찰총장 출신인 파스토레Emmanuel-Claude-Joseph-Pierre Pastoret로 104표를 얻었다고 발표했다. 여러 의원이 바토의 말을 막으면서, 더는 이름을 언급하지 말라고 외쳤다. 페론 디스트릭트 법원장 출신의 솜Somme 의원 드오시 로브쿠르Mathieu-Antoine

Dehaussy-Robecourt가 이름과 득표수를 거론하면 의원들에게 편견을 심어줄 수 있기 때문에 반대한다고 분명히 말했다. 그 뜻에 동조하는 의원들이 많았 기 때문에 더는 다수 득표자의 이름을 부르지 않기로 했다.

어떤 의원이 의장, 부의장, 비서들을 동시에 뽑던 제헌의회의 관행을 받 아들여 시간을 절약하자고 제안했다. 요컨대 당장 투표단지를 세 개 준비하 자는 취지였다. 또 어떤 의원이 그렇게 하면 편리할 것 같지만, 의장을 뽑기 전에 부의장이나 비서부터 뽑는 일이 생길 것이라고 경고했다. 다른 의원은 그럴 경우 의장을 뽑을 때까지 부의장과 비서들의 이름을 밝히지 않으면 된 다고 했다. 다수 의원이 빨리 표결에 부치자고 외쳤다. 이제 토론을 마치고 의장만 먼저 뽑기로 의결했다. 결국 전날까지 합쳐 모두 세 번의 투표로써 앞 으로 입법의회를 보름 동안 이끌 의장을 뽑았다. 369명이 참가한 3차 투표에 서 211표를 얻은 파스토레가 의장이 되었다. 그는 파리 출신으로 파기법원 장인 가랑 드 쿨롱Jean-Philippe Garran-de-Coulon을 53표차로 눌렀다.

파스토레는 부의장과 비서들을 뽑는 투표를 진행하기 위해 잠시 쉬자고 제안했다. 의원들은 사무처로 가서 자신의 출신지역에 맞는 장소에서 투표 하고 다시 회의에 참석했다. 1시 반에 파스토레가 1차 투표 결과를 발표하고, 곧 2차 투표를 시작했다. 2시에 투표 결과가 나왔다. 전부 335명이 투표한 결과, 루앙 시정부 관리이며 법조인으로서 센앵페리외르에서 당선된 뒤카스 텔Jean-Baptiste-Louis Ducastel이 198표로 부의장이 되었다.

비서들도 비슷한 과정을 거쳐 뽑았다. 3시 반에 의장은 여섯 명이 비서로 뽑혔다고 선언했다. 첫날 회의에서 '임시 입법의회'라는 명칭을 제안했던 프 랑수아 드 뇌프샤토가 최다 득표자로 뽑혔다. 파스토레와 의장직을 다투던 가랑 드 쿨롱이 두 번째 비서가 되었다. 파리 도의 행정관으로 일하다가 파리에서 뽑힌 세루티Joseph-Antoine-Joachim Cérutti가 세 번째 비서가 되었다.*
네 번째 비서인 라세페드Bernard-Germain-Etienne de Lacépède는 파리 도 행정관
이며, 자연사 박물관 진열실장으로 일하다가 파리에서 의원으로 뽑혔다. 다
섯 번째 비서인 콩도르세Marie-Jean-Antoine-Nicolas-Caritat Condorcet는 계몽사상
가의 마지막 세대에 속하는 사람이며, 과학아카데미의 국고출납관으로 일하
다가 파리에서 당선되었다. 마지막 비서인 기통 모르보Louis-Bernard Guyton-
Morveau는 디종의 검찰총장으로 일하다가 코트도르의 의원이 되었다. 부의
장은 의장이 잠시 자리를 비우거나 유고시에 의장을 대신해 회의를 주재하
고, 비서들은 회의록을 기록하고 관리하는 막중한 일을 맡았다. 의장, 부의
장, 비서들은 10월 17일까지 보름 동안 국회를 위해 봉사할 것이었다.

아직까지 자유롭지 못하지만 한 번도 자유의 꿈을 잃지 않은 인민의 대
표들이여, 인민은 여러분의 의무를 일깨우고 있음을 인정하라. 그 의무
는 여러분이 생각하는 것보다 훨씬 크다. 여러분은 선임자들보다 더 어
려운 일을 하면서도 빛은 나지 않을 것이다. 선임자들은 여러분에게 해
결해야 할 문제를 많이 남겨두고 물러났다. 그들이 위험을 겪었다고 하
나, 여러분이 겪을 위험에 비하면 아무것도 아니다. 그들이 맞서 싸워야
할 적은 오직 하나였다. 그러나 이제 여러분 앞에는 둘이 되었다. 전제주
의와 인민이라는 적.

헌법을 제정해 새로운 체제를 만들었고, 이제 그 체제를 굳건하게 만드는 일을 시작할 시점에, 프뤼돔은 『파리의 혁명』(117호)에서 제2대 국회의원들에게 각오를 단단히 하라고 당부했다. 왕은 인민과 힘을 합칠 방법을 찾으니 정신 바짝 차려야 한다. 인민은 제헌의회의 든든한 지지자였지만, 앞으로 입법의회를 맹목적으로 공격하는 도구가 될지 모른다. 입법의회가 조금이라도 신경 쓰지 않는다면, 인민은 과거의 관습으로 되돌아갈 준비가 되어 있다. 그러므로 왕과 그 지지자들의 얼굴을 사색으로 만들었던 초기의 순간들을 잊지 말아야 한다. 더욱이 헌법이 인간의 지혜가 만들어낸 궁극적인 업적이라고 믿어서도 안 된다. 아직 혁명을 완수하려면 멀었으니, 입법의회가 할 일은 오직 혁명에 매진하는 일임을 명심하라. 제헌의원들은 혁명의 덕을 보았음에도 점점 혁명을 두려워하더니 결국 혁명을 비방했다. 입법의원들은 아직 여러 사람의 마음에 남아 있는 행복한 흥분상태를 가라앉혀서는 안 된다. 인민의 진정한 대표가 되려면 혁명의 초심으로 돌아가야 한다. 그동안 모든 종류의 폭군들이 비겁하게 도망치고 숨죽이고 있었지만, 이제는 다시 돌아와 현실에 마음껏 개입하겠다고 으름장을 놓는다. 그럴수록 입법의원들은 단호하게 행동해 혁명의 적들을 제압하면서 과업을 완수해야 한다.

프뤼돔은 입법의회가 개원하자마자 의원들에게 충고와 함께 이처럼 경고를 줄줄이 늘어놓았다. 프뤼돔 같은 사람들이 걱정하는 이유가 있었다. 입법의원들이 제아무리 지식인, 법률가, 행정가라 할지라도, 그리고 몇몇은 제헌의회의 활동을 견학할 기회를 가진 사람이라 할지라도, 제헌의원들이 2년 동안 시행과 착오를 거듭하면서 터득한 경험과 거의 단절된 채, 새로운 조건에서 다른 경로로 국가의 운명을 결정할 막중한 임무를 띠었기 때문이다.

10월 5일은 2년 전 파리 아낙들이 베르사유로 행진한 기념일이었다. 그날 부의장 뒤카스텔은 왕을 방문해서 입법의회를 구성했다는 사실을 알리고 돌아와 의원들에게 보고했다. "저희는 전하께 입법의회를 완전히 구성했음을 알려드리려고 여기 왔습니다"라는 말을 들은 루이 16세는 만족해서 뒤카스텔에게 함께 간 의원들이 누구인지 물었다. 뒤카스텔은 그들의 이름을 모르는 채 동행했다고 솔직히 고백했다. 입법의원들은 아직 누가 누구인지 파악하지 못한 상태였던 것이다. 왕은 이렇게 대답했다.

"나는 이번 주 금요일 전에는 국회를 방문할 수 없소."

프뤼돔은 이 대화에서 뒤카스텔이 '전하Votre Majesté'라는 말을 쓴 것이 조금 지나친 감은 있지만, 왕의 대답은 국회와 자신을 평등한 관계로 인식한 것처럼 보였다고 평가했다. 과연 클레르몽 페랑 디스트릭트 법원장으로 퓌드돔 출신의 쿠통Georges Couthon은 시의적절하게 왕에 대한 의전문제를 꺼냈다. 1788년부터 하반신 마비로 거동이 불편했던 그는 제헌의회가 규정한 의전에는 크게 세 가지 문제가 있다고 지적했다. 요컨대 왕이 회의장에 들어서서 의장 곁에 나란히 앉았다가 떠날 때까지 세 번의 중요한 순간에 의원들이 처신할 방법에 대한 문제제기였다. 의원들은 토론을 거친 뒤에 다음과 같은 법을 통과시켰다.

1. 왕이 국회에 들어올 때, 모든 의원은 모자를 벗고 선 채로 맞는다.
2. 왕이 의장석에 도착하면, 모든 의원은 자리에 앉고 모자를 쓴다.
3. 의장석에 같은 모양의 의자 두 개를 나란히 놓는다. 왕은 의장의 왼편에 앉는다.
4. 의장이건 의원이건 왕에게 환영사를 할 경우, 헌법에 따라 오직 '프랑스인의 왕'이라는 칭호만 쓴다. 이 원칙은 왕에게 파견하는 대표단에

게도 똑같이 적용한다.*

5. 왕이 국회를 떠날 때, 의원들은 일어서서 모자를 벗는다.

앞으로 국회의장과 왕을 평등한 기관장으로 대하며, 왕에게 극존칭을 쓰지 못하게 한다는 법을 통과시킨 것을 보면서, 구체제를 그리워하던 사람들은 분노하고 절망했을 것이다. 1791년 10월 7일 해군대신이 된 베르트랑 드 몰빌Antoine-François Bertrand de Moleville은 왕의 처지를 이렇게 표현했다.

"혁명은 왕과 지지자들에 대한 미움 속에 애국심을 심어놓았고, 대중은 전적으로 공화주의에 전념했다. 행정수반이 된 왕은 제1공무원이었지만 실제로는 어떠한 힘도 행사할 수 없었고, 따라서 자신에게 복종하도록 만들 어떠한 수단도 갖지 못한 유일한 공무원이었다."

왕을 지지하는 사람들은 앞으로 더 많은 변화가 일어나 자신들의 처지가 나빠질 것으로 예상할 수 있었다. 그들은 굴욕적으로 눈치를 보면서 사느니 차라리 외국으로 빠져나가는 길을 택했다. 그래서 국회는 11월 9일까지 망명자들에 대한 법을 제정하고, 11월 29일까지 성직자 시민헌법을 무시하는 종교인들에 대한 법을 제정했다. 이 두 가지 법을 제정하는 과정을 차례로 알아보기로 한다.

---

* 전하(Sire 또는 Majesté)라는 말을 금지한다. 장엄을 뜻하는 'Majesté'는 오직 하느님과 인민에게만 쓸 수 있는 말이며, 구체제의 언어에서 왕을 지칭하는 '전하'는 평등을 지향하지 않기 때문에 금지한다는 것이다.

2

망명자들에 관한 법

10월 20일, 루앙 시정부 관리 출신 생생 페리외르 의원 뒤카스텔이 의장으로서 그날의 의제가 망명에 관한 문제라고 선언한 뒤, 비서 한 명이 이 문제에 대해 발언권을 신청한 의원 60명의 명단을 읽었다. 의원들이 앞다투어 발언권을 신청했다는 사실로써 이 문제가 얼마나 중대한 것이었는지 쉽게 알 수 있다. 비서인 콩도르세가 먼저 순서에 대해 제안했다. 그는 이 중대한 문제를 다루려면 먼저 알자스 지방 바랭Bas-Rhin의 의원들로부터 항간에 떠도는 여러 가지 설을 듣고, 신문에 실린 이야기들과 종합할 필요가 있다고 말했다. 의원들은 동의한다는 뜻으로 박수를 쳤다. 그러나 바랭 의원 한 명이 너무 갑작스러운 요청에 부응할 수 없으므로 다음 날까지 준비해서 보고하겠다고 말했다.

브르타뉴 지방의 반Vannes 법원 판사 출신 모르비앙 의원인 르키니오Joseph-Marie Lequinio가 연설을 시작했다. 그는 네 가지 논점을 제시했다. 망명을 멈추게 만들 것인가? 망명자들을 벌해야 할 것인가? 어떤 방법으로 그들을 벌해야 하는가? 망명자들의 시도를 막으려면 무엇을 주의해야 할까? 그러나 르키니오가 점점 본류에서 벗어나는 발언을 이어가자, 지롱드 도 형사법원장 출신인 가데Marguerite-Elie Guadet가 참다못해 항의하고, 의장이 르키니오에게 요점을 정리하라고 경고했다. 르키니오는 계속 말을 잇다가 결국 9개조 법안을 발의하고 물러났다.

리옹 코뮌의 검사대리였다가 론에루아르 도에서 선출된 르몽테Pierre-Edouard Lemontey는 이 문제를 사람에게만 국한시키지 말아야 한다는 취지로 말했다. 사람의 국외 이주뿐 아니라 '물자의 유출émigration des choses'도 논의해야 한다는 것이다. 단순히 품귀현상에 대비하자는 뜻이 아니라 이주자건 망명자건 그들이 갖고 나가는 재산의 유출에 대비해야 한다는 뜻이다. 사실상 거물급 망명자는 막대한 재화를 지니고 떠났다. 그는 화폐와 군수물자의 유출을 막아야 한다고 주장했다. 그러나 그는 "국회가 인간과 물자의 유출에 대해서 지금 당장 다룰 이유가 없다"는 안을 발의하고 말을 마쳤다.

투르 디스트릭트 지도부 요원으로 앵드르 에 루아르 의원인 베뉴Pierre-Philippe Baignoux는 이 문제의 결론을 어떻게 내느냐가 헌법의 원칙을 유지하는 데 관건이 된다고 운을 뗐다. 그러므로 먼저 모든 사람이 동의하는 부분을 정확히 찾아내고, 거기서 출발해 서로 다른 의견을 분리하는 일부터 해야 한다고 말하면서 세 가지 쟁점을 제시했다. 첫째, 헌법을 훼손하지 않고 망명자를 막는 법을 제정할 수 있으며, 또 그 법을 제정하는 것이 국가의 이익인가? 둘째, 현 상황에서 이 법이 유익한가? 셋째, 이 법이 엄격한 조치를 적용함으로써 오히려 유출을 막기보다 더 부추기는 일은 없는가? 베뉴는 누군가 조국이 위험할 때 거주이전의 자유를 통제할 수 있다고 말하겠지만, 개인의 자유를 유보할 권한은 우리가 판단할 수 있는 영역에 속하지 않는다고 주장했다. 그는 망명자들이 조국에 적대적인 계획을 세웠다고 주장하면서 불안감을 부추기는 경우가 있지만 사람들이 신뢰와 확신을 회복하면 당장이라도 사라질 환상에 불과하다고 말했다.

입법의원들은 인간과 물자의 외국 유출문제에 대해 계속 갑론을박하면서 토론을 쉽게 끝내지 못했다. 이틀 뒤인 10월 22일, 의장은 망명자들에 관해 논의하겠다고 밝혔다. 20일에 예정했던 대로 바랭 도의 의원들이 준비한 보고서를 읽었다. 스트라스부르의 역사교수 출신인 코슈Christophe Koch가 그들을 대표했다. 입법의원들은 그동안 외국으로 망명한 사람들의 군대가 프랑스를 향해 문제를 일으키는지 몹시 궁금했는데, 코슈는 국경지대에는 망명자들의 군대가 존재하지 않았음이 확실하며 보름스, 코블렌츠, 벨기에 지방에도 병력이 모인 징후를 발견하지 못했다고 말했다. 에텐하임에 있는 기지는 스트라스부르와 가깝긴 해도 소문과 달리 허약해서 별로 중요하지 않다고 강조했다. 병력이라고 해봤자 에텐하임 공prince d'Ettenheim이며 바젤 주교인 로앙 추기경의 근위대일 뿐이기 때문이다.

코슈의 보고가 끝나자 라인 강을 사이에 두고 독일과 인접해 있는 오랭 Haut-Rhin 도의 어떤 의원이 보충 설명을 했다. 의원들은 망명자들에 대한 문제를 다시 논의하기 시작했다. 수많은 의원이 개입했지만, 당장 적절한 법안을 도출하기란 어려웠다. 바랭 도와 오랭 도의 의원들이 국경지대의 상황을 보고했다 하더라도, 의원들의 두려움이나 경계심을 쉽게 누그러뜨리지 못했기 때문이다. "태초에 반혁명이 있었다"는 말이 가리키듯, 혁명보다 뿌리 깊은 반혁명의 분위기는 새로운 체제를 안정시키려는 입법의원들을 짓눌렀다. 그들은 25일에도 토론을 벌였지만, 결국 28일에 다시 논의하기로 결정했다.

10월 28일 금요일, 혁명 초부터 신문을 발행하고 자코뱅 클럽에서 이름을 날리다가 파리 의원이 된 브리소 드 와르빌이 연단에 섰다.

"오늘은 의원들이 망명에 관한 다양한 법안을 발의하고, 각자는 자기 마음에 드는 안을 선택하는 날입니다. 여러 가지 법안을 발의해주셨지만, 결국 다음과 같이 세 가지로 요약할 수 있습니다. 첫째, 외국으로 망명한 프랑스 대군들의 이름을 명시하여 법을 제정하는 일이 정말 필요한가? 둘째, 자리를 버리고 떠난 공무원들에 대한 법이 필요한가? 셋째, 외국으로 나간 시민들에 대한 법이 필요한가? 앞으로 더 깊이 논의하기 전에 이 세 가지 가운데 하나를 선택해주시기 바랍니다."

브리소는 자기가 나열한 순서에 주목해달라고 호소했다. 그는 자기가 생각하기에 왕자들에 대한 법을 제정하는 것이 가장 시급하고도 본질적이라고 말했다. 공무원이나 시민의 망명이 발과 몸통에 일어난 질병이라면 대군들의 망명은 머리의 질병에 해당한다는 뜻이었다. 민주주의 혁명을 추구하는 지도자가 사회유기체 사상을 표현한 것을 쉽게 수긍하기는 어렵지만, 현대에도 이렇게 생각하는 사람이 많다는 점을 생각하면 크게 이상할 것도 없다. 브리소가 제안한 안과 함께 여러 의원이 앞다투어 발의했다. 의장이 의원들에게 누구의 안을 먼저 다룰 것인지 물은 결과, 콩도르세의 안을 우선 다루자는 의견이 많았다. 그리고 31일이 되자 콩도르세가 발의했던 12개조 법안에 대한 토론이 시작되었다. 또다시 수많은 의원이 콩도르세의 안에 대해 이의를 제기했다. 갑론을박 끝에 의장은 의원들의 의견을 물었다. 의원들은 콩도르세의 안을 더는 심의하지 않기로 하고, 입법위원회가 망명자 문제를 연구하여 며칠 뒤에 보고하게 하도록 의결했다.

11월 8일 화요일에 뒤카스텔은 그동안 의원들이 여러 가지 법안을 발의하고 토론했지만 합의를 도출하지 못했기 때문에 민형사법을 제정하는 입법위원회가 완전히 새로운 법안을 마련해서 보고하게 되었다고 설명했다. 그러고 나서 그간 분석한 현실에 대해 자세히 보고했다. 국외로 도피한 프랑스인 중에는 집단을 이루는 부류와 그렇지 않은 부류가 있다. 왕족이 집단을 이루는 한 부류이며, 일부 공무원 출신도 거기에 가담한다. 입법위원회는 집단을 이루는 부류와 그렇지 않은 부류를 다르게 취급해야 한다고 생각했다. 외국으로 망명한 왕족에 대해서는 특별한 임시조치를 마련하고, 공무원에 대해서는 왕족과 똑같은 정도로 죄를 묻지 말자고 생각했다. 국외 이주(또는 망명)는 행방불명absence이나 도주fuite와 다르기 때문이다. 망명은 시민이 실제로 자기 조국을 포기하고 다른 나라를 조국으로 택할 때 발생한다. 그래서 헌법은 프랑스 시민이 외국에 귀화할 때 자격을 상실한다고 규정했던 것이다. 사람은 자기 뜻대로 조국을 바꿀 수 있다. 그러므로 정상적인 상황에서 망명은 범죄가 아니다. 프랑스의 현실에 비추어 볼 때, 그것은 불행한 일이긴 해도 범법행위는 아니다.

뒤카스텔은 반역자가 된 왕족들이 도주한 이유를 분석했다. 그들은 이제 조국을 지배할 수 없기 때문에 도주했다는 것이다. 그들은 프랑스의 진정한 적이며, 다시금 프랑스의 폭군이 되고자 기회를 엿본다. 이미 프랑스는 그들에게 해산하라고 경고했다. 만일 그들이 순순히 해산하고 프랑스 법을 따른다면 죄도 사라진다. 그러나 그들이 해산하지 않고 프랑스의 권위를 얕본다면, 그들이 반역을 도모한다는 사실이 명백해진다. 이 경우 그들은 죗값을 치러야 한다. 그들에게 내릴 형벌은 사형이다. 입법위원회는 일차적으로 그들에게 음모의 혐의가 있음을 알려주고, 따라서 그 혐의를 벗으려면 1792년 1월 초하루까지 해산하도록 권고하고, 그 뒤에도 해산하지 않으면 추적해서 사형의 벌을 내리겠다는 선언을 하자고 제안하면서 "이 법은 정의롭고 정치적"이라고 설명했다. 뒤카스텔은 프랑스 바깥의 국경지대에 병력을 모으는 왕족들은 물론 종교인도 포함해서 공직을 버린 자들에 대한 대안을 자세히 설명한 뒤 모두 15개조의 법안을 상정했다. 만일 1792년 1월 1일 이후에도 해산하지 않는 경우, 15일까지는 그들을 심판할 고등법원la haute cour nationale을 설치하고, 공무원으로서 9월 15일의 사면령이 나오기 전에 외국으로 나갔다가 10월 말일까지 돌아온 사람이라면 용서하지만 11월 1일 이후에도 돌아오지 않았다면 자리와 봉급을 박탈한다. 그리고 사면령이 나온 뒤에 나간 사람은 자리와 봉급뿐 아니라 시민권도 박탈한다.

의원들은 당장 표결에 부치자고 외쳤다. 파기법원 판사로서 외르에루아르 의원이 된 들라크루아Jean-François Delacroix가 오랫동안 논란거리였던 문제를 마침내 결정할 시간이 되었다고 감회를 말한 뒤, 법안을 한 조목씩 차례로 심의하자고 제안했다. 여러 의원이 그의 말에 동조했다. 아벤의 행정관으로 일하다가 노르 도의 의원이 된 고쉬앵Constant-Joseph-Eugène Gossuin은 들라크루아의 발의에 덧붙여 법안을 한 자리에서 심의하자고 제안했다. 티옹빌 시정부 관리였던 모젤 도 의원인 메를랭Antoine Merlin은 법안을 시급히 처리하자고 덧붙였다. 의장은 이 법안을 마지막 조까지 축조심의하고 산회할 것인지 물어 동의를 얻은 뒤, 긴급 처리할 것인지 다시 물어 의원들의 동의를 받았다. 의원들은 입법위원회가 마련한 법안을 놓고 격론을 벌이고, 수정안을 제시한 뒤 또다시 토론했다.

11월 9일 수요일, 지롱드 도의 변호사 출신 의원이며 10월 30일 의장에 취임한 베르니오Pierre-Victurnier Vergniaud가 개회선언을 했다. 이어서 비서인 브리소가 8일의 회의록을 읽고 승인을 받은 뒤 8일의 토론을 반영해 다시 쓴 망명자법을 읽었다. 의원들이 중간에 개입해 의견을 말하면서 토론이 벌어지기도 했다. 그렇게 하루 종일 만든 법은 모두 16개조로 다음과 같다.

국회는 사면령을 내렸음에도 여전히 나라 밖에서 프랑스 헌법을 해치려는 음모를 꾸미는 프랑스인들에 대해 즉시 효과적인 조치를 취해야 왕국이 평온하고 안전하다고 생각한다. 또한 그들에게 의무감을 되살려주려고 부단히 노력한 일이 헛되다는 사실을 인정하면서, 이제는 그들을 엄하게 제재해야 할 때라고 생각해 다음과 같이 긴급명령을 내린다.

Vive la Nation

LOUIS XVI. avoit mis le Bonnet rouge, il avoit crié vive la nation, il avoit bu a la santé des sans-culotte, il avoit
affecté le plus grand calme, il avoit dit hautement qu'il ne craindroit jamais, que jamais il n'auroit à craindre au milieu
du peuple; enfin il avoit semblé prendre une part personnelle à l'insurrection du 20 juin. Eh bien! ce même
Louis XVI a bravement attendu que ses concitoyens fussent rentrés dans leurs foyers pour leur faire une guerre
occulte et exercer sa vengeance.

〈마지막 왕 루이〉

붉은 프리기아 모자(보네 루주)를 쓴 루이 16세는 "국민 만세!"라고 외치고,
상퀼로트의 건강을 빌면서 포도주를 마셨다. 그는 무척 태연한 척했다.
그는 결코 두렵지 않으며, 민중에게 둘러싸여 있어도 결코 두려워해야 할 이유가 없다고 공언했다.
마치 그는 6월 20일의 봉기에 개인적으로 참여한 것처럼 행세했다.
그러나 루이 16세는 시민들이 집으로 돌아갈 때까지 단호하게 기다렸다가
그들에게 은밀히 전쟁을 다짐하고 복수를 별렀다.

〈러시아의 예카테리나 황제가 오스만제국을 굴복시키다〉
(프랑스국립도서관[BNF] 소장)
1787년에 오스트리아와 러시아가 오스만제국과 전쟁을 시작했는데,
1792년 1월 9일 이아시[Iassy] 조약을 맺으면서 전쟁을 끝냈다.
러시아에서 콘스탄티노플까지 다리를 걸친 황제는 가슴을 드러내고,
유럽의 군주들에게 치마 속을 보여주는 그림에서는 황제의 여성성을 과장해서 표현했다.

1792년 1월 11일 오전에 자코뱅 클럽에서 '경솔한' 전쟁대신 나르본은 프랑스의 군사적 현황을
장밋빛으로 묘사하면서 프랑스와 유럽 열강의 전쟁이 불가피하다고 역설했다.
여느 회원들과 달리 로베스피에르는 혁명의 진정한 적들이 국내에 있다는 사실을 절실히 느꼈다(BNF 소장).

1792년 4월 15일, '자유의 전차Char de la Liberté'가 루이 15세 광장에 도착하자 수많은 군중이 환호성을 질렀다.
이날 파리 시정부는 1년 반 가까이 군선의 노를 젓는 형벌을 받다가 풀려난
샤토비외 스위스 병사들을 환영하고 위로하기 위해 잔치를 벌였다(프리외르 그림, 카르나발레 박물관 소장).

1792년 4월 26일, 루제 드 릴이 스트라스부르의 시장 필리프 드 디트리슈 앞에서
랭군을 위한 전쟁 승리의 노래를 부른다.
이 노래는 〈라 마르세예즈〉로 '마르세유 의용군의 노래'라는 이름도 있으며,
가사는 피비린내 나지만 이후 프랑스의 국가國歌가 되었다(BNF 소장).

상퀼로트가 볼테르의 흉상에 놓인 월계관을 벗기고 보네 루주(붉은 프리기아 모자)를 씌운다.
자유와 관용을 요구하면서 전제정과 싸우던 계몽사상가의 신을 자기편으로 만든다는 뜻이다.
브리소는 1792년 2월 6일자 『프랑스 애국자』에서 루소만큼 명예로운 볼테르도 보네를 즐겨서 썼다고 말했다.

제1조. 왕국 밖 국경 근처에 모인 프랑스인들은 지금부터 조국에 대한 음모를 꾸미는 혐의가 있음을 선언한다.

제2조. 1792년 1월 1일에도 해산하지 않는 경우, 반역음모자로 보고 추적해서 사형에 처한다.

제3조. 왕국을 떠날 때 왕족 신분, 민간과 군대의 공무원 신분이던 사람들이 1792년 1월 1일에도 왕국 안에 없으면 조국에 대한 반역음모자로 보고 추적해서 사형에 처한다.

제4조. 필요한 경우 1월 15일까지 고등법원을 소집한다.

제5조. 결석재판으로 유죄판결을 받은 반역음모자들의 평생 수입은 그들의 아내와 자식, 합법적인 채권자들과 상관없이 국고로 들어간다.

제6조. 현재 왕국에 없는 프랑스 왕족의 모든 수입을 지금부터 일시 압류한다. 왕족, 위임자, 대리인에게 직접 또는 간접으로 어떠한 형태의 급료, 연금 또는 소득을 지급해서는 안 되며, 이를 어기는 금전출납관에게 책임을 물어 2년 동안 자격을 정지시킨다.

민간인이건 군인이건 모든 공직자와 국가연금 수령자로서 외국으로 나간 사람들에게는 1790년 1월 4일의 법*과 상관없이 봉급과 연금을 일체 지급하지 않는다.

제7조. (앞의 2개조에서 규정한 수납과 압류에 필요한 모든 청구의 주체는 수입이 발생하는 도의 검찰관들이다. 이들은 매달 국회와 내무대신에게 청구 현황을 보고한다.)**

---

* 이 법은 4개조의 연금법이며, 1월 14일에 왕의 승인을 받았다.
** 괄호 안의 내용은 본문의 취지만 옮긴 것이다.

제8조. (1791년 9월 15일의 사면령이 나오기 전에 합법적 이유 없이 왕국을 떠난 모든 공직자는 봉급과 지위를 상실한다.)

제9조. (사면령 이후에 떠난 모든 공직자는 봉급과 지위, 능동시민권을 상실한다.)

제10조. (모든 공직자는 도정 책임자의 허락을 받아야 외국으로 나갈 수 있다. 책임자는 휴가자의 명단을 다달이 국회에 제출해야 한다. 전방의 장군, 장교, 부사관, 병사들과 국민방위군은 어떤 구실로든 국경을 넘어서는 안 된다.)

제11조. 어떤 장교라도 휴가나 전역을 인정받아야만 업무에서 손을 뗄 수 있다. 만일 그렇지 않으면 탈영병과 같은 벌을 받는다.

제12조. (1790년 4월 29일의 법에 따라 각 군단에 군사법원을 설치해서 사면령 이후의 범법행위를 심판한다.)

제13조. (국경 너머에서 조국에 대한 반역을 꾀하려는 목적으로 개인들에게 입대를 권유하거나 입대시키는 프랑스인은 사형에 처한다. 프랑스 안에서도 똑같은 범죄를 저지르면 사형에 처한다.)

제14조. 국회의 외교위원회는 프랑스와 인접한 외국이 프랑스인 도주자들 때문에 받는 고통에서 벗어날 수 있도록 국민의 이름으로 왕의 요청을 받아 적절한 조치를 취한다.

제15조. 국회는 이 법령과 배치되는 모든 법을 분명히 배격한다.

제16조. 이 법령은 왕의 승인을 받는 날 효력을 갖는다.

의장 베르니오는 왕에게 승인을 받도록 법령을 가져갈 대표를 네 명 임명하고 산회를 선포했다. 11월 12일 토요일, 회의 중에 법무대신이 왕의 말을 전하러 온다는 기별이 들어왔다. 곧 법무대신 뒤포르 뒤테르트르가 들어와 국회가 왕에게 제출한 법에 대해 승인한 내용을 죽 읽고 나서 마지막으로 덧붙였다.

"전하는 11월 9일에 제정한 망명자법에 대해서 검토를 끝마치지 않으셨습니다."

뒤포르는 비서들의 책상으로 가서 왕이 접수한 뒤 여백에 다음과 같이 쓴 망명자법을 돌려주었다.

"왕은 검토할 것이다. 1791년 11월 12일. 서명 루이, 부서 뒤포르."

의원들은 왕의 의지를 뒤포르의 입으로 전해 듣고 잠시 침묵했다. 그들은 혁명을 반대하고 조국을 떠난 망명자들에 대해 법의 심판을 내려야 한다는 취지로 고심해서 만든 법을 왕이 마음에 들지 않아도 승인해줄 것이라고 생각했지만 오산이었다. 왕은 자기 힘이 닿는 한 망명자들을 보호해주려고 생각했음이 분명하다. 능동적으로 변화를 일으키는 사람들은 수동적으로라도 따라오는 사람이 있는 한 새로운 체제를 정착시키기 쉽다. 그러나 변화를 바라지 않고, 변화에 능동적으로 반대하고 방해하는 사람들은 만만치 않은 반혁명세력이다. 루이 16세는 변화에 마지못해 따라가면서도 헌법이 준 거부권을 행사하면서 혁명의 앞길에 장애물을 설치했다.

3
비선서 사제들

11월 14일에 베리외는 비선서 사제들에 대한 법안을 상정했다. 그는 왕국의 수많은 도에서 공공의 행복을 해치는 적들이 종교문제를 핑계로 사람들을 선동해 나라를 소란스럽게 만들었기 때문에 다음과 같이 법으로 정할 필요가 있다고 강조했다.

> 제1조. 왕국에 거주하는 프랑스인 가운데 국고에서 봉급이나 은급을 받는 사람이 헌법 제2장 제5조에 따라 시민맹세를 했다는 사실 증명서를 거주지 당국에서 받아 디스트릭트 당국의 확인을 거쳐 제출하지 않을 때, 이유를 따지지 않고 1792년 1월 1일부터 봉급이나 은급을 받을 수 없다.
>
> 제2조. 종교적 의견의 자유를 보장하는 동시에 종교적 의견의 표현이 공공질서를 해치는 핑계가 될 수 없도록 철저히 주의해야 하기 때문에, 특정 종교의 예배를 주관하는 사람이 헌법 제2장 제3조에서 정한 대로 시민맹세를 하지 않은 경우, 그는 공적으로 그 예배를 주관하거나 포교를 할 수 없다.

모두 9개조의 법안을 놓고 먼저 파리 코뮌의 의장을 지냈고 세잔 디스트릭트 법원 판사로 일하다 마른 도의 의원이 된 튀리오Jacques-Alexis Thuriot가 법안을 다시 만들어야 한다면서 토론의 포문을 열었다. 판사이며 파리 의원인 비고 드 프레아므뇌Félix-Julien-Jean Bigot de Préameneu가 튀리오를 거들었다. 그는 입법위원회가 법안을 여러 번이나 고치면서 무척 고생했지만 아무래도 그 법안을 다시 검토할 필요가 있다고 말했다. 의원들은 논란 끝에 베리외의 법안을 심의하지 않기로 했다. 남동부 지중해 연안의 바르 도에서 뽑힌 드라기냥의 도매상인 이스나르Maximin Isnard가 국회에서 이 문제를 다룬 지 보름이나 되었어도 아직 해결책을 찾지 못했으니 완전히 새로운 조치를 마련해야 한다고 운을 떼자, 여러 의원이 웅성거렸다. 그러나 의원들은 이스나르의 의견을 더 들어보기로 결정했다.

"여러분, 사제들은 조국을 시끄럽게 만들고 있습니다. 우리는 이러한 폐단을 고치기 위해 특별한 법을 만들 수 있으며, 또 만들어야 합니까? 그렇다면 어떤 법이어야 합니까?"

이스나르는 수많은 사람이 이러한 법을 만들어서는 안 된다고 하면서, 종교와 양심의 자유를 법으로 규정했음을 논리적 근거로 제시한다고 말했다. 그들은 이러한 법이 있는 한 이교를 만들었다고 해서 그것을 규제할 수 없다, 게다가 질서를 교란하는 경우에도 이미 모든 시민에게 적용할 법이 있으므로 새로 법을 제정할 필요가 없다, 그러므로 기존의 법을 제대로 집행하기만 하면 문제가 없다, 라고 주장한다. 이스나르는 이러한 주장에 대해 대답하기 어렵지만, 그래도 거기에 포함된 폐단을 밝히고자 한다고 강조했다. 그의 종교관이 드러난 주장을 따라가보자.

원칙상 공공의 질서를 흔드는 사제는 여느 질서 교란자와 성격이 다르다. 일반인보다 사제에게는 인민을 선동하고 그릇된 길로 이끌 수 있는 강력한 수단이 훨씬 많기 때문에, 그를 정의롭고 슬기로운 법으로 더욱 엄격히 다스려야 한다. 종교는 사람들을 마음대로 뒤흔들 수 있는 도구다. 따라서 종교를 이용해서 불화의 씨를 뿌리는 사람은 그가 초래한 위험에 비례해서 벌을 받아야 한다. 이러한 원칙을 인정한다면, 안정된 질서를 해치는 사제들을 처벌할 특별법을 만들어야 한다. 그렇다면 그 법의 성격은 어떤 것인가? 이런 종류의 범죄를 예방하기에 적합한 법은 질서를 교란한 사제를 왕국 밖으로 추방하는 것이다. 이미 예수회에 대해 적용했던 수단이며, 그 뒤 사람들은 예수회를 기억하지 않았다. 그러므로 건전한 질서를 오염시킬 영향을 차단하는 길은 오직 추방에 있다. 그렇게 해서 추종자들과 떼어놓아야 한다.

"나는 질서를 교란하는 사제들을 페스트 환자로 생각합니다."

페스트, 18세기 초까지 풍토병처럼 잊을 만하면 다시 살아나 도시 인구의 절반 이상을 저세상으로 데려간 끔찍한 역병이다. 이스나르는 1720년에 마르세유를 휩쓴 뒤에 다행히 프랑스 땅에서 사라진 것 같은 페스트의 악몽을 되살려 종교인의 해악을 경고했다. 이스나르는 의원들의 양해를 구한 뒤 발언을 이어나갔다. 추방은 가혹한 조치가 아니다. 프랑스는 구석구석 사제들의 범죄로 진창처럼 변해서 고통스럽게 신음한다. 더욱이 사제들은 내전을 부추긴다. 그들은 철학이 꺼뜨렸던 광신의 횃불을 다시금 되살리려고 노력한다. 혁명의 적들 가운데 그들이 가장 위험하다. 그들이 덕을 존중하지 않을 때, 그들은 가장 편파적인 인간이 된다. 그들을 벌하자고 하면, 누군가 박해하지 말라고 한다. 처벌과 박해는 엄연히 다르다. 모리 신부도 말했듯이, 순교자를 만드는 것만큼 위험한 일은 없다. 만일 순전히 종교적 동기로 헌법을 인정하지 않는다면 공공의 안녕을 해칠 일은 없다. 그런데 조국에 대해 음모를 꾸미는 사제들은 위선자들이다. 그들은 자기 재산을 잃고 다시 찾을 희망을 잃었다는 이유로 종교가 훼손되었다고 주장하기 때문이다. 그들을 추방하면 망명자들의 병력이 늘어난다고 두려워할 필요는 없다. 그들은 대체로 자기 이익에 대한 복수심에 불타는 비겁한 부류이기 때문이다. 그들은 오직 미신이라는 무기만 활용하고, 사람들로 하여금 고백의 신비스러운 싸움판에서 싸우도록 하는 데 익숙할 뿐이라서 실제로 전장에서는 아무것도 아니다. 그러므로 죄를 지은 종교인에게 벌을 주는 대신 관용을 베풀면 오히려 그들의 배포만 크게 만들어줄 뿐이다. 모든 시대, 모든 국가에서 광신적인 사제들은 사회의 재앙이었고, 인류를 말살한 자들이다. 인류 역사는 그들의 범죄로 얼룩졌다. 어디서나 그들은 순진한 사람들의 눈을 멀게 하고, 두렵고 고통스럽게 만든다. 심지어 그들은 하느님이 덕으로 다스리는 하늘까지 범죄의 장소로 만든다. 그러므로 그들에게 관용을 베풀 이유가 없다.

"지금 위대한 혁명이 프랑스에서 진행 중이며 아직 끝나지 않았습니다. 새로운 질서를 창조하는 위기는 끝났지만 이제 혁명의 성과를 보존하는 위기가 시작되려 합니다. 아직까지 지평선이 불투명합니다. 우리의 적들은 실패를 겪고 의기소침했지만, 아직 처벌받지 않은 악당들이 원한을 풀려고 호시탐탐 노리고 있습니다."

바르 의원 이스나르는 반혁명분자들에게 굴복하지 말고 악착같이 싸워야 한다고 강조해 수많은 의원과 방청객의 지지를 받았다. 외르에루아르 의원 들라크루아는 "옳소!"라고 외쳤고, 방청객들도 덩달아 외쳤다. 그러나 개신교도 귀족 집안 출신 조쿠르François Jaucourt 의원이 반발했다. 생루이 기사이며 용기병 제2연대 대령으로서 센에마른 도 지도부 부의장으로 일하다가 국회의원이 된 그는 발언자가 국회와 국민의 애국심을 모욕했으니 경고하라고 의장에게 말했다. 다른 의원이 조쿠르의 말에 동조하면서 이스나르의 말은 장 폴 마라에게나 어울린다고 했다. 베지에Béziers의 시장으로 에로 의원인 루예Jean-Pascal Rouyer는 이스나르의 발언권을 취소하라고 주문했고, 다른 의원이 한 술 더 떠서 이스나르를 아베 감옥에 넣으라고 요구했다. 조쿠르가 연설자의 말을 끊었기 때문에 징계해야 한다는 들라크루아의 말에 웅성거리는 사람들과 지지하는 사람들이 갈렸다. 조쿠르가 발언권을 신청했지만, 수많은 의원이 들라크루아의 안을 지지한다고 말하면서 조쿠르에게 주의를 주라고 떠들었다. 의장은 이스나르에게 여전히 발언권이 있다고 선언했다.

이스나르는 벌써 애국심이 식어가고 귀족층이 힘을 뽐내고 있다고 말했다. 반혁명분자들이 끊임없이 음모를 꾸미는 가운데 애국자들의 열의도 식어가고 있다는 것이다. 따라서 시급히 반혁명분자들의 책동을 좌절시킬 정책이 필요하다. 의원들이 용기를 가지고 현실에 대처하면 시민들의 애국심을 다시 뜨겁게 달아오르게 만들 수 있다. 모든 불순한 시도는 싹부터 잘라야 한다. 그렇지 않으면 시위가 반란으로 발전하고 도저히 벌할 수 없는 상태로 번지게 된다. 비선서 사제들이 귀족주의자들과 연결되어 있다면, 선서 사제들은 훌륭한 애국자들, 거의 전체의 국민과 연결되어 있다. 그런데 만일 의원들이 적들의 손에서 국민을 보호하지 않는다면 국민이 오히려 국회를 적대시할 것이다. 그렇게 된다면 국회는 권력을 잃고, 정치는 머리와 팔다리의 긴밀한 관계가 끊어진다. 팔다리는 머리의 지시를 받지 않고 마음대로 움직여 무정부상태가 된다. 무질서가 판을 치다가 결국 전제주의가 승리할 것이며, 곧바로 국회의원들이 최초의 희생자가 될 것이다. 이스나르는 이러한 혼란을 막으려면 국회가 국민을 보호하고, 국민의 지지를 받아야 한다고 강조했다. 그는 "자유, 헌법, 공공의 행복"만이 자신의 관심사라고 강조한 뒤, 몇 가지 조치를 마련해달라면서 말을 마쳤다.

어떤 종교를 믿든 시민맹세를 거부하는 종교인은 은급이나 봉급을 받을 수 없다. 그리고 그들이 종교적 기능을 행사할 경우, 프랑스에서 추방한다.
종교인이 시민맹세를 했더라도 글이나 말 또는 행동으로써 공공의 질서를 문란하게 하면 왕국에서 추방한다.
모든 도에 심사위원단을 설치해서 양심에 따라 모든 고발을 심사하게 한다. 그들이 고발을 정당하다고 판단하면, 판사는 추방령을 내린다.

형법전에 따라 이러한 벌을 받은 사람은 모두 사형에 처한다.

이스나르의 준엄한 제안을 들은 방청객들과 좌파 의원들은 의사당이 떠나갈 듯이 박수를 쳤다. 어떤 의원들은 그의 연설문을 빨리 인쇄해서 각 도에 전파하자고 떠들었다. 우파 의원들은 인쇄를 할지 미리 물어보라고 반발했다. 다수의 의원이 그럴 필요가 없다고 했다. 렌의 주교이며 일에빌렌Ille-et-Vilaine 의원인 르코즈Claude Lecoz는 인쇄에 반대하는 발언권을 얻은 뒤 의원이자 종교인으로 말하겠다고 해서 빈축을 샀다. 의원들은 그에게 주의를 주라고 의장을 다그쳤고, 의장은 그에게 국회에는 국민의 대표만 존재할 뿐이라고 지적했다.

어떤 의원: 사제를 연단에서 내려오게 하고 시민을 세우시오.
르코즈: 나는 불경한 독설, 무신론을 늘어놓은 연설문을 인쇄하지 말아야 한다고 주장합니다.
어떤 의원: 의장님, 우리가 국회에 있지, 어디 소르본에 있습니까? 이 따위 얘기나 듣고 있어야 합니까?
르코즈: 의장님의 권위로 모든 의견을 자유롭게 말할 수 있도록 해주시기 바랍니다.

국회는 종교적 내용을 검열하는 소르본 대학의 신학부가 아니라는 의원의 말을 듣고, 르코즈는 의장에게 의견의 자유를 보장해달라고 요구했다. 의장은 르코즈에게 계속 발언권을 허용했다. 입법의회가 처음 모였을 때 비서직에 뽑혔던 가랑 드 쿨롱이 나서서 사제의 자격으로 말하는 의원의 발언을 더는 들을 필요가 없다고 주장했다. 들라크루아는 연단에 올라선 의원이 신학적 해석을 말하는 대신 현안인 인쇄에 관한 의견을 말할 경우 발언권을 인정해야 한다고 중재안을 냈다. 르코즈는 모든 시민과 모든 신도의 대표인 국회가 공공의 질서를 점점 더 무너뜨리는 법을 제정할 수 없다고 주장해서 방청객들의 빈축을 샀다. 코트도르 의원 바지르는 르코즈가 사제의 자격으로 하는 말을 더는 듣지 못하겠다면서 토론을 끝내자고 주장했고, 여러 의원이 동조했다. 그럼에도 의원들은 논란 끝에 이스나르의 발언을 인쇄하지 않기로 결정했다. 이스나르는 중도 우파와 우파 의원들의 마음을 얻지 못했던 것이다. 의원들은 이 문제를 입법위원회가 더 연구해서 보고하게 하자고 결정한 뒤, 입법위원회가 법안을 좀더 완전하게 만들기 위해서는 두 개나 네 개 분과로 나누어야 한다는 문제를 놓고 또 한바탕 토론을 벌였다. 두 개건 네 개건 각각 법안을 마련한 뒤 입법위원회 전체 회의에 보고해서 한 가지 안을 만들어 상정하는 방안에 대해서도 토론했다. 마침내 그들은 입법위원회를 네 개 분과로 나누기로 했다. 네 개 분과는 이틀 뒤에 각자 연구한 결과를 보고하기로 했다.

　11월 16일 수요일, 의장은 그제 회의에서 입법위원회를 나누자고 의결한 대로 어제 입법위원회를 네 개 분과로 나누어 왕국의 소요사태에 대한 법안을 마련했음을 고지한 뒤 제3분과의 프랑수아 드 뇌프샤토에게 발언권을 주었다. 프랑스 북동부 로렌 지방의 비슈레Vicherey의 치안판사이며 보주Vosges 의원인 프랑수아 드 뇌프샤토는 "종교를 빙자해서 부추긴 소요사태에 관한 법안"을 보고했다. 방데Vendée 도에 파견한 민간위원들의 보고, 수많은 시민의 청원, 여러 도에서 공공의 적들이 종교를 빙자해서 일으킨 소요사태를 조사한 민형사 입법위원회의 보고를 종합해서 모두 16개조의 법안을 발표했다. 그 주요 골자만 추리면 다음과 같다.

이 법이 시행된 지 8일 안에 거주지에서 시민맹세를 하고, 그 뒤 모든 도는 선서 사제와 비선서 사제의 현황을 작성한다. 비선서 사제에게는 정부나 지방정부에서 어떠한 돈도 지급하지 않는다. 종교적 이유로 사회문제가 발생한 지역에서 선서를 거부한 사제는 거주지에서 추방하고, 그 명령에 불복하는 경우 1년간 금고형에 처한다. 종교적 의견을 설교, 글, 행동으로 나타내서 사회문제를 일으키는 사제는 2년간 금고형에 처한다.

프랑수아 드 뇌프샤토 다음으로 프랑스 북서부 브르타뉴 지방 렌의 법조인이며 일에빌렌 의원인 타르디보François-Alexandre Tardiveau가 제1분과를 대표해서 역시 16개조의 법안을 보고했다.

마지막으로 제4분과를 대표해서 법조인이며 파리 의원인 로뱅Léonard Robin이 모두 10개조의 법안을 보고했다. 제4분과는 현실을 좀 다른 각도에서 파악했다. 왕국의 방방곡곡에서 일어나는 분란이 종교를 앞세우고 있긴 해도 핑계일 뿐이며, 또 종교인들이 맡은 출생, 결혼, 사망에 대한 업무가 사실상 종교적 성격이 아닌 민간업무라는 점을 생각할 때, 반란을 부추긴 것은 헌법에 대한 증오심이며, 국내의 음모는 망명자들과 밀접한 공모관계에 있다. 더욱이 헌법이 종교와 예배의 자유를 허용하고 보호해주기 때문에, 모든 무질서가 종교적 동기를 가질 이유란 없다.

의원들은 네 개 분과의 보고를 들은 뒤, 맨 처음 프랑수아 드 뇌프샤토가 보고한 제3분과의 안을 우선 검토하자고 의견을 모았다. 비선서 사제에 관한 법은 문화혁명과 관련된 중대한 문제였으므로 의원들은 제1조부터 신중하게 검토했고, 따라서 다양한 의견을 내놓았다. 마침내 11월 29일 화요일에 의원들은 그동안의 의견을 모아서 새로 만든 법안을 처리했다. 그 법안의 전문前文은 무척 길었다. 그 요지는 법에 충성하는 데 가장 중요한 기초가 시민정신이며, 제아무리 종교적 의견이 다양하다 할지라도 시민정신만 있다면 헌법을 지키겠다는 맹세를 할 수 있다는 것이다. 헌법은 양심의 자유를 보장하기 때문에 종교적으로 다양한 의견이 있겠지만, 그 의견을 표현할 때 공공의 질서를 해치지 않겠다고 맹세해야 한다. 따라서 시민정신이 투철하다면, 종교적 신념의 차이를 앞세워 공공질서를 파괴하는 일은 없을 것이다. 한마디로 종교를 핑계로 헌법을 배척하는 행위를 금지해야 한다. 주요 내용은 다음과 같다.

이 법은 왕의 승인을 받는 즉시 효력이 발생하며, 그 뒤 8일 안에 아직 맹세하지 않은 모든 종파의 종교인은 시민맹세를 하고 서명해야 한다. 만일 맹세를 거부하거나 철회한 종교인에게는 봉급이나 은급을 주지 않으며, 그들의 거주지에서 종교적 명분의 무질서상태가 발생할 때 그들에게 책임을 묻는다. 행정당국은 그들에 대해 관찰하고 적절한 조치를 취한 뒤 국회에 보고해야 하며, 국회는 보고서를 검토해서 다시는 유사한 일이 발생하지 않도록 법을 마련해야 한다.

이미 11월 12일에는 오랭 도가 갈등을 겪고 내린 조치를 국회에 보고했으며, 23일에는 바스 피레네 도 지도부가 헌법 절차를 무시하는 종교인들이 정식으로 선출한 사제들에게 자리를 물려주지 않기 때문에 골치가 아프다고 국회에 호소했다. 그런데 29일 국회에서 이 법을 통과시킨 뒤, 감사의 편지가 국회에 날아들었다. 12월 8일 목요일에 샤르트르 디스트릭트 행정관들, 파리에서 남서쪽으로 200여 킬로미터 떨어진 르망Le Mans의 시민들, 프랑스 중서부 페이드라루아르 지방의 멘에루아르Maine-et-Loire 행정관들은 국회가 망명자법과 비선서 사제법을 제정해줘서 고맙다고 하면서, 왕이 이 법을 거부권으로 마비시키든 말든 국회는 꿋꿋하게 맡은 임무를 수행하면 여론의 승인을 받을 것이라고 격려했다.

그러나 파리 도 지도부의 의견은 달랐다. 12월 5일 월요일에 그들은 "종교적 갈등에 관한 법에 대하여 왕에게 드리는 글"을 작성해서, 왕이 시급히 확고하고 단호한 행동으로 나라를 구해야 한다고 강조했다. 다시 말해 왕은 자유의 확고한 친구이자 헌법의 수호자가 되어 여태껏 모욕당한 프랑스 인민을 위해 복수의 검을 휘둘러야 하며, 이제까지 보여준 감정과 일치하는 이 진실에 귀를 기울여주기 바란다는 것이다. 그리고 나서 그들은 진심으로 하고 싶은 말을 했다. 헌법은 왕에게 막강한 권한, 심지어 국회가 제정한 법까지 정지시킬 권한을 맡겼다. 물론 이러한 권한을 남용하지 않는 것이 바람직하다. 그러나 국가의 안녕을 위해 그 권한을 행사할 때가 왔다. 헌법이 그 권한을 행사하라고 명령한다. 헌법은 왕에게 빨리 종교적 신조를 밝혀 조국이 처한 이 어려운 상황에서 벗어나게 해달라고 명령한다.

"그러므로 우리는 전하를 굳게 믿기 때문에 고통스럽지만 반드시 이 말씀을 드려야 한다고 생각합니다. 전하는 종교적 불안을 핑계로 최근에 제정된 법에 대해 긴급히 거부권을 행사해주시기 바랍니다."

파리 도 지도부는 헌법이 종교인의 봉급을 시민맹세와 연계시켰음을 상기시키고, 그것이 모순임을 지적했다. 헌법은 종교인의 은급을 분명히 국채로 분류했는데, 그렇다면 어떤 형태의 합법적인 맹세를 거부하면 국가가 인정하는 채권자의 자격을 잃는 것인가? 다시 말해 맹세를 거부했다는 사실만 가지고도 채무자는 종교인에게 빚을 갚을 의무에서 벗어날 수 있단 말인가? 더욱이 국회는 비선서 사제의 자격을 박탈한 것도 모자라 법에 대한 반란자로 예단하는데, 그것이 가능한 일인가?

"국회는 맹세를 하지 않거나 철회한 종교인들이 종교적 갈등이 있을 때 소환에 응하지 않으면 임시로 거주지에서 추방하거나 감금하는 법을 만들었다. 그것은 너무 자의적인 조치가 아닌가?"

더욱이 그 법은 모든 도 지도부에게 비선서 사제의 명단을 작성하고 개인적 동향을 관찰해서 국회에 보고하라고 했다. 비선서 사제들이 더는 공무원이 아니라 일반인과 다름없는 존재가 되었음에도 그들의 동향을 파악해서 보고하는 것을 도 지도부의 권한처럼 생각하는 게 옳은가? 파리 도 지도부는 비선서 사제들을 반혁명 혐의자로 간주한다면 로마제국 시대에 기독교도가 겪은 박해와 다를 게 없다고 비판한다. 그리고 루이 14세가 낭트 칙령을 철회한 뒤 개신교도를 박해한 사례와 다를 게 없다. 과연 계몽주의에 물든 18세기를 겪은 나라에서 이런 일을 용납할 수 있는가? 파리 도 지도부는 국경 너머에서 프랑스에 대한 모반을 획책하는 자들에 관해 국회가 왕에게 힘주어 설명한 것을 지지하지만, 비선서 사제에 대해서 적대시하는 법에는 반대한다고 분명히 밝혔다.

"전하께 자유, 헌법, 공공의 행복이라는 신성한 이름으로 간청하오니, 종교적 갈등에 대해 이제까지 국회가 제정한 법, 특히 11월 29일의 법을 승인하지 마시옵소서."

그리고 파리의 48개 구도 저마다 왕에게 법을 승인하지 말아달라고 청원서를 내면서 여러 쪽의 서명자 명단을 첨부했다. 종교인 문제는 전국적으로 국민을 분열시켰기 때문에, 이러한 결과를 충분히 예상할 수 있었다. 종교인 가운데 겨우 절반이 조금 넘는 수가 맹세를 했으니, 지역별 차이를 감안하더라도 비선서 사제를 추종하는 국민이 방방곡곡에 두루 존재했다고 봐도 무방하다. 그들은 종교인이 맹세를 하지 않거나 철회했다고 해서 공무원 자격을 박탈하는 것까지는 참는다 해도, 반혁명 혐의자로 분류하는 것을 보아 넘기기는 어려웠을 것이다. 12월 19일 월요일에 법무대신 뒤포르는 왕이 승인을 하거나 거부한 법의 목록을 제출하는 자리에서 왕의 의지를 대신 전했다. 망명자법에 대해서 그랬듯이, 이번에도 "왕은 검토할 것이다"라고 거부권을 행사했다. 의원들은 "파리 도의 작품이군"이라고 쑤군댔다.

파리 도 지도부는 전통적인 대귀족 라로슈푸코가 이끌었기 때문에 왕, 귀족, 종교인의 이익을 우선시했다. 그리하여 도에 속한 파리 시정부에 보수적인 명령을 내려 파리 주민들의 원성을 사는 경우가 많았다. 또 파리의 48개 구에서 기초의회를 이끄는 사람들은 능동시민들로서 다른 주민들보다 보수적이었다는 사실도 비선서 사제에 관한 진보적인 법을 반대하는 이유로 이해할 수 있다. 더욱이 가난하고 학력이 낮은 사람들은 본당 사제에게 몹시 의존했기 때문에, 귀족에 대한 감정과 다른 감정을 가졌을 가능성도 생각해야 한다.

4
국가 안전과
방어를 위한 대책

혁명이 시작된 후 프랑스는 국내외의 반혁명세력을 견제해야 했다. 왕의 군대에서 프랑스 수비대는 1789년 6월부터 민간인들과 형제애를 나누면서 상관의 말을 듣지 않았다. 국민방위군을 창설해 도시와 외곽의 질서를 바로잡았지만, 해가 바뀌고 혁명이 더욱 급진화하면서 국민방위군은 귀족이나 민중의 희망을 저버리고, 더욱이 국민방위군

안에서도 틈이 발생했다. 파리 국민방위군 총사령관 라파예트는 초기에 하늘을 찌를 듯한 인기를 누렸으나 점점 정치적 암투에서 인기를 잃었다. 정규군도 혁명의 바람에 휩쓸렸다. 병사들은 군사위원회를 조직하면서 자신들의 문제를 스스로 해결하려고 노력했다. 그 대표적인 사례가 1790년 8월 말 낭시 군사반란이다(제4권 참조). 국회는 귀족제를 없애고 성직자 시민헌법을 제정하는 와중에도 대외전쟁의 두려움에 시달려야 했으며, 그 결과 1790년 여름에 프랑스는 모든 침략전쟁을 부인한다고 천명하는 한편, 왕의 군대를 국민의 군대로 만드는 작업을 수행했다. 국회는 벨기에 지방에서 일어나는 저항운동과 오스트리아의 군사행동에 민감했고, 조금이라도 전쟁에 대한 소식이 들리면 대책을 강구했다. 제헌의회는 1791년 1월 28일에 왕국을 안전하게 지키는 방법에 대해 논의했다. 알렉상드르 드 라메트는 외교·군사·조사의 3개 합동위원회에서 연구한 결과를 보고했다.

라메트는 프랑스의 방어책을 세 가지로 나눠서 설명했다. 첫째는 현역군인, 둘째는 평소에 집에서 살면서 생업에 종사하다가 필요할 때 즉시 동원되어 정규군을 도와주는 예비군, 끝으로 자유의지에 따라 조국을 수호하기 위해 무기를 잡을 준비를 갖춘 국민방위군. 정규군의 조직과 구성에 대해서는 이미 1790년 8월에 법을 마련했다. 그러나 아직 완전히 조직을 갖추지 못했으므로, 군사위원회는 마무리 작업에 필요한 사항을 연구하고 있었다. 법이 정한 대로 정규군을 조직하면 15만 명 이상이 될 텐데, 아직 12만 명 정도만 편성되었다. 유럽의 상황에서 프랑스를 지키려면 최소한 25만 명이 필요하기 때문에, 정규군을 도울 예비군이 10만 명 정도 필요하다. 전시에 전방의 정규군에 편입될 예비군은 18세부터 36세 사이의 남성으로서 3년 동안의 복무기간 동안 하루 3수를 받게 될 것이다. 그들은 동원될 때 50리브르를 지급받아 장비를 갖출 수 있다. 이 제도를 시행하려면 평시에 매년 540만 리브르가 필요한데, 정규군을 유지하는 비용의 16분의 1만 가지고도 전시체제에 필요한 군대의 5분의 2를 증강하는 효과를 얻을 수 있다. 여기에 혁명을 시작할 때부터 조직했던 국민방위군을 더해야 한다. 그들은 18세부터 50세까지의 능동시민 30만 명이다. 모든 도는 국민방위군에 편입할 시민들의 현황을 2월까지 국회에 제출해야 하며, 캉통canton마다 인구에 비례해서 30명부터 50명 규모의 의용군 부대를 조직하는데, 국민방위군 동료들의 호감을 얻는 사람들을 우선 편성하도록 한다. 국가가 필요할 때 국회가 제정한 법에 따라 왕이 도 산하의 디스트릭트에 명령하여 각 캉통의 의용군을 소집하는데, 이때 그들은 중대를 구성하면서 캉통의 국민방위군 장교와 부사관 중에서 대위, 중위, 소위 각 한 명, 중사 두 명, 하사 네 명을 뽑는다. 여러 캉통의 중대가 모여 디스트릭트 대대를 구성하며, 그 디스트릭트 국민방위군 장교 중에서 대대장과 부대대장을 한 명씩 임명한다. 의용군은 국가에서 하루 15수를 받는데, 하사는 1.5배, 중사는 2배, 소위는 3배, 중위는 4배, 대위는 5배, 특무상사는 6배, 중령은 8배, 대대장은 10배를 받는다. 평화 시에는 의용군 부대를 해산하고, 의용군은 원래 소속했던 국민방위군으로 돌아간다.

그 뒤에도 제헌의회는 전쟁이 일어날 경우 전방의 정규군을 도울 의용국민방위군les gardes nationales volontaires(앞으로 '의용국방군'으로 줄임)과 국내 치안을 담당할 국립헌병대la gendarmerie nationale를 창설하는 문제를 계속 진행했다. 여기서는 의용국방군을 창설하는 과정부터 살펴보기로 한다.

의용국방군

1791년 8월 12일 금요일에 전쟁대신 뒤포르타이는 법에 저항하는 반도

叛徒들을 억제하려는 목적에서 의용국방군을 창설하자고 국회에 제안했다. 국회는 당장 군사위원회에 이 문제를 넘겨 검토하도록 했다. 9월 2일 금요일에는 센에우아즈 도의 의용국방군이 국회에 장비와 복장에 관한 호소문을 제출했다. 의원들은 토론을 거쳐 이 문제도 군사위원회에 넘겼다. 그리고 9월 4일 비엔Vienne의 변호사로서 도피네 지방의 제3신분 의원이 된 샤브루 Jean-Baptiste-Charles Chabroud는 군사위원회가 마련한 안을 보고했다. 그것은 각 도에서 국경을 지키러 떠날 의용국방군에게 지급할 장비가 부족하다는 사실을 부각시키면서 필요한 조치를 마련하도록 명령했다. 의원들은 원안을 수정한 후 통과시켰다.

> 왕국을 지키려고 지원한 의용국방군들이 자기 경비로는 도저히 장비를 갖출 수 없으며, 이 때문에 본래 목적을 수행하는 일이 늦어지고 있음을 인지한 국회는 다음과 같이 명한다.
> 각 도의 지도부는 장비를 갖추지 못하는 의용국방군에게 당장 장비를 지급한다. 그 비용은 차후 그들의 봉급에서 계속 공제한다. 정부 각 부처 대신들은 도 지도부의 요청을 받아 필요한 자금을 선지급한다.

9월 8일 목요일에 내무대신 르사르는 국회에 편지를 보내 의용국방군에 대한 관심을 촉구했다. 도 지도부는 나라를 지키려고 전방으로 가는 의용국방군에게 시급히 장비를 지급하려고 애쓰는데, 특히 센에마른 도가 가장 열성이라고 전했다. 이 도는 10일에 의용국방군을 소집할 텐데, 그 자리에서 급료를 지급해야 한다. 그런데 맨 처음부터 징집에 응한 사람들은 그동안 생계 수단도 포기해야 했다. 그들이 일하던 농장의 작업장에서는 다른 사람들을 고용했기 때문이다. 그들에게 시급히 생활비를 지급할 필요가 있다. 센에마른 도는 그들에게 지난 1일부터 급료를 지급할 필요가 있다고 판단하고 내무대신에게 사정을 호소했다. 그래서 르사르는 이 문제에 대해 국회의 동의를 구했다. 이에 대해 샬롱쉬르마른 바이아 주의 제3신분 의원 프리외르Pierre-Louis Prieur는 앞으로도 이러한 문제를 계속 다루어야 할 테니까 이 문제부터라도 재정위원회가 검토하게 하자고 제안했다. 의원들은 재정위원회가 검토해서 이튿날 회의 때 보고하라고 결정했다.

9월 9일, 의장은 전쟁대신이 보낸 "1791년의 전쟁부 일반지출과 특별지출 현황"을 의원들에게 읽어주었다. 일반지출 9,159만 6,242리브르 13수 4드니에, 특별지출 6,838만 796리브르 1수 4드니에, 총 1억 5,997만 738리브르 14수 8드니에를 국방비로 쓴다는 내용이었다. 전쟁대신의 다음 편지는 지난 7월 28일의 법에 따라 국민방위군 9만 7,000명을 무장시킬 예정이었지만 실제로 8,000명이나 늘어난 10만 5,616명을 무장시켜야 한다는 내용이었다. 그런데 이들 가운데 국가가 보유한 무기를 가지고 됭케르크Dunkirk부터 벨레Belley까지의 국경을 지킬 의용군 4만 5,000명과 상리스와 콩피에뉴에 주둔할 예비군 1만 5,000명을 무장시키는 데는 별문제가 없지만, 벨레부터 앙티브Antibes까지 국경지대와 해안지방을 지킬 4만 5,000명을 무장시킬 장비가 부족하다. 의원들은 이 문제를 군사위원회에서 검토하게 했다. 센에마른 도의 봉급문제는 9월 20일이 되어서야 해결했다. 전쟁대신이 책임질 수 있게 될 때까지 기다리기 어려우므로 내무대신이 먼저 봉급을 지급해주기로 했다.

입법의회가 들어서서도 혁명을 쉽게 끝낼 수 없는 상황이었기 때문에 강한 군대를 조직해야 했다. 주변 국가들의 군주들은 프랑스에 파견한 대사들을 통해서 루이 16세를 몰래 격려하고, 망명한 왕족들이 군대를 모집하는 것을 용인해주었기 때문에 프랑스에서 혁명을 진행하는 한 전쟁이 터지는 것은 시간문제였다. 11월 22일 화요일에 도팽 보병연대 대위 출신으로 프랑스 서남부 아키텐 지방의 로에가론Lot-et-Garonne 의원인 라퀴에Jean-Gérard Lacuée는 군사위원회가 마련한 의용국방군에 대한 보고서를 발표했다.

"의용국방군은 날마다 여느 프랑스인보다 더 큰 희생을 감내할 것이다. 그들은 조국이 부를 때면 언제라도 달려가 목숨을 바칠 태세를 갖췄다. 그들은 안락한 생활을 포기하고 가장 험난하고 낯선 곳에서 살게 될 것이다."

이처럼 아주 엄격한 규율에 얽매여 큰 희생을 할 의용국방군에 대해 군사위원회가 마련한 법은 모두 47개조로 구성되었다. 의원들은 시간을 두고 검토해서 나흘 뒤인 26일 토요일에 심의하기로 했지만, 12월 10일에야 다시 '긴급'현안으로 다루게 되었다. 그날, 의원들은 라퀴에가 상정한 안에서 먼저 9개조를 차례로 통과시켰다. 의용국방군은 소집에 응한 날부터 해고된 날까지 급료를 받으며, 주거지에서 집결지까지 왕복 여행경비로 1리외(4킬로미터)에 3수씩 받는다(제1조). 의용국방군이 집결지에 도착하는 대로 그 지방의 도 지도부 담당자에게 신고하며, 담당자가 이름, 도착일, 경유지를 기록한 등록부는 임시점검부로 사용한다(제2조). 이미 구성된 전투부대에는 제1조에 따라 급료와 보상금을 지급하고(제3조), 그 금액의 절반을 의용국방군에게 지급하며, 나머지는 군복 같은 필수장비와 선수금을 갚는 데 쓴다(제4조). 전쟁 대신은 이와 관련한 금액을 즉시 지급한다(제5조). 각 도 지도부의 의용국방군 담당자는 등록부를 전쟁부의 요원들에게 제출하며(제6조), 첫 번째 점검을 받은 뒤, 각 의용국방군 부대장은 대표로 맹세한다.

"나는 목숨 바쳐 자유를 지키고 1789년, 1790년, 1791년에 제헌의회가 제정한 왕국의 헌법을 온힘으로 유지하며 국가와 법, 왕에게 충성하겠습니다."

대표의 맹세가 끝나면 모든 부대원은 "나는 맹세합니다"라고 말한다(제7조). 종군기간은 매년 12월 1일에 끝나며, 의용국방군은 두 달 전에 부대장에게 통보한 뒤 자유롭게 귀향할 수 있다(제8조). 이렇게 제8조까지는 일사천리로 통과되었지만, "의용국방군이 된 모든 시민은 소집일부터 면직일까지 능동시민의 자격을 유지하고, 국가유공자 포상의 대상인 경우 복무기간의 한 달을 두 달로 계산하여 심사한다"는 제9조에서 여러 의견이 충돌했고, 결국 이 조항부터 나중에 다시 심의하기로 했다.

12월 17일 토요일에 라퀴에는 일주일 전에 통과시킨 제4조와 제7조를 수정한 안을 다시 올려 통과시켰다. "의용국방군은 도 지도부가 그들의 군복과 장비를 마련하기 위해 미리 지불한 돈을 갚고 남은 돈을 자유롭게 쓸 수 있다(제4조)." 그리고 제7조에서는 장교와 부사관들의 맹세와 병사들의 맹세를 구분했다.

"나는 국가와 법, 왕에게 충성하고, 온힘을 다해 헌법을 유지하며, 군법을 집행하겠습니다."

"나는 국가와 법, 왕에게 충성하고, 헌법을 수호하며, 절대로 깃발을 버리지 않겠으며,* 군복무 규율을 준수하겠다고 맹세합니다."

이처럼 의원들은 일단 통과시킨 조항도 다시 고치면서 정성을 다했다. 또 어떤 조항에 대해서는 라퀴에가 상정한 대로 통과시켰다. 그리고 수많은 의원이 추가로 제안하기도 했다. 12월 26일 월요일에는 20일 전에 새로 전쟁대신이 된 나르본Louis-Marie-Jacques-Almaric de Narbonne-Lara이 전방을 시찰하

---

* 군무이탈을 하지 않겠다는 뜻.

고 파리로 돌아와 국회에 편지를 보냈다. 그는 앞으로 다른 국경지방도 다니려면 보름은 족히 걸릴 테지만, 그때까지 보고 들은 내용만 가지고도 전방의 상태가 만족할 만한 수준이라고 했다. 그러나 그는 의용국방군의 조직이 늦어지는 것을 걱정하면서 국회가 시급히 이 문제를 마무리해주기 바랐다. 라퀴에는 군사위원회가 재검토해야 할 조항에 대해 보고했고, 의원들은 저녁회의에서 다루자고 합의했다. 그렇게 해서 의용국방군법을 하나하나 확정하고 수정·보완했지만, 해를 넘겨서도 새로운 상황이 발생할 때마다 새로 손질하거나 제정해야 했다.

국립헌병대

11월 4일 금요일, 어떤 의원은 비선서 사제들 때문에 날마다 새로운 갈등이 일어나는데도 왕국의 질서를 바로잡을 국립헌병대를 아직까지 조직하지 못했으니 서둘러야 한다고 관심을 촉구했다. 그는 군사위원회가 국립헌병대 조직이 늦어지는 이유를 조사해서 국회에 보고하면 의원들이 대책을 마련하자고 제안했다. 이틀 뒤인 6일에 파리의 시민은 국회의장에게 전쟁대신 뒤포르타이가 법을 집행하지 않는다고 불평하는 편지를 보냈다. 그는 국립헌병대를 조직하는 문제가 이미 1791년 1월 중순부터 거론되었으며 관련법도 계속 나오고 정비되었지만, 전쟁대신이 아직도 집행할 의사가 없는 것 같다고 불평했다. 12월 24일, 카르노 형제* 가운데 동생은 전쟁대신 뒤포르타이가 11월 16일 국립헌병대의 현황과 관련해 국회에 보낸 보고서를 군사위원회의

---

* 형 카르노(카르노 레네Carnot l'aîné, Lazare-Nicolas-Marguerite)와 동생(카르노 르죈Claude-Marie Carnot-Feuleins le jeune)은 모두 왕립공병단의 대위로서 파드칼레 의원이다.

이름으로 분석해서 발표했다. 그러고 나서 공공안녕의 적들이 선량한 시민들로 하여금 조국과 의무를 저버리게 만들려고 온갖 수단을 동원하는 현실을 더는 두고 볼 수 없을 만큼 상황이 긴박하기 때문에 국립헌병대를 조직하는 문제를 당장 해결하자면서 긴급법안을 발의했다. 의원들은 카르노가 제안한 12개조 법안을 일주일 동안 검토해서 토요일(12월 31일)에 심의하기로 의결했다.

그러나 해를 넘겨 1792년 1월 5일 목요일에야 다시 심의에 부쳤다. 비엔의 경작자이며 검찰관으로 이제르 의원인 당통Danthon*이 먼저 발언했다. 그는 선량한 시민이라면 모두 국립헌병대 조직을 애타게 기다렸을 것이라면서, 헌병대가 민간과 군대의 이중성을 갖추었기 때문에 가장 유익한 존재라고 말했다. 그러나 그는 헌병대의 양면성을 경고하기도 했다. 헌병대는 평화시에 개인들의 범법을 막을 뿐 아니라 공공질서를 지키기 때문에 아주 강력하고 때로는 위험한 조직일 때도 있으며, 혼란기에는 완전히 무력한 존재가 되기도 한다는 것이다. 그는 헌병대를 기병 1만 4,910명으로 구성하고, 절반을 일상업무에, 나머지 절반을 군사기술을 익히도록 군 주둔지에 배치하는 동시에 모든 도에서 복무하는 헌병분대들을 6개월마다 다른 곳으로 이동시키자고 제안했다. 의원들은 당통의 안을 군사위원회에서 검토하도록 결의했다. 동생 카르노는 제1조를 읽었고, 의원들은 그대로 통과시켰다. 그리고 나머지 부분도 토론을 거쳐 하나씩 확정해나갔다.

---

* 더 자세한 정보를 찾기 어렵다. 파리의 혁명가 조르주 당통Georges Danton과 혼동하지 말 것.

제1조. 국립헌병대는 모두 1,560분대로 구성하고, 각 분대는 보병이건 기병이건 분대장인 하사관 한 명과 분대원 네 명으로 구성한다.

제2조. 1,500분대는 모든 도에 최소 15개, 최대 21개씩 나눠 배치하며, 코르시카, 파리, 센에우아즈, 센에마른은 예외로 한다. 그리고 나머지 60분대는 입법부가 각 도의 인구나 사정을 고려해서 적절하게 나눈다.

제3조. 전쟁대신은 국립헌병대가 전부 조직을 마칠 때까지 도의 디스트릭트 행정부나 법원 소재지에 법이 정한 수의 분대를 갖추도록 명령한다.

제4조. 현재 도 주요 지역에 설립한 헌병분대들 가운데 일부를 도 지도부가 좀더 유익한 지역으로 재배치해달라고 요청할 수 있다. 도 지도부는 전쟁대신의 명령을 받아 되도록 빨리 재배치한다.

제5조. 각 도의 지도부는 법이 정하고 전쟁대신이 인정해준 만큼의 헌병분대를 설치한다. 1791년 2월 16일의 법에 따라 도에 통합된 부대의 기병 부사관, 옛 기마헌병대의 부사관과 기병들을 헌병분대에 편입한다.

제6조. 전쟁대신은 국립헌병대를 설립하기 전까지 복무한 옛 기마헌병대의 정원 이상의 인원을 헌병분대에 헌병으로 할당한다.

중세부터 기마헌병대는 군대의 조직을 가지고 치안을 담당했다. 구체제에는 도시와 도시 외곽에서 일어나는 소요사태를 진압하거나 질서를 바로잡는 일에 출동했다. 혁명기에도 정규군, 국민방위군, 의용국방군과 함께 치안문제를 맡을 헌병대가 필요했다. 제헌의회는 1790년 12월부터 옛 기마헌병대 대신 국립헌병대를 조직하는 문제를 다루었다. 그때부터 시작한 국립헌병대 조직법을 입법의회는 이렇게 마련했다. 이 법으로 국립헌병대 조직이 완전히 끝나지는 않았지만, 아무튼 입법의회는 그 첫 단추를 이렇게 꿰었던 것이다.

5
바이이와 라파예트의
사임과 선거

제헌의회가 헌법을 완성하고 임기를 마칠 즈음에도 그들이 1789년에 처음 모일 때부터 해결하려던 문제는 여전히 골칫거리로 남아 있었다. 다름 아닌 경제문제였다. 물론 구체제와 새 체제의 조건은 다르다. 새 체제에서는 고질적인 재정을 개선하는 가운데 아시냐 증권을 발행하고 조세의 형평을 추구했으며, 새로운 조건에 맞춰 아시냐를 지폐로 바꾸어 유통시켰지만, 근본적으로 생필품의 품귀현상을 해결하지는 못했다. 왕국에서 가장 인구가 밀집한 파리에서는 여러 개 구가 함께 생필품 문제를 해결하려고 노력했지만 바라는 만큼의 성과를 거두지 못했다. 금속화폐는 자취를 감추고, 아시냐 지폐의 가치가 떨어져 물가가 치솟았기 때문에 가난한 사람들은 여전히 고통스러운 나날을 이어나갔다.

시정부나 도 지도부가 적절히 대처하지 못하자, 1791년 2월에 설립한 '노모필 협회Société des Nomophiles'가 나섰다. 혁명기의 새로운 정신인 법치주의를 정치적 언어로 만든 '법치국가Loyaume, Nomarchie'에서 보듯이 그리스말인 '법Nomos을 사랑하는 사람들의 모임(노모필 협회)'*은 자코뱅 클럽(헌우회)처럼 구성원들의 민주적 평등에 바탕을 두고 활동했다. 이 협회는 민중협회들에 함께 활동하자고 제안하는 한편, 9월 17일에 국회에다 '애국금고에 관

---

* Alexandra Sfoini, "Loyaume and Nomarchie: Keywords of the French Revolution in the Greek Vocabulary", *The Historical Review / La Revue Historique*, Vol. XI (2014) 참조.

한 청원Pétition sur les caisses patriotiques'을 내기로 했다. 파리의 여러 구가 함께 생필품을 확보하려고 백방으로 노력하는 가운데 9월 26일 국회는 내무대신으로 하여금 1,200만 리브르를 여러 도에 나눠줘 생필품을 구할 수 있도록 하는 명령을 내렸다. 내무대신은 11월 1일에 국회에서 그 결과를 보고했다.

파리의 대다수 주민이 여전히 생필품에 대해 걱정하면서 살아가는 동안 파리 시장 선거문제가 불거졌다. 왕이 헌법을 승인하고 직접 국회에 나가 맹세를 했고, 파리 시에서는 9월 18일에 헌법 선포식을 거행했는데, 이튿날 시장 바이이는 "내가 할 일도 이제 끝났다고 생각합니다. 부디 내가 사임하도록 허락해주시기 바랍니다"라는 사직서를 시의회에 제출했다. 그는 자기가 시장이 된 뒤부터 잠시도 쉬지 못한 채 사회적으로 유익한 일을 하기 위해 의무를 다하는 과정에서 더는 버티기 어려울 정도로 체력을 고갈시켰다고 하소연했다. 바이이는 1789년 7월 15일부터 1790년 8월 2일까지 '임시' 시장이었다가, 새로운 지방정부 구성법에 따라 8월 3일부터 정식 시장으로 일했다. 만 55세 생일의 나흘 뒤 그는 2년 이상 책임졌던 파리 시정을 후계자에게 맡기고 물러나게 해달라고 요청했던 것이다.

파리 시정부는 너무 갑작스러운 일이라 당황했고, 바이이에게 결심을 바꿔달라고 부탁했다. 두 번이나 간청을 받은 바이이는 11월까지 머무르겠다고 한발 물러섰다. 파리 시정부는 바이이가 정식으로 시장직을 맡은 것은 1790년 8월 3일부터이므로 임기가 1792년 11월까지라는 사실을 들어 유감스럽다고 했지만, 바이이는 20일에 또다시 11월 11일부터 일하지 않겠다고 못 박았다. 이렇게 해서 파리 시장의 선거를 예정보다 1년이나 앞서 치러야 할 상황이 되었다.

10월 5일 수요일에 입법의회가 법에 따라 구성되었을 때, 바이이는 파리 시정부 요원들과 함께 국회를 방문하겠으니 허락해달라고 요청했다. 국회는 이튿날 그 요청을 받아들였다. 그래서 7일에 바이이가 시정부 요원들과 함께 국회에 충성하겠다고 맹세했다. 국회의장 파스토레는 파리 시를 국회가 보호해주겠다고 화답했다. 같은 날, 라로슈푸코가 이끄는 파리 도 지도부도 국회에 나가 충성맹세를 했다. 그러나 11월 10일까지만 일하겠다는 바이이의 의지에 따라 파리 시정부는 코뮌 총회 구성원과 시정부 요원들을 절반씩 새로 뽑는 작업을 서둘러야 했다. 법은 매년 그들의 절반을 새로 뽑도록 정했기 때문에, 시정부는 11월 4일의 회의에서 선거와 관련해 네 가지를 결정했다.

첫째, 1790년 6월 27일의 파리 시정부 조직법 제2장 제42조와 제5장 제10조에 따라 시정부 행정관, 관리와 명사들을 새로 뽑는 선거인 회의를 매년 생마르탱 축일(11월 11일) 이후 첫 일요일에 치른다. 둘째, 같은 법 제5장 제4조에 따라 시정부 선거를 위한 능동시민들의 회의는 선거일 8일 전에 시정부가 소집한다. 셋째, 코뮌 총회는 다음 일요일인 11월 6일에 1790년 6월 27일의 법 제2장 제42조에 따라 대표들을 처음 갱신할 추첨을 결정했으므로, 코뮌의 48개 구를 소집하기 전에 추첨을 해야 한다. 이에 대해 조금 더 알아보자면, 지난 10월 25일 화요일에 코뮌 총회는 11월 6일 일요일 오전 10시 시청 회의실에서 총회 구성원 가운데 72명의 추첨을 공개적으로 실시하기로 했던 것이다. 넷째, 무엇보다도 48개 구는 시장과 코뮌 검찰관의 두 자리를 채워야 한다. 또한 시정부는 11월 13일 일요일 저녁 5시와 그 다음 날들에도 늘 모이던 장소에서 파리 코뮌의 48개 구가 모여 1790년 6월 27일의 법에 따라 바이이의 후임을 뽑는 선거와 다른 절차에 대해 결정했다. 새로 뽑힐 시장은 바이이의 잔여임기만 채우므로 1792년 11월 11일까지 일한다. 그 대신 새로 뽑는 코뮌 검찰관은 모든 선거가 끝난 시점부터 취임해서 앞으로 2년 동안 일한다. 그런데 모든 선거는 1792년 2월 24일에야 끝나게 된다. 모든 구는 추첨으로 코뮌 총회 구성원을 뽑은 뒤 11월 13일 총회가 열리는 날까지 그 결과를 48개 구 위원회들에 보내주어야 한다.

바이이가 사임 의사를 밝힌 뒤에 파리 국민방위군 총사령관 라파예트도 10월 8일에 물러났다. 구비옹Jean-Baptiste Gouvion은 9월 7일에 입법의원으로 뽑혔기 때문에 27일에 부관참모직에서 물러났다. 이제 라파예트가 사임하는 배경을 살펴보자. 9월 12일의 법*은 국민방위군 총사령관의 기능을 6개 사단장에게 나누어주고, 한 달씩 돌아가면서 일을 하도록 규정했다. 라파예트는 부르주아 군대의 통일성과 힘을 와해시키는 이 법을 울며 겨자 먹기로 준수해야 했다. 라파예트는 10월 8일 저녁 10시쯤 파리 코뮌 총회에 나가 신상 발언을 했다. 그는 혁명이 만들어준 책무를 혁명을 위해 받아들여 잘 수행했으나, 이제 법에 따라 그 책무에서 완전히 벗어나겠다고 선언했다.

"제가 맡아서 진행하던 준비작업이 모두 끝났으며, 국립헌병대와 정규군에게는 오직 전쟁부의 마지막 손길만 필요하고, 국민방위군에게는 민간행정관들이 주도할 수 있는 장교직 선거만 남아 있습니다. 나는 선거기간 동안 지휘권을 사단장에게 맡기면서, 법의 현명한 의도, 그리고 언제나 내 행동을 이끈 정서에 되도록 빨리 순응하기로 결심했습니다."

라파예트는 혁명기에 파리 시민들이 자신을 믿어주고 사랑해주어서 감사하다고 말하고, 1789년의 선거인단이 자신을 국회에 보내준 사실을 잊지

---

* 1791년 9월 12일 월요일, 국회의 군사위원회 소속 에므리Jean-Marie-Joseph Emmery는 '파리 국민방위군 조직법'을 상정하고 통과시켰다. 모두 17개조의 법은 파리 국민방위군을 새로 조직하는 법이었다. 제1조는 "파리 국민방위군을 각각 10개 대대를 가진 6개 사단으로 조직한다"고 규정했다.

못하겠다고 덧붙였다. 그는 파리 출신의 국회의원들을 칭송하고, 특히 국회의 첫 의장이며 파리의 최초 민선시장인 바이이에게 무한한 애정을 표현하는 동시에 파리의 번영을 기원했다. 이 말을 들은 바이이는 라파예트가 국가와 파리에 얼마나 봉사했는지 프랑스뿐만 아니라 유럽 모든 나라가 다 안다고 칭송한 뒤, 모든 사람이 '두 대륙의 영웅'(라파예트의 별명)을 결코 잊지 못할 것이라고 말했다. 10월 9일에 라파예트는 영지가 있는 프랑스 남부 오트루아르 지방의 샤바니악Chavaniac으로 떠났지만, 이튿날인 10일에 파리 국민방위군은 라파예트에게 "황금단도와 함께 '파리의 군인들은 라파예트에게 감사한다'"라고 새긴 메달을 수여하기로 했다. 파리 코뮌은 12일에 라파예트를 위해 메달을 만들어 수여하기로 의결하면서, 메달에 새길 명문과 문양을 제시해달라고 비명문학아카데미에 부탁했다.

라파예트가 파리에서 공식적으로는 칭송을 받았지만, 사방에서 부정적인 반응을 불러일으킨 것도 사실이다. 그가 영지로 향해 가는 동안 그 길목에 있던 생푸르캥Saint-Pourcain의 국민방위군 부대장은 그를 환영하는 행사를 거부했다는 이유로 16일에 해임되었다. 신문들도 라파예트에 대해 부정적인 의견을 실었다. 마라는 10월 14일자 『인민의 친구』에서 라파예트를 칭송하는 국민방위군을 '미친놈들insensés'이라고 했다. 그는 라파예트가 친구 부이예 장군과 함께 적과 내통하고, 국경지대의 국민방위군들이 적을 막지 못하게 방해할 사람이라고 혹평했다.

『파리의 혁명』 118호(1791년 10월 8~15일자)에서는 "파리에서 자기 역할을 끝낸 아메리카의 영웅이 과연 혁명을 방해할지 아니면 도울지 지켜봐야 할 것이다. 지금까지 나온 『파리의 혁명』에서 그에 관한 기사를 살펴보면 그 답을 얻을 수 있으리라"라고 말했다. 그러고 나서 『파리의 혁명』은 라파예트가 아메리카의 자유를 찾아주었을지 몰라도 정작 유럽에서는 군주(루이 16세)의 눈치를 보지 않고서 인민의 염원에 공감하는 일이 없었다고 지적했다. 신문은 계속해서 라파예트의 과거를 낱낱이 되짚었다. 그는 파리 시민들에게 군복을 입혀 조국의 병사로 만들더니 곧바로 전제정의 앞잡이로 둔갑시켰다. 게다가 미라보와 공모해서 왕에게 봉사했다. 당시의 현실을 호소하려고 파리에 온 군인들을 옥에 가두었으며, 당시 군사반란을 진압하는 데 일조했다. 뱅센을 제2의 바스티유로 만들지 못하게 노력한 시민들을 붙잡아 가두었다. 루이 16세가 바렌에서 잡혀온 뒤 튈르리 궁을 감시해야 한다는 핑계로 대중을 튈르리 궁은 물론 국회의사당에도 마음대로 접근하지 못하게 만들었다. 그렇게 해서 바르나브, 당드레, 르샤플리에 같은 의원들이 헌법을 마음대로 주물러 왕을 복권시키는 데 이바지했다.

> 시민들이여, 이 영웅[라파예트]은 아첨꾼일 뿐이다. 이 입법가는 사기꾼일 뿐이다. 그러나 그는 헛되이 발버둥 쳤을 뿐! 명성을 추구하면서 진실을 잃었다. 그대는 조국과 자유에 피운 향내를 그대의 것처럼 맡았다. 그대 그리고 그대와 어울리는 동료들은 이제 혁명이 전제정에 아무런 영향을 끼치지 못하게 만들어버렸다. 그대는 사자의 이빨을 뽑아버렸다. 인민은 지도자들을 두려워하지 않는다. 그들은 직접 채찍을 들고 박차를 달았다. 이제 그대여, 떠나라!

국민방위군 총사령관 라파예트가 고향으로 떠난 뒤 바이이는 어떻게 되었던가? 파리의 대중, 모든 구의 선량한 시민들은 바이이의 사임을 환영했지만, 선거인들은 대중의 여망을 저버렸다. 거의 80명의 애국파 선거인들이 반대했지만, 귀족파 선거인들이 바이이를 도 지도부 요원으로 뽑았던 것이다. 결산보고서를 제출하지 않고 사임 의사를 밝힌 파리 시장이 결산보고서를 심사할 파리 도 지도부에 들어가게 되었던 것이다. 더욱이 도 지도부는 라로 슈푸코가 주도권을 쥐고 진보보다는 보수 성향을 보여주면서 시정부의 행동을 감독했다. 대중은 이러한 결과에 반발했다. 법은 자치정부 요원이 상급 행정부의 요원이 될 수 없도록 정했기 때문에, 그들은 선거인들이 권한을 남용해서 아직 완전히 시장직을 떠나지 않은 바이이를 도 지도부에 뽑았으므로 선거가 무효라고 생각했다.

바이이는 자신의 행적에 대해 시민들에게 보고해야겠다고 결심했다. 그는 11월 12일 토요일에 파리 코뮌 총회에 나가 연설했다. 그는 파리의 재정적 현실과 시정부의 결함에 대해 솔직하게 요약했다. 그러나 그는 자신의 개인적인 행적을 보고하는 것일 뿐이라고 강조하면서 은근히 자신의 업적을 과시했다. 그는 파리의 생필품 수급 현황에 대해 말했다. 나무(땔감)는 지난 8월에 이미 1792년치의 절반을 확보했으며, 나머지는 경매로 쉽게 채울 수 있으리라고 내다봤다. 석탄도 거의 20개월치를 확보했다. 밀가루는 1792년 봄까지 지낼 수 있는 5만 4,000자루를 확보했으며, 그 뒤에는 미국에 주문한 밀가루가 도착해서 밀을 수확할 때까지 버틸 수 있을 것으로 내다봤다. 바이이의 이야기는 현실적으로 얼마나 설득력이 있었을까? 11월에도 시중에는 생필품 사정이 나아지지 않았고, 금속화폐가 자취를 감추는 한편, 개인들이 가치가 의심스러운 어음을 남발했다. 그래서 파리 시정부는 국회가 개입해서 어음을 통제해달라고 간청하기도 했다. 자코뱅 클럽과 코르들리에 클럽은 '개인적 청원서'를 내라고 회원들에게 권유했다. 법은 단체 이름으로 청원서를 낼 수 없도록 못 박았기 때문에 청원서에 개인들이 이름을 써야 했다.

극빈자를 구제하고 노동자들에게 일감을 나눠줄 작업장을 설치해달라는 청원서도 있었다.

바이이가 9월 하순에 사임 의사를 밝힌 뒤부터 그의 후임을 뽑는 선거를 치르는 동안 생필품을 확보하는 문제는 파리 주민들이 늘 가장 많이 신경 쓰는 일이었음에도 바이이는 코뮌 총회에서 주민들을 안심시켰다. 그는 시정부의 결함에 대해서도 얘기했다. 그는 행정관의 수가 많고, 권력을 집중적으로 행사할 수 없으며, 여러 기능이 서로 얽혔기 때문에 시정부가 비효율적으로 움직일 수밖에 없다고 분석했다. 그는 그 대안으로 파리 시정부 조직법을 수정해야 한다고 주장했다. 관리의 수가 많다고 더 좋은 결과를 내는 것도 아니며, 파리 시장과 검찰관의 직무도 더욱 정확히 규정할 필요가 있다는 것이다. 시정부의 부서를 네 개로 줄이고 모두 24명으로 구성하며, 시정부를 이끌어갈 사람들은 시장을 포함해서 8명으로 하며, 코뮌 총회는 명사 72명으로 구성한다. 그리고 행정의 통일성을 확보해야 할 것이다.

바이이는 시정부의 규모를 이렇게 줄여도 더욱 효율적으로 임무를 수행할 사람들을 뽑으면 문제가 없다고 낙관했다. 새로 뽑을 사람들이 대부분의 시간을 공무에 바칠 수 있도록 여건을 마련해주려면 지금까지 너무 자주 모이던 회의만 줄여도 된다는 주장이었다. 파리 48개 구가 무한한 권위를 행사하면서 시정부에 간섭하는 일도 시정을 원활히 수행하는 데 큰 장애물이었으므로 이에 대한 대책도 마련해야 한다. 게다가 바이이는 개인의 사찰에 대해서도 얘기했다. 그러나 사찰은 사생활 영역에 대한 의심에서 출발하는 것이므로 양식 있는 사람들의 지지를 받기 어려웠다.

바이이는 이처럼 자신의 경험에 비추어 후임 시장이 해야 할 일이 무엇인지 제시했다. 파리 시장 선거가 예정대로 11월 13일부터 진행되었다. 카피타

시옹세를 내는 주민의 수를 근거로 조사한 능동시민은 9만 7,631명이었다.*
그러나 투표자는 모두 1만 632명이었다. 그러니까 투표율은 겨우 10.9퍼센
트였다. 민주주의 제도를 도입했지만, 아직 유권자들이 투표와 자신의 이익
을 동일시하지 못할 때였음을 알 수 있다. 로베스피에르가 존경하던 페티옹
Jérôme Pétion de Villeneuve은 영국에서 1688년의 명예혁명을 기리는 모임에
참석해 대대적인 환영을 받고 돌아왔는데, 15일에 벌써 수많은 표를 받고 당
선이 유력해졌다. 16일에 그는 6,708표로 승리했다. 왕은 낙향했던 라파예
트를 급히 파리로 불러서 파리 시장으로 만들려고 노력했다. 그러나 입헌중
도파였던 라파예트는 3,123표, 당드레Antoine Balthazar Joachim d'André는 겨우
77표를 얻었다. 나머지 표는 로베스피에르, 프레토, 카뮈, 트롱세 같은 사람
들에게 돌아갔다. 이렇게 해서 혁명에서 가장 중요한 도시를 대표하는 파리
시장이 입헌중도파보다 더욱 급진적인 좌파에서 나왔다.

페티옹은 11월 18일 금요일부터 시장 업무를 수행했다. 『파리의 혁명』
(123호)에서는 페티옹에게 옛날을 상기시키면서 부탁의 말을 잊지 않았다.
루이 16세의 궁부대신을 지낸 브르퇴이 남작Louis Charles Auguste Le Tonnellier,
baron de Breteuil이나 파리 치안총감을 지낸 르누아르Jean-Charles-Pierre Lenoir
가 막대한 정보망을 가지고 반체제 인사들을 감시했듯이, 바이이도 정보원들
을 움직여 사생활을 사찰했다. 페티옹은 바이이처럼 환영받으면서 시작했으
되 바이이처럼 물러나지 말기를 당부한다고 했다. 바이이를 생각하면 계엄령
과 샹드마르스 학살이라는 끔찍한 기억을 떠올려야 하기 때문이다. 그래서

---

* 파리에서 능동시민의 수에 대해서는 제3권 제3부 3장 "파리의 새 조직과 전국연맹제" 245쪽 참조.

페티옹은 악을 제거하기 위해 악을 동원하지 말아달라고 부탁한 것이었다.

"슬기로운 페티옹이여, 당신이 가장 신성하게 여기는 것, 당신의 애국심을 걸고 맹세하시라. 인류의 품격을 떨어뜨리는 부끄러운 기생충들을 사라지게 만들겠노라고! 당신은 악과 싸우기 위해 악으로 맞서지 마시라. 브르퇴이나 르누아르 같은 사람들과 공통점을 가지는 것은 생각만 해도 역겹다. 풍속을 순화하고 슬기로운 법을 지키려고 노력하는 자유로운 국민들 속에 정보원들을 풀어놓지 마시라."

11월 18일, 바이이는 파리 코뮌 총회에서 후임자 페티옹을 소개한 뒤 이렇게 말했다.

"우리 모두는 〔페티옹이〕 법을 준수하고, 평화를 유지하며, 우리가 계속 노력했던 질서회복에 힘써주기 바랍니다. 그렇게 해주신다면 대중은 반드시 그의 업적을 축복하여 보답할 것입니다. 이제 페티옹 선생이 여러분 앞에서 맹세할 것입니다. 그에게 이 회의를 주재할 영예와 함께 내가 맡았던 중요한 임무를 모두 넘겨드리겠습니다. 부디 나보다 더 훌륭한 시장이 되시어 우리 조국에 큰 기쁨이 되어주시기를 진심으로 바랍니다."

우렁찬 목소리로 청중을 웃기고 울릴 줄 아는 페티옹은 자기를 시장으로 뽑아줘서 무한히 고맙다고 하면서도, 만일 자신을 먼저 생각하고 취향만 따르고자 했다면 시장직에 오르는 것은 꿈도 꾸지 않았을 것이라고 말했다.

나는 국가에 가장 유익한 일꾼이 될 수 있으려면 어떻게 해야 할지 자문했습니다. 아직도 폭풍우가 휘몰아치고 잠시도 평온하지 않은 이 어려운 상황에서, 혁명의 발상지이며 중심인 이 도시가 과연 행복한 변화를 이끌어갈 수 있을까 생각해봤습니다. 그러고 나니 내 의심이 모두 사라지고,

이 위대한 도시가 내게 보낸 신뢰에 보답하는 길은 오롯이 이 한 몸 바치는 길 이외에는 없음을 깨달았습니다. 앞으로 내가 노력해야 할 일이 산더미 같고, 내 힘과 열성을 다해야 한다는 사실을 잘 알고 있습니다만, 동료 여러분의 확고한 지지와 협력이 필요합니다. 우리는 모두 공동의 행복이라는 목표를 가지고 협력해야 합니다. 우리는 인민을 위한 행정관이기에 인민의 이익과 권리를 보호해야 하며, 질서와 평화를 유지하고, 헌법을 준수하며, 적들의 계획을 무산시켜야 합니다. 진정한 애국심은 법을 준수할 때만 나타나며, 그렇지 않으면 자유란 존재하지 않습니다.

나는 굳이 필요하지도 않은 찬사를 늘어놓아 오히려 내 전임자의 겸손함을 욕보이지 않겠습니다. 그분의 봉사에 대해서, 또 그분이 물러나시면서 우리에게 불러일으킨 아쉬움에 대해서도 굳이 말하지 않겠습니다. 최고의 심판자인 여론이 공직자의 자리를 정해주고, 비난이나 칭송을 가져다줄 테니까요.

민주적 성향의 신문은 모두 페티옹의 취임을 반겼다. 취임식 후에 그가 자코뱅 클럽에 나타났을 때 모두가 환호했다. 그리고 페티옹이 취임한 날에는 코뮌 검찰관의 선거가 시작되었다. 애국파는 마뉘엘Pierre-Louis Manuel을 지지했다. 마뉘엘은 1751년에 태어나 다방면에 글을 남긴 작가였다. 그도 구체제의 가난한 작가가 가는 길 중의 하나인 경찰 끄나풀 노릇을 했다. 치안총감으로부터 돈을 받으면서 글을 쓰고, 수기신문nouvelles à la main도 발행했다. 1786년에는『어느 수비대 장교의 편지Lettre d'un officier des gardes du corps』를 써서 바스티유 감옥에 갇히기도 했다. 그는 1789년 7월 14일 이후 바스티유의 문서고에서 나온 자료를 편찬해서『바스티유의 실상La Bastille *dévoilée, ou Recueil de pièces authentiques pour servir à son histoire*』을 발간했다.

마뉘엘과 자리를 다툰 사람은 동갑내기인 카이에 드 제르빌Bon-Claude Cahier de Gerville로 베이외에서 태어나 파리에서 법학을 공부하고 파리 고등법원의 변호사가 되었으며, 1789년에는 파리의 선거인으로 활동하다가 파리 검찰관보가 되었다. 12월 1일 목요일, 선거 결과를 보니 모두 5,311명이 투표했으며, 마뉘엘이 3,770표를, 카이에 드 제르빌이 1,541표를 가져갔다. 12월 8일에는 검찰관보의 선거 결과가 나왔다. 당통, 콜로 데르부아, 제라르 드 뷔지, 아르디, 투레 같은 사람들이 표를 나눠 가졌는데, 당통이 1,162표를 얻어 2위로 654표를 가져간 콜로 데르부아를 멀리 따돌렸다. 진보 성향의 인물들이 시장, 검찰관, 검찰관보가 된 것을 보면서 우리는 앞으로 파리 시정부가 보수적인 도 지도부의 지시에 어떻게 대처할지 벌써 궁금해진다.

12월 9일, 신임 시장 페티옹은 지난 20일 동안 자신이 한 일과 앞으로 해야 할 일을 간단히 정리해서 발표했다. 그는 고위직 간부들의 수를 줄여 그들에게 지급할 봉급을 4,800리브르나 절약했다. 그는 생필품, 치안, 소유지와 재정, 공공건물, 공공사업을 담당하는 다섯 개의 국을 거느렸다. 게다가 국가가 위임한 징세, 국유지, 국민방위군, 자선사업도 시행했다. 그래서 그만큼 시민들의 불편이 컸다. 시민이 민원을 해결하려고 파리의 도처에 널리 퍼져 있는 공공기관의 해당부서를 찾아다니다 보면 10리 걸음을 해야 했다. 그만큼 행정의 통일성도 떨어졌다. 모든 업무의 중심에서 매사를 감독해야 하는 시장이 임무를 정확히 수행하기 어려웠다. 그래도 그는 업무를 시작하자마자 모든 부서의 보고를 받았고, 앞으로 계속 정확히 보고해달라고 지시했다.

페티옹은 생필품과 치안이야말로 대중의 존립, 안전, 행복과 직결된 것이라고 보았다. 그는 생필품에 대해 걱정할 상황이 아니라고 진단했다. 밀가루는 창고에 쌓여 있으며, 이미 수많은 방앗간에 밀을 분배해주었고, 곧 아일랜드와 암스테르담에서도 들어올 것이기 때문이다. 하루 300자루씩 중앙시장에 공급한다고 할 때, 앞으로 4개월을 충분히 공급할 수 있다. 3월이나 4월에 아메리카에서 밀가루 4만 자루가 들어올 테니 문제없다. 더욱이 군사학교의 창고에도 파리 시정부가 보관한 쌀이 충분히 있었다. 페티옹 주위의 관리들은 시장의 논리에 맡기는 것이 좋겠다고 생각했으며, 페티옹도 규제보다 자유가 더 낫다고 믿었다. 페티옹은 규제를 하지 않고 자유롭게 거래하도록 허용한다면 파리에는 물건이 더 많이 유통될 것이며, 따라서 빵이 부족할까봐 두려워서 끊임없이 되살아나던 폭동도 사라질 것이라고 확신했다.

그런데도 모든 것이 순탄하지는 않았다. 나무와 석탄도 충분했지만, 추가로 공급하는 데는 문제가 있었다. 땔감을 파리로 수송할 물길을 파리 시정부가 마음대로 이용할 수 없기 때문이었다. 더욱이 치안문제가 늘 골칫거리였다. 거리는 더럽고 온갖 쓰레기로 덮여 있었으며, 좀도둑질부터 시작해서 온갖 범죄가 판쳤다. 거리를 깨끗하게 유지하기 위해서는 법을 잘 준수하게 만들어야 하며, 범죄를 막는 방법도 강구해야 했다. 삯마차를 등록하게 해서 번호를 부여하고 마부들을 관리해 승객의 안전을 확실히 보장한다. 거리의 조명을 관리해서 밤에도 안전하게 통행하도록 한다. 10월 1일부터 이듬해 3월 1일까지 가로등 관리 예산은 2만 리브르다. 게다가 야간순찰도 늘린다.

페티옹은 국민방위군의 조직이 끝나지 않고, 새로운 장교들이 지휘할 때까지 옛 장교들이 지휘를 하며, 국민방위군과 정규군의 관계도 미묘하기 때문에 여러 가지 문제가 발생한다는 점도 고려해야 했다. 예를 들어 바이이는 라파예트와 직접 또는 그의 부관을 통해 날마다 소통했지만, 이제는 페티옹이 세심히 신경 써야 할 일이 늘었다. 파리의 두 번째 민선시장인 그는 다행히 파리 주민의 신망을 얻었고 열심히 일했다. 그는 시민들과 소통하는 길을 활짝 열어놓았다.

"시민들의 편지, 약속, 면담에 대한 제 계획을 알려드립니다. 편지를 보내는 사람의 신원과 주소가 분명하다면 반드시 답장을 하겠습니다. 어떤 약속도 마다하지 않겠습니다만, 시간은 제가 잡겠습니다. 필요한 경우가 생길 때마다 공개적인 면담을 하겠습니다."

6
1791년 말의 정세

11월 중순에 나온 『파리의 혁명』(123호)에서는 유럽의 몇몇 나라가 프랑스를 모욕한다는 기사를 실었다. 루이 16세는 10월에 자신이 헌법을 받아들였다는 사실을 알리는 편지를 유럽 여러 나라에 보냈으며, 외국 군주들의 답장을 국회에서 공개하라고 명령했다. 국회는 11월 16일 회의에서 새 외무대신 르사르가 제출한 답장을 읽었다. 『파리의 혁명』 편집인은 편지의 문구를 분석하면서 프랑스인에 대한 모욕적인 내용이라고 시비를 걸었다. 그런데 "모리 신부가 코블렌츠에 도착하다"라는 제목의 기사는 우리의 눈길을 더 끈다. 그것은 10월에 루이 16세의 편지를 들고 코블렌츠에 도착한 모리 신부가 거기에 모인 왕의 동생들, 왕족들과 반혁명의 가능성에 대해 회담하는 모습을 누군가 현장에서 보고 들은 듯이 생생하게 전한다. 이 기사를 믿는다면, 그들이 인민을 그저 수동적인 존재로 취급하고, 선심만 쓰면 자기네 편으로 만들 수 있을 것이라는 희망에 들떠 있었음을 알 수 있다. 이 기사는 "혁명 초만 하더라도 왕들과 싸우면 모든 일이 해결될 줄 알았지만 이제는 종교인들과 싸우는 날이 왔다"는 점을 강조하고 싶었던 듯하다. 1791년 말, 프랑스의 현실은 이처럼 혁명 초기의 예상과 멀리 떨어져 있었다. 『파리의 혁명』의 발행인은 "모든 것을 파멸시켜라, 그것이 교회의 정신이다"라는 17세기의 시인 부알로Nicolas Boileau-Despréaux의 말에 공감했다.

코블렌츠에 간 모리 신부는 왕족들에게 연합해서 싸우자고 제안했다. 그러나 구체제에서 탈출하는 의지를 2년 이상의 노력으로 명문화한 1791년의 헌법이 나왔고, 반혁명을 꿈꾸는 사람들보다 혁명을 더욱 철저히 추진해야 한다고 믿는 사람들이 실세인 시점에, 그들의 꿈은 과연 실현될 수 있을까? 그 꿈은 침략전쟁과 내전을 일으켜 혁명세력을 몰아내고 구체제로 돌아가는 것이었다. 캉Caen에서는 11월 6일에 비선서 사제 뷔넬Bunel이 봉헌하는 미사에 귀족이 참석한다는 소식 때문에 한바탕 소동이 일어났다. 그 일로 84명이나 붙잡혀 옥에 갇혔다. 전국적으로 이처럼 뒤숭숭한 분위기에서 나라 밖에 모인 망명객들은 기회만 엿보고 있었다.

11월 22일 화요일에 국회에서는 스트라스부르의 역사교수 출신인 바렝 의원 코슈가 외교위원회를 대표해서 긴급현안을 상정했다. 그는 지난 8일에 제정한 망명자법* 제14조에서 규정한 대로 외교위원회가 의심스러운 사람들이 집결해서 문제를 일으키는 외국에 대처하는 방안을 상기시키고, 그동안 스트라스부르 시정부와 라인 강 연안지대의 헌우회 회원들, 그리고 오랭 도 지도부가 보내준 라인 강 너머의 정보를 보고했다. 그 정보는 특히 신성로

---

* 제2장 참조.

마제국 안에 사는 프랑스 애국자들에게 나라를 버리고 도망친 자들이 결집해서 행사하는 폭력에 관한 것이었다. 외교위원회는 이처럼 프랑스 국민의 존엄성과 선린관계를 해치는 적대행위에 대해 고심했다. 이 같은 반혁명 행위는 정치적 원인과 종교적 원인을 모두 갖고 있었다. 망명자들은 왕족뿐만 아니라 고위직 종교인을 중심으로 결집했기 때문이다.

라인 강 너머의 스트라스부르 주교구에는 1790년 6월에 의원직을 버리고 라인 강을 건너간 '술통' 미라보가 지휘하는 군대 500~700명, 마인츠 선제후의 영토와 보름스에는 콩데 공Louis-Philippe-Joseph Condé이 지휘하는 망명객 군대, 코블렌츠와 트리어(트레브) 선제후령에도 프랑스 왕족들의 군대가 있었다. 마인츠 대주교와 트리어 대주교, 스트라스부르의 옛 주교는 봉건적 권리를 앗아간 프랑스 헌법과 특히 성직자 시민헌법에 적개심을 가지고 독일인 군대를 보유했다. 이처럼 외국인이 병력을 모으는 것은 신성로마제국의 법에서도 금하는 사항이었다. 그럼에도 프랑스의 망명객들은 오펜부르크, 에텐하임, 슈파이어, 보름스, 코블렌츠 등지에서 군대를 모집했다. 이러한 현실을 우려한 외교위원회는 국회에서 프랑스와 신성로마제국의 선린관계를 유지하기 위해 제국의 제후들이 빨리 프랑스 망명객들의 군대모집을 금지하고 이미 소집한 군대의 해산을 촉구하는 안을 상정했다. 의원들은 이 문제를 검토할 시간을 갖기로 의결했다.

11월 27일 일요일, 바랭 도 지도부 출신 의원인 륄Philippe Rühl은 신성로마제국의 보름스와 여타 지역에서 군대를 모집하는 일에 대해 보고했다. 그는 먼저 티옹빌 시정부 관리 출신으로 모젤 도 의원인 메를랭이 국회에 보고했던 내용을 상기시켰다. 메를랭의 말대로, 뤽상부르Luxembourg에는 프랑스 망명객들이 군대를 모아 국경을 넘을 기회를 호시탐탐 노리면서 내란을 부추기고 있었으며, 라인 강 너머의 에텐하임에는 '술통' 미라보가 거의 700명을 모아놓고 있었다. 오랭에서는 그곳으로 은퇴한 로앙 추기경의 보호를 받으면서 군대를 모으는 세력이 있었다.

뢸은 지난 9월 초 보름스에 갔을 때 거기서도 군대를 모으는 사실을 파악했다. 그때는 군대를 모으는 목적에 대해 정확히 알지 못했지만, 이제 그는 옛날 프로이센의 기병연대 장교 출신으로 자신을 위해 일하는 사람의 편지를 받고 보름스에서 군대를 모으는 목적이 프랑스 헌법과 자유를 공격하기 위함이라는 사실을 알게 되었다. 그리고 그 군대를 지휘할 사람은 프랑스 왕족인 루이 조제프 드 부르봉인 콩데 공이었다. 그들은 유대인들로부터 밀가루, 귀리, 짚, 꼴을 공급받을 계약을 맺었다. 여차하면 그들은 메스를 거쳐 파리까지 진격할 준비를 갖추었지만, 제국의 유력한 제후와 귀족들은 프랑스와의 전쟁을 원치 않기 때문에 프랑스 망명객들이 경거망동하지 못하게 막았다. 따라서 신성로마제국 안에는 종교인 세 명만이 프랑스의 불신자들을 박멸하고 프랑스를 잿더미로 만들려고 벼르고 있었다. 마인츠 선제후 대주교 에르탈 남작le baron d'Erthal, archevêque이 여차하면 4,000명을 동원하려고 준비하고, 트리어 선제후는 7,000명을 확보했으며, 로앙 추기경인 루이 르네 에두아르Louis-René-Edouard는 제국의 법이 그에게 허용하는 한도인 50명의 정예부대를 가졌다.

뢸은 이렇게 반혁명세력이 외국에서 호시탐탐 기회를 엿보고 있으니 잠시라도 형세를 오판해서는 안 된다고 경고했다. 뢸은 영향력 있는 망명객들을 법정에 세우는 한편, 선제후들의 신임을 받는 사람들을 특사로 보내서 망명객들의 군대를 해산하도록 설득해야 한다고 주장했다. 특히 국경지대에서는 정규군과 국민방위군이 협력해서 나라를 지켜야 한다고 강조했다.

아르덴 도 출신 의원인 다베루Jean-Antoine Daverhoult는 뢸의 연설이 엄밀히 말해서 의사일정에 관한 것은 아니지만 조국의 명령이며 또 모든 순간의 명령이므로 자신도 망명객에 대해 한마디 하겠다고 운을 뗐다. 그는 외교위원회가 공식적으로 제안한 것은 쓸데없이 시간만 잡아먹는 것이므로 부적절하다고 말했다. 그는 망명객들의 군대는 모두 2만 명 정도이며, 거기에는 프랑스군에서 복무했거나 탈영한 장교와 병사가 4,000~5,000명이나 포함되었다고 지적했다. 그들이 계속해서 무기, 말, 탄약, 생필품을 구입하는 것을 보면 결코 반혁명 의지를 꺾은 적이 없음을 알 수 있다. 그들은 국내에서 혼란을 부추기고, 국경지대의 은밀한 관계를 포함해서 모든 종류의 수단을 동원하려 한다.

다베루는 프랑스를 둘러싼 유럽 열강의 관계를 정리했다. 1783년에 프랑스와 영국의 전쟁이 끝난 뒤, 특히 신성로마제국 황제 요제프 2세의 야심에 대응한다는 구실을 앞세워 자국의 팽창을 도모하던 프로이센을 중심으로 신성로마제국의 군소 제후국이 게르만 연맹을 형성한 뒤, 유럽은 크게 두 세력으로 나뉘었다. 한편에는 영국, 프로이센, 네덜란드, 스웨덴, 포르투갈과 신성로마제국의 일부, 다른 편에는 황제와 함께 덴마크, 이탈리아, 에스파냐가 있었다. 그러나 한편인 나라들이라 해도 언제나 뜻을 모으지 않았고, 자기 이익을 좇아 행동했다.

그리고 폴란드는 오랫동안 러시아의 영향권에 속했지만, 점점 작센 가문의 영향을 더 많이 받게 되었다. 작센 선제후인 프리드리히 아우구스트 데어 게레히테Friedrich-August der Gerechte는 신성로마제국과 프로이센의 사이에서 고심하다가 1791년 폴란드 왕위에 오를 기회를 스스로 박차버렸다. 자신이 왕위에 오르면 폴란드에서 다시 전쟁이 일어나고 또다시 분할될 가능성이 크다고 판단했기 때문이다. 신성로마제국과 프로이센은 각각 작센 공의 딸 마리아Maria Augusta Nepomucena Antonia Franziska Xaveria Aloysia를 자기 가문 출신과 결혼시키고 싶어했다. 그들은 상대방의 계획이 성공하는 결과를 두려워했기 때문에 협상을 시작해서 결국 작센 공의 상속녀를 독일의 군소 제후와 결혼시켜 분쟁을 해결하려고 노력했다. 러시아는 이 기회를 이용해서 신성로마제국이나 프로이센의 관심을 폴란드보다 프랑스로 돌리고 싶었다. 신성로마제국과 프로이센이 프랑스로 관심을 돌리면, 프랑스에서 가장 멀리 떨어지고 폴란드에 가장 가까운 러시아가 이롭다고 생각했기 때문이다.

지나는 길에 말하자면, 4월 말부터 시작한 전쟁에서 프랑스가 패전의 위기에서 벗어나는 것은 5월 중순부터 러시아가 폴란드를 가지려고 움직인 덕택이다. 신성로마제국 황제는 벨기에의 브라방 지방을 복속했지만 불씨를 완전히 끄지 못했기 때문에 거기서 다시 분쟁이 발생할까봐 늘 걱정했던 것에 비해 영국, 네덜란드, 덴마크, 포르투갈, 그리고 게르만 연맹을 맺은 제후들은 황제와 다른 속셈을 가지고 있었다. 영국은 명분 없는 전쟁에 참여하면 프랑스와 맺은 무역협정의 성과를 잃을 것으로 판단했다. 네덜란드는 영국의 정책을 따랐으며, 덴마크는 전적으로 국내 정치에 힘썼다. 포르투갈도 프랑스에 대해 별다른 관심이 없었지만, 프랑스는 혹시 그 나라 종교인들이 프랑스 반혁명세력에게 자금을 지원하지 않을까 우려했다. 게르만 연맹의 우두머리인 프로이센은 폴란드에서 분쟁이 일어날 때 연맹국들의 도움을 받아야 했지만, 연맹국들은 프로이센만큼 절실하게 생각하지 않았다. 단지 스웨덴, 독일 지방의 종교인 제후들, 이탈리아, 에스파냐만이 프랑스 망명객들의 명분을 지지했다.

다베루는 이러한 국제정세 속에서 망명객들의 동향에 좀더 신경 써서 그들이 세력을 키우지 못하게 만들면 된다고 주장했다. 헌법상 전쟁과 평화에 관한 권리가 왕에게 있으므로 24명의 의원들을 왕에게 보내 왕국 밖에서 무장하고 모인 프랑스인들과 국내에서 음모를 꾸미거나 시민들로 하여금 반란을 부추기는 자들이 힘을 합쳐 조국을 위험에 빠뜨리고 있음을 알리자고 했다. 한마디로 왕에게 간청해서 트리어와 마인츠 선제후들, 슈파이어 주교로 하여금 3주 이내에 프랑스 망명객들이 모집한 군대를 해산시키도록 요청하는 데 필요한 조치를 취하게 하자고 제안했다.

"끝으로, 왕은 국회의 요구를 받아들여 신성로마제국의 선제후들과 주교에게 프랑스 망명객들의 군대를 해산시키라고 촉구했음을 레겐스부르크에서 개최되는 제국의회와 유럽의 모든 궁정에 공식적으로 알려줌으로써 왕의 의지와 프랑스 국민의 의지가 하나임을 증명해야 합니다."

11월 28일 월요일, 로베스피에르는 고향인 아라스에서 파리로 돌아왔다. 그는 제헌의회의 임기를 마친 뒤 처음으로 헌우회(자코뱅 클럽)에 들렀다. 회원들은 국회가 논의한 내용에 대해 토론하고 있었다. 그는 왕에게 대표단을 보내 국회의 전언을 전달하자는 안을 정면으로 반박했다. 그는 왕보다 국회가 직접 황제 레오폴트에게 아무 날까지 망명객들을 해산시키라고 촉구하고, 만일 이행하지 않는다면 프랑스 국민의 이름으로, 또한 폭정을 증오하는 모든 나라 국민의 이름으로 전쟁을 선포할 것임을 선언해야 한다고 주장했다. 그는 기본적으로 전쟁을 반대하는 입장이었는데도 왕보다는 국민의 대표들에게 주도권이 있음을 강조했던 것이다. 그러나 입법의회에서는 로베스피에르가 헌우회에서 주장한 말을 듣지 않고 왕을 존중하는 분위기가 우세했다.

이튿날인 화요일에 국회에서 외교위원회와 외무대신이 망명객에 대해 보고를 끝내자 바르의 의원 이스나르가 연단에 올라섰다. 그는 프랑스를 좀먹고 시민들을 불행하게 만드는 상태를 끝내고 헌법을 굳건히 정착시키려면 단순히 적과 싸우지만 말고 모든 방법을 동원해야 마땅하다고 강조했다. 법을 제정해서 왕이 라인 강 너머의 군소 제후에게 반도들을 우호적으로 대하지 말 것을 준엄하게 경고하도록 해야 한다. 망명객들이 군소 제후의 지원을 받는다면, 그들의 세력은 아주 미약하기 때문에 즉시 막대한 돈이 드는 준비를 그만둬도 좋다. 그러나 그들이 강력한 제후의 지원을 받는다면, 확고한 태도를 보여주어야 한다. 그러면 누가 적인지 스스로 모습을 드러낼 것이다. 그들이 계획을 편안히 실천하게 두지 말아야 한다. 그들로 하여금 스스로 혁명의 적임을 선언하게 해서 궁극적으로는 계획이 좌절되도록 만들어야 한다.

프랑스의 태도가 단호하다고 해서 제국 전체를 불편하게 만들거나 두려운 열강이 도발하는 일은 없을 것이다. 프랑스의 요구가 정당하고, 프랑스는 오직 정의로운 일에만 칼을 뽑는다는 사실을 그들도 인정하게 만들면 되기 때문이다. 무기는 반도들에게 휘두르는 유일한 마지막 수단이다. 어떤 형식으로든 타협을 생각한다면 반역죄를 저지르는 것과 같다. 혁명의 적들은 고등법원과 귀족을 되돌아오게 만들고, 결국 수백만의 시민이 가난에 허덕일 때 혼자서 3,000만 리브르를 쓰는 왕에게 대권을 되돌려주고자 노력한다. 따라서 대신들, 왕, 유럽에 대해 확고한 의지로 말해야 한다.

지금까지 국민은 어느 대신의 행위에도 만족하지 않았다고 말합시다. 이제 대신들은 공공의 감사를 받느냐 법의 처벌을 받느냐 가운데 하나를 선택해야 한다고 말해줍시다. 왕은 헌법을 수호해야 한다고 말합시다. 그가 머리에 쓴 왕관은 이 신성한 수호신[헌법]이 보살펴주는 것입니다.

왕은 오로지 인민에 의해, 인민을 위해 통치하며, 국민이 그의 주인이며, 그는 법의 신하라는 사실을 말해줍시다. 프랑스 인민은 칼을 뽑은 뒤 승리의 월계관을 쓸 때만 칼집에 다시 꽂을 것이라고 유럽을 향해 말합시다. 프랑스 인민은 힘과 용기를 다해 자유를 지키겠으며, 설령 패배하는 일이 있더라도 목숨이 붙어 있는 한 끝까지 싸울 것이라고 말해줍시다. 만일 내각이 왕들을 부추겨 인민을 상대로 전쟁을 일으킨다면 우리가 오히려 인민을 부추겨 왕들을 상대로 전쟁을 하겠다고 말합시다.

이스나르는 이틀 전인 27일에 다베루가 왕으로 하여금 라인 강 너머에 있는 군소 제후들에게 망명객들의 군대를 해산시키라고 권위 있게 말하도록 하자고 했음을 상기시키고, 국가 이익에 합당하기 때문에 그 말을 지지한다고 말했다. 그는 국익에 해로운 경우를 두 가지 적시했다. 망명객들이 그들을 받아준 군소 제후들의 후원을 받거나, 부강한 나라들이 프랑스와 전쟁을 하겠다는 결심을 했거나. 전자보다 후자의 경우가 해결하기에 좀더 어렵기는 해도, 프랑스가 인민을 부추겨 왕들과 전쟁을 하겠다는 확고한 의지를 열강에 보여주어야 한다. 그렇게 해야만 열강은 위험한 전쟁보다는 평화로운 정책을 택할 것이다.

"프랑스 인민은 이 세상에서 가장 혁혁한 성과를 얻었습니다. 이제 우리는 새로운 운명에 맞는 행위를 해야 합니다. 우리가 노예일 때는 용감하고 위대했습니다. 우리가 자유를 찾았음에도 유약하고 소심하게 행동해야겠습니까? 모든 전제군주 가운데 가장 거만했던 루이 14세 시대에 우리 인민은 우월한 위치에서 유럽의 일부와 투쟁했습니다. 그런데 우리의 팔다리가 자유로운 오늘도 유럽 전체를 두려워해야겠습니까?"

이처럼 훌륭한 국민이 첫걸음을 비겁하게 내디딘다면 씻을 수 없는 치욕을 안고 살아야 할 것이다. 그러므로 당당하게 발걸음을 내디뎌 모든 국가를 놀라게 해야 한다. 그들에게 프랑스의 국력을 영원히 각인시키고, 혁명을 공고히 하며, 역사의 신기원을 장식해야 한다. 만일 프랑스를 위협하는 전쟁이 금전적인 이익과 관련되었다면, 시민의 피를 흘리는 대신 사건이 일어날 때까지 기다리면서 희생을 감수할 수 있겠지만, 현실적으로 상황이 다르기 때문에 타협안을 찾는 것은 조국을 배반하는 범죄행위다. 누가 프랑스를 위협하는가? 헌법의 적들이다. 그들은 무엇을 주장하는가? 그들은 굶주림, 무기와 불로써 프랑스의 자유를 빼앗고, 왕의 대권을 회복시켜주고, 고등법원들을 되살리고, 귀족을 되돌아오게 만들고자 한다. 그러나 이제 평등과 자유가 프랑스인에게는 숨 쉴 공기만큼 필요한 것이 되었는데, 적들의 시도를 어찌 참고 견딜 것인가? 이스나르의 연설은 감동의 갈채 속에 묻혀 여러 번 끊겼지만, 결국 이런 말로 끝났다.

"나는 국회가 만장일치로 법안을 통과시켜달라고 호소합니다. 만장일치가 필요합니다. 국민의 대표들이 완전히 의견을 통일해야만 프랑스인들의 신뢰를 얻을 수 있습니다. 그렇게 해야 모두가 한마음으로 적들에게 우리 의지를 관철시킬 수 있습니다."

센에마른 의원이며 국회의장인 비에노 보블랑Vincent-Marie Vénot-Vaublanc은 국회법에 따라 임시로 의장석을 파리 의원 라세페드Bernard-Germain-Etienne de Lacépède에게 맡기고 연단에 올라 "국회가 왕에게 드리는 말씀"의 초안을 읽었다.

전하, 프랑스 망명객들은 프랑스와 맺은 조약에 불만을 품고, 특히 그들의 권리와 안전을 보장해준 베스트팔렌 조약을 잊어버린 척하는 독일 군주들의 후원을 받아 담대하게 행동합니다. 망명객들은 프랑스 침략을 준비하면서 왕국의 안위를 위협합니다. 그 때문에 국가가 채권자들의 손에 기꺼이 갚아야 할 막대한 금액을 군비에 쏟아부어야 합니다. 전하께서 부디 망명객들의 위협과 준비를 포기하게 만들어주셔야 합니다. 전하께서는 프랑스인의 왕에 걸맞은 언어로 외국 열강에 말씀하셔야 합니다. 사방에서 적들이 우리를 노리고 있기 때문에 고통스럽다고 말씀해주십시오. 우리는 어떠한 종류의 정복전쟁도 하지 않겠다는 신성한 맹세를 지킬 것이고, 선량한 이웃으로서 자유롭고 강력한 민족의 신성한 우정을 지키겠으며, 타국의 헌법·법률·관습을 존중하는 만큼 우리의 헌법도 존중받기를 바란다고 말씀하십시오. 만일 독일의 군주들이 계속해서 프랑스에 적대적인 준비를 도와준다면, 프랑스인들은 무기와 횃불이 아니라 자유를 안겨줄 것이라는 점도 분명히 하십시오. 모든 민족이 깨어날 때 어떤 일이 벌어질 수 있는지 그들이 직접 계산해봐야 합니다.

의원들과 방청객들은 연신 "브라보, 브라보"를 외치면서 국회 천장이 들썩거릴 만큼 박수를 쳤다. 비에노 보블랑은 외교위원회가 작성한 글을 계속 읽어 내려갔다.

지난 2년 동안, 프랑스 애국자들은 국경지대에서 박해를 받았으며, 역도들은 거기서 원조를 받았지만, 우리나라 대사가 전하의 이름으로 한마디라도 항의한 적이 있었습니까? 한 번도 없습니다. 낭트 칙령*을 철회했을 때 조국에서 쫓겨난 프랑스인들이 국경에 무기를 들고 집결했다면,

그들이 독일 군주들의 보호를 받았다면, 루이 14세는 어떻게 행동하셨을까 전하께 여쭙고 싶습니다. 그분은 그 상황을 그냥 지켜보셨을까요? 동맹이라는 이름을 내걸고 사실상 적으로 행동하는 군주들이 반도들에게 원조하는 모습을 보아 넘기셨을까요? 그분이 자기 권위를 살리려고 했던 일이야말로 전하께서 프랑스를 안전하게 지키고 헌법을 보전하기 위해서 반드시 해야 할 일입니다.

회의장이 떠나갈 듯한 박수소리와 환호성 때문에 비에노 보블랑은 다시한번 말을 멈춰야 했다. 잠시 후 그는 나머지 부분을 다시 읽기 시작했다. 루이 16세는 위대한 국민이 모욕을 당했으니 이제 외교적 언어와는 다른 언어를 구사해야 한다. 국민은 오랭과 바랭 지방에 모인 반도들, 트리어와 마인츠의 선제후들, 그 밖의 독일 제후들에게 루이 16세가 강력하게 대응하기만 기다린다. 망명객들을 당장 해산시키라고 말해야 한다. 날짜를 못 박아 정해주고, 그 뒤에는 어떠한 답변도 필요 없다고 말해야 한다. 왕이 선언하면 국민이 힘으로 뒷받침해줄 것이다. 국민은 친구와 적을 분명히 구별하게 될 것이다. 왕은 헌법의 수호자임을 확실히 증명할 것이다.

전하는 이렇게 해서 제국의 평화를 지켜낼 수 있습니다. 빨리 서둘러서 국가 번영의 날을 앞당겨주시고, 법과 질서가 지배하는 평화로운 나날,

---

* 1598년에 앙리 4세는 프랑스의 개신교도에게 종교의 자유, 시민권과 정치적 권리를 허용하는 관용법을 반포했다. 그러나 1685년에 그의 손자인 루이 14세는 퐁텐블로 칙령을 반포해서 낭트 칙령을 철회했다.

전하의 행복이 모든 프랑스인의 행복과 하나가 되는 나날을 만들어주십시오.

　의원들이 앞다투어 왕에게 보낼 대표단 문제, 다베루가 제안한 법안에 대한 의견을 내놓았다. 장내가 박수소리로 떠들썩한 가운데에도 의원들은 거의 만장일치로 다베루의 법안을 통과시켰고, 곧 비에노 보블랑이 읽은 글을 만장일치로 채택하고 왕에게 전하기로 의결했다. 마지막으로 이스나르가 "왕에게 드리는 글"을 인쇄해서 83개 도에 발송하자고 제안했다. 의원들은 그 안을 채택하고 산회했다. 비에노 보블랑이 낮에 결정한 대로 대표단을 이끌고 왕에게 갔을 때, 왕이 먼저 대표단을 향해 머리를 숙였다. 의장과 대표단은 그에게 절을 하고 의회의 결정을 아뢨다. 왕의 대답은 여느 때처럼 상대방이 듣고 싶어하는 것이었다.

　"과인은 국회가 전하는 말을 아주 중요하게 생각하겠소. 과인이 국내의 평화를 확실히 유지하고, 헌법을 수호하며, 외국에서도 존중하게 만들기 위해 어느 하나도 소홀히 하지 않는다는 사실을 잘 알 것이오."

　12월 13일 화요일, 칼바도스 도의 주교이자 의원이며 국회의 감시위원회 의장인 포셰Claude Fauchet는 플라스 방돔 구의 경찰관 라모Rameau가 국회에 제출한 보고서를 소개했다. 라모는 먼저 국민방위군 하사관 제르맹 마리고Germain Marigot가 출두해 진술한 내용을 기술했다. 마리고는 근무초소에 있었는데, 평소 알지 못하던 두 사람이 찾아와 수상한 사람에 대해 신고했다. 마리고는 당장 그들과 함께 생토노레 문 앞 선술집 '오 도팽Au Dauphin'('왕세자에게'라는 뜻)으로 가서 보름스와 코블렌츠의 망명객들을 위해 남들을 설득하고 있던 사람을 붙잡았다. 마리고는 수상한 자와 함께 있던 다른 두 사람도 붙잡아 라모에게 데려갔다. 라모는 그들을 플라스 방돔 구 유치장에 넣었다.

그다음 라모에게 찾아간 사람들은 일생루이 거리에 있는 벽걸이 융단 상인 제르맹의 집에 세 들어 사는 가비오Gaviot 부부, 마리보 거리의 르미 부인이 운영하는 하숙집에 사는 르부르Lebour, 마콩 거리에 사는 프랑수아 트랭케François Trinquet, 부뒤몽드(세상 끝) 거리의 제빵업자 집에 사는 루이 알시네Louis Alsiner였다. 그들은 모두 팔레 루아얄의 통로에 있는 피소Pissot네 가게에서 칼붙이 제조공으로 일했다. 그들은 아침 9시에 가게 근처 길 모퉁이의 작은 지하식당에서 아침을 먹었다. 어떤 사람이 혼자 술을 마시다가 그들의 자리로 다가서더니 지난 금요일(9일)부터 망명객들의 비용으로 흥청망청 마시고 있다고 자랑했다. 얘긴즉슨 그는 라살Lasalle*의 비서인 뒤발이 준 120리브르를 받았다는 것이다. 그는 그들에게도 돈을 줄 수 있다면서, 그 대신 수아송, 랑, 누아용, 지베를 거쳐 22일까지 코블렌츠에 도착해야 한다고 덧붙였다. 그들은 돈의 유혹을 이겨내고 그 사내를 국민방위군에 넘겼으며, 그렇게 해서 라모에게 연결되었던 것이다. 이처럼 신성로마제국 안으로 피신한 망명객들은 계속해서 국내로 돈을 보내 사람들을 매수해서 반혁명세력의 군대로 모집하고 있었다.

12월 14일 수요일 저녁 5시, 왕이 대신들을 이끌고 국회에 나타났다. 론에루아르 의원인 의장 르몽테와 의원들이 일제히 일어서서 그들을 맞이했다. 왕은 의장의 왼쪽에 서서 말했다. 그는 지난달 29일에 국회 대표단이 가

---

* 라살이라는 이름으로 1734년에 태어난 라살Pied-de-Fer Lasalle 후작, 1754년에 태어난 계몽사상가 라살Antoine de Lasalle, 1765년에 태어난 신문기자 라살Henri Lasalle의 신원을 확인했지만, 누구인지 단정할 수 없다. 라살 후작이 아닐까 추측해본다.

저간 전갈을 중요시한다고 운을 뗀 뒤, 프랑스 인민의 명예와 안전에 관한 급박한 상황에서 직접 국회의원들을 상대로 말할 결심을 했노라고 강조했다. 그는 국민의 손으로 뽑은 대표들과 세습적 대표인 왕의 의사소통에 국민들이 박수를 보낼 것이라고 말하면서, 프랑스를 불안하게 만드는 망명객들에 대해 중대한 조치를 취하지 않으면 결국 전쟁을 선포하는 것보다 더 자유를 위태롭게 만들 것이라는 국회의 의견에 동의했다. 게다가 프랑스인들은 모욕을 참고 견디다가 결국 멸망하게 되느니 차라리 전쟁을 하자고 외쳤지만, 왕은 신중하게 처신해야 한다고 생각했다.

"나는 현재 상황을 고치기 위해 내린 결정을 여러분에게 알려드리겠습니다. 나는 트리어 선제후에게 1월 15일까지 프랑스 망명객들이 프랑스를 공격하기 위해 군대를 모집하고 적대적인 조치를 취하는 것을 금지하도록 촉구했습니다. 만일 그렇게 하지 않는다면 그를 프랑스의 적으로 대하겠노라고 선언했습니다."

모든 사람이 우레와 같은 박수와 환호를 아낌없이 보냈다. 왕은 의사당의 분위기가 조금 가라앉자 "왕국의 평화를 해치는 모임을 보아 넘기는 모든 군주와 제후들에게도 똑같이 선언하겠다"고 약속했다. 왕은 신성로마제국 황제에게도 편지를 써서 제국에 속한 어떤 군주도 경거망동하지 않게 해달라고 부탁했다고 밝혔다. 왕은 황제의 개입을 분명히 기대하지만, 자신의 말을 존중하게 만들기에 가장 적합한 군사조치도 취하겠다고 장담했다. 만일 그들이 말을 듣지 않는다면 전쟁을 선포할 수밖에 없다. 너그럽고 자유로운 민족은 침략전쟁을 엄숙히 포기했다 할지라도, 안전과 명예를 지키기 위해서라면 전쟁도 마다하지 않을 것이다. 그럼에도 전쟁을 하지 않고서도 성공할 수 있는 방법들을 서둘러 활용해야 한다. 재정상태를 점검하고 국가 신용도를 확실히 높이는 한편, 헌법기관들이 서로를 구속하지 않으며, 외국에 프랑스 국민과 국회와 왕은 하나임을 분명히 보여줘야 한다. 왕이 긴 연설을 끝마쳤을 때, 모든 사람이 "프랑스인의 왕 만세!"를 외치면서 박수를 쳤다. 국회 의장은 왕의 제안을 의원들과 상의하고 그 결과를 알려주겠다고 약속했다.

곧 의사일정으로 넘어가자 일주일 전에 새로 전쟁대신이 된 나르본이 발언했다. 왕은 평화를 원한다. 그는 평화를 목표로 협상했다. 그는 어떤 일이 있어도 헌법을 보전하겠다고 맹세했다. 그는 전쟁대신에게 한 달 안으로 국경지대에 15만 명을 집결시키라고 지시했다. 전쟁대신은 이처럼 중대한 시기에 많은 병력을 모으는 것은 불가능하지 않다고 확신했기 때문에, 온갖 부정적인 패배의식을 타파하려고 노력했다. 그는 며칠 안으로 왕의 명령을 받고 전방 군인들의 현황을 파악하러 가서 장교와 사병들에게 군기를 잘 지켜 국가와 혁명을 안전하게 보호해달라고 당부할 예정이었다. 국민방위군에게도 프랑스의 자유를 지켜달라고 당부할 예정인 그는 외무대신에게 자기 업무를 맡기고 떠나겠다고 덧붙였다. 왕은 12월 14일에 동북쪽부터 동쪽 국경을 지키는 육군을 크게 북부군l′Armée du Nord, 중부군l′Armée du Centre, 랭군 l′Armée du Rhin으로 편성했다. 그는 66세의 노장 로샹보Jean-Baptiste Donatien de Vimeur, comte de Rochambeau에게 북부군, 독일에서 태어나고 곧 70세가 될 뤼크네Nicolas Luckner에게 랭군, 파리 국민방위군 사령관에서 물러난 라파예트에게 중부군을 맡겼다. 게다가 왕은 로샹보 장군과 뤼크네 장군을 대원수로 승진시키고 싶어했다.* 나르본은 군비를 2,000만 리브르 정도 증액할 필요성을 역설하고 말을 마쳤다. 그리고 3일 뒤인 17일에 나르본은 식민지에서 복무할 3개 보병연대를 창설하도록 건의하는 편지를 국회에 제출했다. 새로운 부대는 지난 9월 29일에 해고한 부대에 비해 장교 145명, 사병 4,145명이나 줄어든 규모였다.

12월 7일과 8일에는 에스파냐 쪽 국경 근처인 피레네조리앙탈Pyrénées-Orientales 도에 주둔한 보병 제20연대와 추격병 제12연대의 장교 아홉 명이 반란을 일으켰다. 그들은 부대원들을 부추겨 폭력을 행사하려고 했지만, 페르피냥 시정부와 국민방위군이 신속하고 단호하게 개입해 반란을 진압한 뒤 장교들을 감옥에 가두고 전쟁부의 군사위원회에 보고했다. 18일에 전쟁대신 나르본은 국회에서 이 보고서에 대해 페르피냥의 사태는 완전히 끝났지만 이 사건에 대한 중상비방문이 나돈다고 말했다. 그는 페르피냥 시정부와 국민방위군을 크게 칭찬하고 나서 왕이 전쟁부를 위해 2,000만 리브르의 특별 예산을 요청하는 편지를 의장에게 제출했다. 의장 비서가 편지를 읽은 뒤 국회 군사위원회와 재정위원회에서 검토하게 했다. 프랑스 남부 몽펠리에 상인 출신으로 시정부 관리였다가 에로 도의 대표로 국회에 진출한 캉봉Pierre-Joseph Cambon fils aîné은 나르본에게 특별예산의 내역과 함께 1792년 전쟁부에 필요한 예산을 설명해달라고 요구했다. 페르피냥 사태로 37명이 구속되었는데, 1792년 1월 12일에는 50명의 호송대로 하여금 이들을 오를레앙의 고등법원으로 이감해 재판하도록 조치하게 된다.

나르본은 7월과 8월의 법에서 정한 정원병력, 특별예산을 포함하지 않은 1792년의 예산, 국립헌병대 예산에 대해서 차례로 설명했다. 전쟁부에서 필요한 예산은 국립헌병대 예산 1,052만 9,050리브르 외에 1억 9,086만

---

* 실제로 왕은 로샹보와 뤼크네를 12월 28일에 대원수로 임명했다. 이날 전쟁대신 나르본은 북부군을 시찰한 뒤 메스에 들렀다가 왕의 명령서를 받고 곧 병력을 모은 뒤 뤼크네 장군이 대원수로 승진했음을 널리 알렸다.

2,615리브르였다. 그러나 앞으로 정규군을 6만 3,000명이나 늘려야 하기 때문에 이 예산은 3,600만 리브르 정도 늘어날 가능성이 있다. 또한 국민방위군 11만 5,000명에 대한 경비도 4,200만 리브르가 필요하다. 전쟁이 일어나지 않는다면, 이러한 경비는 필요하지 않다. 이 예산에는 포병과 공병을 위한 1792년도 특별예산 2,200만 리브르가 포함되었다. 참고로 1791년도 전쟁부가 쓴 예산은 1억 7,500만 리브르였다. 왕이 요구한 특별예산 2,000만 리브르는 원정에 필요한 경비로, 말을 구입하는 비용을 포함했다. 이미 포병과 마차에 필요한 말 6,000필은 구했지만, 아직도 짐을 운반할 말이 더 필요했다. 1792년에는 전쟁에 대비한 보병이 42만 명 필요한데, 아직 5만 명이 부족했다. 그 이유는 하루 15수를 주고, 원정이 끝나면 자유롭게 제대할 수 있는 조건으로 국민방위군을 뽑는 일과 겹쳤기 때문이다. 포병과 기병은 보병보다 급료를 더 많이 준다고 해도 전문성이 필요한 분야라서 인원을 채우기가 더 어려웠다.

나르본은 전쟁부 예산을 열두 달로 똑같이 쪼개서 매달 초하루에 지급해달라고 부탁했다. 그리고 전임자 뒤포르타이가 요구했던 대로 장성들을 증원해달라는 말도 잊지 않았다. 의원들은 입을 모아 군사위원회에서 이 문제를 다루게 하라고 의결했다. 나르본은 국회가 되도록 빨리 예산문제를 해결해달라고 신신당부했다. 프랑스가 최초의 성문헌법을 제정하고 이제 그 체제를 확립하는 과정에서 이웃 열강들의 태도에 민감하게 반응하지 않을 수 없었던 것은 단순히 국방의 필요성 때문만은 아니었다. 구체적으로 망명객들이 나라 밖에서 군대를 모으면서 국내의 불만세력과 연계하려고 움직였기 때문이다.

7
전쟁에 대한 토론

해가 바뀌어 1792년 1월 1일이 되었다. 일요일임에도 국회는 일했다. 의장인 프랑수아 드 뇌프샤토는 파리 국민방위군 제2사단 제1대대의 척탄병들이 시국에 관한 의견을 말하려고 국회에 들렀다고 고지했다. 척탄병의 대표가 증언대에 서서 말문을 열었다.

전쟁, 전쟁, 모든 프랑스인이 외치고 있습니다. 오만과 광신의 날카로운 단도 끝이 오랫동안 우리의 인내심을 시험하고 있습니다. 우리는 지치고 화가 났습니다. 명령만 내리십시오. 조국의 자식들이 옛날 귀족의 먼지 투성이 문서를 파괴하고, 평등의 여신에게 속죄의 제물로 바치겠습니다. 자비는 연약한 모습입니다. 강력한 신호를 보냅시다. 그러면 적들은 사라질 것입니다. 자연이 준 가장 으뜸의 권리라 할 국가의 물리적 힘은 우리에게 있습니다. 전투를 시작하라는 나팔이 울리면 사슬에 묶였던 유럽이 깨어날 것입니다.

이웃 나라에 모여 국내의 불만세력을 부추기면서 기회를 엿보던 망명객들과 그들을 후원하는 군주 제후들에게 화끈하게 본때를 보여주자는 연설이었다. 막상 전쟁이 일어나면 어떻게 될지 아무도 모르는 상태였지만, 시민병사들의 사기는 이처럼 드높았다. 이러한 상황에서 1월 6일에 외무대신 르사르Lessart/Delessart는 트리어 선제후국에 파견된 프랑스 전권대사 비고 드 생트크루아Claude Bigot de Sainte-Croix가 지난해 말에 보내준 트리어 선제후의 동향을 국회에 보고했다. 선제후는 몇 가지 조치를 취하기로 했다.

첫째, 군대라고 부를 수 있는 집단은 8일 이내에 트리어를 떠나거나 해산한다. 둘째, 어떤 종류의 군사훈련도 계속 금지한다. 그리고 이 명령을 거스르는 자는 3일 안에 트리어를 떠나야 한다. 셋째, 황제의 군대를 제외하고, 어떠한 외국인 병사, 그들과 결탁한 자나 지지자들은 두 달 전에 반포한 명령에 따라 체포해서 2년 동안 요새 공사나 공공사업의 노역형을 부과한다. 선제후의 신민들이 가담할 경우도 똑같이 처벌한다. 넷째, 외국인에게 대포, 소총, 화약, 운반용 차량을 제공하는 자도 역시 2년간 노역형에 처한다. 다섯째, 프랑스 망명객들의 기병과 포병에게 필요한 말을 들여오지 못한다. 여섯째, 트리어에는 근심거리를 만들지 모를 어떠한 집단도 들어오지 못한다. 단지 개인들의 출입만 허용한다. 일곱째, 트리어 근처에 숙영하는 망명객들은 8일 안에 숙영지를 떠나 트리어 안으로 들어오고, 앞으로 트리어를 중심으로 4리외 안에는 어떠한 종류의 숙영지도 설치할 수 없다. 여덟째, 선제후국에 사는 망명객은 신성로마제국 황제가 만든 규칙과 원칙을 따라야 한다. 선제후는 황제에게 원칙과 규칙을 요청해서 시행해야 한다. 아홉째, 선제후는 섭정에게 군대 총사령관직을 맡겨 오스트리아령 페이바Pays-Bas에 수립된 모든 규칙을 엄격히 지키도록 한다. 트리어 선제후는 루이 16세가 보낸 최후통첩성 외교서한을 받고 움직이지 않을 수 없었던 것이다.

이처럼 프랑스의 외무대신이 외교적으로 신성로마제국의 군주 제후들을 압박해 망명객들의 군대를 해산시키려고 노력할 때, 전쟁대신은 국경의 수비를 철저히 관리하려고 노력했다. 연말부터 국경지대의 현황을 시찰하던 나르본은 1월 8일에 파리로 돌아왔다. 그는 11일에 국회에서 결과를 보고했다. 북부의 도시 릴Lille은 2만 명이 공격군 12만 명을 대적할 수 있을 만큼 중

요한 곳이다. 그는 릴의 사례를 두애Douai, 발랑시엔, 모뵈주Maubeuge, 샤를
몽, 스당, 메스, 랑도, 스트라스부르, 브장송 같은 국경도시들에 적용하면 좋
을 것이라면서, 이 도시들의 장단점을 분석했다. 북쪽의 됭케르크부터 동쪽
의 브장송까지 병력은 20만 명으로서 240개 보병대대와 160개 기병중대, 그
리고 포병부대로 구성되었다. 23만 명이 먹을 식량과 2만 2,000필의 말이 먹
을 사료를 6개월치나 비축해놓고 있었다. 그 밖에도 후방의 창고에는 10만
명분의 식량을 부지런히 모아놓았다. 포병과 식량 운반을 위해 말 6,000필
을 확보해놓았고 6,000필을 더 모으려고 노력했다. 말이 끌게 할 수송차량과
도구도 거의 제작이 끝나가는 단계였다. 15만 명을 치료할 만큼의 이동병원
도 갖추었다. 한마디로 필수품을 전부 마련하고 원정에 필요한 조치도 취해
놓았다. 말을 구하는 문제는 나르본의 선임자들도 다양한 방법으로 해결하
려고 노력했다. 물론 그것이 쉬운 문제는 아니었다. 다른 나라들도 기병마와
마차를 끌 말을 사려고 경쟁했기 때문이다. 그동안 외국에서 거의 4,000필을
들여왔는데 2,400필을 인수해서 대부분 기병대에 나눠주었다. 나르본은 가
는 곳마다 정규군의 장교와 사병에게 헌법과 왕에게 충성하라고 교육했다.
국민방위군에 대해서도 마찬가지였다. 그들의 사기는 높았지만, 가끔 서로
싸우거나 남의 집 유리를 깨뜨리기도 했기 때문에 주민들은 그들을 싫어했
다. 그럼에도 국민방위군은 필요한 조직이었다. 각 도 지도부는 국민방위군
의 제복을 책임져야 함에도 아직도 제대로 입히지 못하는 실정이었다.

나르본은 고통스럽지만 전쟁준비에 필요한 병력이 아직 모자라다는 사
실을 의원들에게 상기시켜야겠다고 말했다. 국회가 법으로 정한 정원에 아
직도 5만 1,000명이나 모자란다는 것이다. 그런데 이러한 인원을 모집하기
란 쉽지 않다. 정규군에 뽑아야 마땅한 인적 자원을 동원해서 의용군을 구

성했기 때문이다. 예비군을 구성하는 일도 똑같은 이유에서 뾰족한 수가 없다. 파격적인 대우를 해주겠다고 약속해서 정규군을 뽑는 방법도 있겠으나, 그렇지 않아도 어려운 재정문제를 더욱 악화시킬 것이 확실하므로 이러지도 저러지도 못하는 처지였다. 나르본은 의용군으로 정규군을 보강하자고 제안했다. 그들을 정규군과 같은 체제로 훈련시켜 필요한 곳에 투입하면 된다. 정규군에 편성되는 의용군은 계약기간 동안만 복무하면 된다. 나르본은 자신이 생각하는 대로건 아니건, 국회는 되도록 빨리 군대를 충원해서 정원병력을 갖추는 법을 제정해달라고 당부했다. 그는 중장 여덟 명, 준장 열두 명, 부관참모 네 명, 부관 두 명, 전쟁위원회 위원 여덟 명이 전쟁부에 필요하기 때문에 증원해달라고 국회에 여러 차례 요청했는데도 하나도 바뀌지 않았다고 불평하면서, 앞으로 다시는 이러한 요구를 하지 않도록 해달라고 절박하게 호소했다.

자코뱅 클럽에서는 12월 하순부터 전쟁에 대해 토론하기 시작했다. 파리 검찰관인 마뉘엘Pierre-Louis Manuel은 모든 오해와 반역에 대비할 필요성을 역설하고 나서 전쟁을 피할 수 없다고 결론을 내렸다.

"전쟁, 그러므로 전쟁입니다! 자유민은 선전포고를 하지 않지만, 모욕을 당하면 선전포고할 줄 압니다."*

뒤부아 드 크랑세, 라수르스, 방칼 같은 사람들도 토론에 참여했다. 12월 29일에는 브리소가 프랑스와 유럽 열강들의 관계, 국내외 적들에 대한 총력전을 역설했다. 그는 유럽의 열강이 전쟁을 원하면 그들에게 경고해야 하고,

---

* 브리소는 이 연설문을 1792년 1월 5일자 『프랑스 애국자Patriote français』에 실었다.

전쟁을 원하지 않으면 그들의 가면을 벗겨야 한다는 취지로 운을 뗐다. 한마디로 전쟁이 불가피하다는 뜻이었다. 그는 프랑스가 스웨덴, 에스파냐, 로마, 비엔나로부터 받은 온갖 모욕에 대해 언급하고 나서 그들을 응징해야 한다고 역설했다. 그는 대신들이 이러한 도전을 받고도 너무 유약하게 대처한다고 꾸짖었다. 그는 여러 왕실에 대해 들려줘야 할 답변을 열거했다.

"끝으로 프랑스 국민의 이름으로 황제에게 말해야 합니다. 수많은 핑계 때문에 프랑스 국민은 인내심의 한계에 달했으며, 솔직하지 못한 행동보다는 공공연한 적의를 드러내기 바란다고."

1792년 1월 1일, 오베르뉴 태생으로 파리에서 공증인 노릇을 하던 방칼 Jean-Henri Bancal(일명 방칼 데 지사르Bancal des Issarts)은 망명객들이 프랑스에 도발하기 때문에 전쟁을 피할 수 없다고 하면서, 지금이라도 그들을 반도로 선언하고 무찔러야 한다고 강력히 주장했다. "헌우회에서 방칼이 한 연설"* 은 한마디로 '방어적 전쟁'이라는 소극적 수단보다는 '공격적 전쟁'을 옹호하는 것이었다. 프랑스가 안팎으로 어려운 시기에 국회는 국가비상사태를 선포하고, 좀더 슬기롭고 힘찬 해결책을 당장 내놓아야 한다. 언제나 그렇듯이 이 비상시국에도 국회는 프랑스인의 구심점이며, 자유를 유지할 수 있는 유일한 존재다. 그러므로 국회는 지금 당장 코블렌츠와 보름스에 모인 왕족과 망명객들의 음모를 규탄하는 기소법을 반포해야 한다. 행정부는 법을 반포한 뒤 일주일이 지난 시점부터 반도들에게 공권력을 행사할 수 있다. 그러나 무력을 동원하는 목적은 대외전쟁이 아니라 프랑스인들이 자국의 헌법에 대

---

* 브리소는 1월 15일자 『프랑스 애국자』에 방칼의 연설을 요약해서 실었다.

해 저지른 범죄를 벌하는 데 있다. 따라서 국회는 왕이 헌법에 따라 가진 선전포고 권한을 외국 열강에 대해 행사할 수 없다고 선언해야 한다.

반도를 처벌하는 군대는 10만 명 이상으로 편성하고, 국가에 충성하는 장군이 지휘하게 하며, 반도들이 저항하는 경우 현상금을 걸 수 있다. 기소법을 선포하고 8일이 지난 뒤, 그동안 국내의 거주지에서 계속 살지 않은 사람으로서 상업이나 공무상 이유를 제외하고 국내로 돌아오지 않는 모든 프랑스인의 재산과 수입을 국가가 몰수하는 법을 따로 제정한다. 알자스와 로렌에 재산을 보유한 왕족들에게 특별위원들을 파견해서 프랑스가 그들에게 지급할 보상금을 협상한다. 국회는 시급히 이웃나라들과 외교관계를 점검한다. 그리고 행정부는 특히 영국, 스위스, 폴란드와 동맹을 추진한다. 기소법을 반포한 즉시 각국에 특별위원들을 파견해서 프랑스가 세계평화를 제안하려는 진정한 의도를 알린다. 국회는 의용군 1만 명을 추가로 모집하는 법을 제정한다. 국회는 전 국민에게 나라가 처한 현실을 솔직히 알린다. 유럽의 특정 국가가 프랑스 반도들을 지원할 경우, 또한 그들이 3월까지 그 관계를 끊지 않을 경우, 국회는 프랑스인들에게 1790년의 전국연맹제의 정신을 다시 한번 일깨우고, 국경지방에 임명한 의원들은 의용군을 무장시켜 병영을 구축한다. 국회와 모든 프랑스인은 '헌법의 기초이며 자유의 필수조건인 평등의 신성한 법이 공격받는 것을 보느니 차라리 죽음을 택하겠다'고 다시 한번 맹세한다. 방칼은 자기 처방대로 한다면 유럽 열강은 위대하고 공평하고 슬기롭고 용기 있는 프랑스 국민이 양손에 평화의 신성한 나뭇가지와 정의로운 전투를 수행할 두려운 칼을 들고 있는 모습을 보게 될 것이며, 결국 그들이 전쟁을 일으킬 명분을 찾을 수 없을 것이라는 말로 연설을 끝냈다.

1월 2일 월요일, 로베스피에르가 자코뱅 클럽의 연단에 올랐다. 그는 브리소와 지지자들의 열광적인 태도가 많은 지지를 받고 있음에도 합리적 이성에 근거한 우울한 진실을 받아들여야 한다고 호소했다. 그는 자신도 브리소처럼 자유를 더 많이 퍼뜨리는 전쟁을 좋아하지만, 자신에게 프랑스의 운명을 좌우하고 무력과 자산을 마음대로 쓸 수 있는 권한이 있다면 반도들에게 전쟁을 선포하는 대신 브라방에 군대를 파견해 리에주 사람들과 바타비아 사람들을 구해주는 편을 택하겠다고 말했다. 자유의 적들은 오래전부터 전쟁이 일어나기를 바라고, 실제로 이 비상사태에 대외전쟁을 선포하자고 주장한다. 그러나 유럽의 군주들의 정책에 정신을 빼앗기기 전에 국내의 현실을 먼저 돌아봐야 한다. 자유를 외국에 수출하기 전에 국내의 질서를 회복해야 한다.

> 우리는 국내에 적이 있습니까? 당신들은 그들이 존재한다는 사실을 모릅니다. 오직 코블렌츠에만 있다고 생각하기 때문입니다. 여러분은 코블렌츠가 악의 온상이라고 말하지 않았나요? 그러므로 파리는 악의 온상이 아니란 말씀이지요? 우리와 가까운 곳과 코블렌츠는 아무런 상관이 없단 말씀이지요? (……) 깨어 있는 프랑스인들은 진정한 뜻의 코블렌츠가 프랑스 안에 있다고 생각한다는 사실을 깨달으시기 바랍니다.

무슨 연설이든 한번 시작하면 아무도 말리지 못할 로베스피에르는 기득권, 온건파를 가장한 보수파의 속셈을 파헤치려고 노력했다. 그는 로마제국의 예를 들어 전쟁의 허상을 폭로했다. 로마제국에서 인민이 원로원과 귀족들에게 자신들의 권리를 인정하라고 요구하면, 원로원은 전쟁을 선포했다. 인민은 자기 권리와 분노를 잊은 채 오직 전쟁에 전념했고, 그동안 원로원과 귀족들은 또다시 제국이 승리할 때 얻은 열매를 독차지했다. 역사적으로 볼 때 모든 전쟁은 군 장교들, 야심가, 투기꾼들에게 유리했다. 또한 전쟁은 왕실과 대신들에게도 유리했다. 그들은 전보다 더욱 두껍고 신성한 장막으로 자신들의 행위를 가릴 수 있다. 행정부는 전쟁을 이용해서 권위, 인기, 영향력을 키운다. 프랑스를 지배하는 귀족들, 모사꾼들, 보수파는 전쟁을 통해서 연합한다. 이 파벌은 자신들의 영웅이나 구성원들을 군대의 우두머리로 앞세운다. 왕실은 자신에게 성실히 봉사할 사람들에게 국가의 물리력을 맡길 수 있다. 이들은 애국심보다는 왕실에 대한 충성심을 앞세워 병사들에게 보수주의 정신과 왕정주의를 주입한다. 이렇게 해서 혁명의 명분을 밀어붙이기보다는 과거의 체제로 되돌아갈 위험이 있다.

애국정신을 표방하는 제복을 입은 장군들은 사실상 온건파를 대표하는데, 전쟁에서 승리하면 곧 국민의 희망이며 우상이 된다. 특정 장군이 특히 눈부신 전공을 세우면, 비록 망명객들에게 잔인한 학살자가 되지도, 또 그들의 보호자들에게 치명적인 존재가 되지도 않을 것이면서도, 그를 밀어준 당파에 막대한 영향력을 행사하고, 왕실에 무한히 봉사할 것임이 분명하다. 그때부터 자유의 진정한 친구들은 더욱 심각한 전쟁을 시작해야 한다. 이기주의와 음모가 판치는 위험한 체제가 승리할 것이기 때문이다.

로베스피에르는 보수파가 자신을 가리켜 인민을 타락시키는 존재라고 했던 말을 반박하면서 자신은 인민을 사랑하며, 여느 사람처럼 자신이 사랑하는 대상을 타락시키는 일은 없노라고 당당히 맞섰다. 그는 루소의 말을 인용했다.

인민은 언제나 선le bien을 원하지만, 언제나 그것을 볼 수는 없습니다.

인민의 대리인들은 선을 자주 보지만, 그것을 항상 원하지는 않습니다. 인민은 선을 원합니다. 왜냐하면 공공의 선은 그들의 이익이며, 훌륭한 법률은 그것의 수호자이기 때문입니다. 인민의 대리인들은 자신의 이익과 인민의 이익을 따로 생각하기 때문에 공공의 선을 항상 원하지는 않습니다. (……) 인민은 매국노들이 오랫동안 자신들에게 해를 끼친 뒤에야 비로소 그들의 실체를 파악합니다. 그들은 인민의 자유를 공격할 때마다 그럴듯한 이유를 들어 인민을 현혹하며, 허무한 애국심의 행위를 가지고 인민을 선동합니다.

로베스피에르는 이제 국민이 어디서나 분열되었고, 폭군들이 사방에 함정을 파놓았으며, 평등의 적들이 완전히 연합했다고 경고했다. 그러므로 국민은 이제 예속상태와 내란의 틈새에 놓여 있으며, 여론과 사상은 자유롭지 못하고, 모든 작가는 정부에 매수될 형편이며, 아직도 용감히 목소리를 높일 수 있는 자유의 수호자는 선동자로 매도당할 처지라고 통탄했다. 그는 적들의 계획을 열심히 까발렸지만 아직도 밝혀야 할 내용이 훨씬 더 많으니, 다음에 기회가 생기면 전쟁에 대해 다시 한번 연설하겠다고 예고한 뒤 연단에서 내려갔다. 그의 뒤를 이어 신문발행인 카라Jean-Louis Carra, 과학아카데미 회원인 동시에 농학회 사무총장이며 파리에서 뽑힌 의원인 브루소네Pierre-Maire-Auguste Broussonnet가 전쟁과 망명객에 대해 차례로 연설했다.

1월 11일, 로베스피에르는 아흐레 전에 끝내지 못한 이야기를 마저 끝내려고 자코뱅 클럽의 연단에 다시 올랐다. 브리소는 자신의 연설을 비판한 로베스피에르에게 화가 났던지 그의 연설문을 『프랑스 애국자』에 싣지 않았다. 언제나 언론은 권력이다. 다행히 다른 주요 일간지들이 로베스피에르의 연

ÉPICIER DROGUISTE DU CHATEAU

Rue de la Verrerie au Chant du Coq Numero Vingt cinq millions

D'André, cet épicier de fabrique nouvelle,
Pour son commerce a tant d'habileté,
Qu'il vient de mettre avec la liberté,
Le patriotisme en canelle.

〈당드레의 초상〉(작자 미상, BNF 소장)

그림 위) 왕궁의 식료품과 일용잡화 상인
그림 아래) 새로운 비법의 식료품상 당드레 / 교묘한 수법으로 사업을 한다. / 자유와 함께 애국심을 계피에 넣었다.

당드레(1759~1825)는 엑스 고등법원 판사였다가 전국신분회 귀족대표로 뽑혔다.
오를레앙 공을 좇아 제3신분의 편을 들었다. 제헌의회가 임기를 마친 뒤 파리에 남아 거물급 식료품상이 되었다.
1791년 11월의 파리 시장 선거에서 초라한 성적을 거두었고, 이듬해 설탕 파동이 일어날 때 민중의 표적이 되었다.

〈브리소의 초상〉(작자 미상, 카르나발레 박물관 소장)

자크 피에르 브리소 드 와르빌(1754~1793)은 구체제 말부터
'문단의 방랑자la bohème littéraire'였다. 허영심이 자신의 1차적 원동력이고
행운을 바라는 것이 2차적 원동력이었다고 스스로 평가했듯이,
그는 글재주를 발휘해서 꿈을 이루고자 노력했다.
빚을 지고 감옥에 갇힌 적이 있던 그는 런던에서 왕비를 헐뜯는
중상비방문을 발간한 죄로 바스티유 감옥에 갇혔다.
혁명 초부터 신문을 발행하고 자코뱅 클럽을 드나들면서 이름을
날리다가 입법의원이 되었다. 그와 친하게 지내는 사람들을
'브리소파brissotins'라 부를 만큼 큰 영향력을 행사했다.

〈페티옹의 초상〉(게랭Guérin 그림, 베르사유 박물관 소장)

페티옹(1756~1794)은 샤르트르의 변호사였다가 전국신분회 대표가
되었다. 미남인 그는 우렁찬 목소리로 알아듣기 쉽게 연설을 해서
청중을 감동시켰으며 제헌의회에서 맨 왼쪽에 앉았다.
'청렴한 사나이l'incorruptible' 로베스피에르는 1792년 4월에
'불굴의 사나이l'inflexible' 페티옹에 대해 "제헌의회에서 가장 사랑하고
존중"하는 사람이라고 평가했을 만큼 두 사람은 아주 친하게 지냈다.
1791년 6월, 왕이 바렌에서 붙잡혀 파리로 돌아올 때 국회가 파견한
영접위원에 속했으며, 11월 파리 시장 선거에서
라파예트를 누르고 당선되었다.

〈콩도르세의 초상〉(작자 미상, 베르사유 박물관 소장)

콩도르세 후작(1743~1794)은 수학자이며 과학아카데미 회원이었다.
계몽사상가의 마지막 세대인 그가 추상적인 철학세계에서 정치투쟁의
잔인한 세계로 들어간 것은 불행한 일이었다. 그는 사회적 개혁을
풍속의 변화에 맞춰 이루는 것이 바람직하다고 생각했다.
그러나 1789년 1월 24일부터 프랑스의 방방곡곡에 전국신분회
선거 열풍이 휘몰아치면서 모든 유권자가 제대로 정보를 갖추지 못한 채
선거인을 뽑고, 또 이들이 대표를 뽑았다.
전국신분회 대표들은 정치를 배워나가면서 해야 했기 때문에
철학적 이상의 세계와 전혀 다른 현실이 잇달아 나타났고, 콩도르세는
거기에 적응하려고 무진 애를 썼다. 하지만 결국 권력투쟁의 희생자로
쫓겨 다니다가 붙잡혔고, 감방에서 독을 먹고 자살했다.

Ci devant en Toscane pretendu Philosophe
Ensuite soi disant Empereur des Romains.
Maintenant moins que rien.

〈옛날 토스카나에서는 철학자인 척, 곧 로마인의 황제를 자칭, 지금은 아무짝에도 쓸모없는 인간〉
(작자 미상의 판화, BNF 소장)

오스트리아 황제 레오폴트 2세를 이중인격자로 놀리는 희화. 이 그림은 단순하지만 복잡한 논리를 제시한다.
유럽의 군주들은 프랑스 계몽주의를 받아들였음에도 정치인으로서는 인권을 무시하는 전쟁광, 전제주의자라는 것이다.

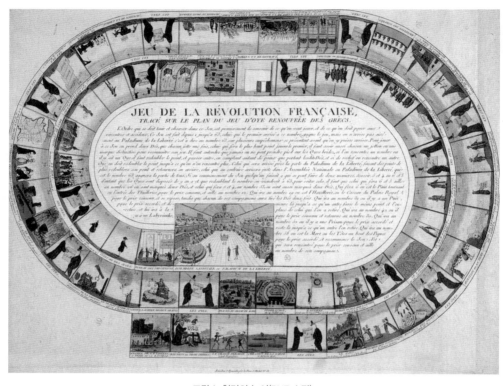

프랑스 혁명의 놀이(BNF 소장).
주사위를 던져서 1번 바스티유 공격부터 63번의 국회 또는
자유의 전당까지 먼저 도달하는 사람이 이기는 놀이이다.
두 사람이 주사위 두 개를 한 번씩 던져 높은 점수를 얻은 사람이 먼저 시작한다.
각자 자기 말을 놓는데 63번에 도달하기까지 여러 가지 어려운 과정이 있다.
자유를 찾는 길은 길고 험하다는 뜻을 가르치는 이 놀이에서 '지방 고등법원의 판사'를 상징하는
거위가 있는 곳에 말이 놓이면 한 번 더 던질 기회를 준다.
그러나 그 기회가 반드시 좋은 일과 연결되지는 않는다.
곳곳에 샤틀레 감옥, 아베 감옥, 풀롱이나 로네의 죽음이 도사리고 있는데,
특히 죽음에 말이 놓일 경우 1번부터 다시 시작해야 한다.

설문을 실어주었다. 어떤 신문은 로베스피에르가 전쟁에 관해 가장 기품 있는 연설을 했다고 칭찬했다.

전쟁이 공격적이냐, 방어적이냐가 무슨 문제입니까? 공격적 전쟁이 어느 정도 불편한 것이냐, 전쟁을 보름 뒤에 하느냐, 여섯 달 참았다가 하느냐가 또 무슨 문제입니까? 그것은 전혀 중요한 문제가 아닙니다. 이미 밝혔듯이, 우리의 자유를 시기하는 내부의 적들이 우리에게 전쟁을 부추기려는 음모를 알아내고, 그들을 꼼짝하지 못하게 막을 적절한 방법을 찾는 것이 중요합니다. 어째서 이처럼 중요한 목표를 장막으로 가리는 것입니까? 가면을 벗겨내고 맞서 싸워야 할 강력한 적들이 많은데 감히 언급조차 하지 않는 이유는 무엇입니까? 믿을 수 없을 때 믿음을 설교하는 이유는 무엇입니까? 나도 역시 전쟁을 요구합니다. 그러나 나는 우리가 누구를 상대로 어떻게 전쟁을 해야 하는지 말하려고 합니다.

로베스피에르는 긴 연설로써 전쟁이란 행정부(왕)가 헌법을 뒤집어엎는 수단이며, 자유를 탄압하기 위한 흉계의 결말일 뿐이라고 강변했다. 그러므로 그럴듯한 구실을 대면서 전쟁계획을 실행한다면 결국 자유의 명분을 저버리는 일이다. 로베스피에르는 이러한 체제가 오면 안 된다고 맞서 싸웠다. 그러나 그는 자기가 해친 사람은 하나도 없다고 강조했다. 단지 자신은 위험한 의견을 논박하면서 조국에 봉사하고자 했다는 것이다. 끝을 모르고 이어가던 그의 연설은 마침내 인류의 미래인 다음 세대를 위한 소망을 말하는 데까지 이르렀다. 그는 다음 세대가 부디 육욕의 독을 전파하는 노랫소리보다는 전제정의 희생자들이 울부짖는 소리에 귀를 기울이고, 자유를 위해 죽은 희생자들의 이름을 영원히 기억하기를 바랐다. 그는 갤리선에서 무지막지한 형벌을 받는 샤토비외 병사들도 잊지 말라고 당부했다.[*]

"태어나는 후손이여, 그대는 역적들을 경멸하고 폭군들을 미워하기를. 그대는 '불행한 사람들에게 자비를 베풀고, 그들을 보호하고 사랑하며, 압제자와 영원히 투쟁한다'라는 좌우명을 실천하라. 그대는 평등과 정의와 행복의 날들을 실현하고 증가시키라."

1월 17일 화요일에도 로베스피에르는 다른 목적의 연설을 하다가 결국 전쟁에 대한 이야기를 다시 꺼냈다. 그는 특히 자신과 의견이 다른 브리소가 발행한 『프랑스 애국자』에 라파예트를 높이 찬양함으로써 메스 주민들의 애국심을 부인하는 편지를 실어줬다고 비판했다. 자코뱅 회원들은 "당신은 지금 브리소의 애국심을 공격하고 있습니다"라고 떠들었다. 브리소가 직접 나서서 자신은 동료 편집인이 신문에 그 편지를 삽입했다는 사실을 전혀 알지 못했다고 해명했다. 로베스피에르는 아주 유명한 신문에 그런 편지를 실었다는 사실에 그저 놀랐을 뿐이라고 한 발짝 물러섰다. 작가이자 극작가이며 신문기자인 루베 드 쿠브레Jean-Baptiste Louvet de Couvrai가 연단에 올라 공격적 전쟁을 옹호하면서 로베스피에르를 비판했다.

"로베스피에르, 당신은 지금 여론의 발목을 잡고 있습니다. 이처럼 지나친 영예를 당신만이 누리고 있습니다. 그런데 당신의 연설은 후손에게 해당합니다. 후손은 당신과 나 사이에 끼어들 테지만, 결국 당신이 나보다 더 큰 책임을 져야 할 것입니다."

---

[*] 샤토비외 병사들에 대해서는 제4권 제2부 "낭시 군사반란"을 참조할 것.

1월 29일 일요일에 비요 바렌Jacques-Nicolas Billaud-Varenne은 자코뱅 연단에 올라서 공격적 전쟁을 반대하는 연설을 했다. 그는 브리소와 그 지지자들이 생각하는 것과 달리 전쟁에 반대하는 사람은 로베스피에르 한 명만이 아니라고 말했다. 이처럼 브리소와 로베스피에르가 공격적 전쟁을 중심으로 자코뱅 클럽의 여론을 갈라놓고 있었음을 알 수 있다. 전쟁을 지지하는 여론이 우세했다.

"당통, 앙투안, 카미유 데물랭, 마슈노F. Machenaud*, 상테르, 파니Etienne-Jean Panis** 같은 사람들을 중심으로 이 헌우회의 수많은 구성원이 비록 연단에 올라서지 않았지만 로베스피에르의 연설에 열렬히 호응했습니다. 그럼에도 브리소와 그 지지자들은 그분들을 마치 유령처럼 생각하나 봅니다."

로베스피에르는 오늘날에도 독재자가 전쟁의 위협으로 긴장을 고조시키면서 국가안보보다는 사실상 정권안보에 힘쓰는 현실까지 꿰뚫어보는 통찰력을 발휘했다. 어느 시대에나 전쟁의 피해자는 늘 약자들이다. 그러나 혁명기 로베스피에르의 목소리는 자신의 의견을 마음대로 표현하지 못하는 다수의 약자를 돕기에는 턱없이 부족했다.

---

* 마슈노는 법률가이며 『전쟁 그리고 나라를 구할 방법론Second discours sur la guerre et les moyens de sauver l'état』(Paris, 1792)의 저자다.
** 파니는 25세인 1782년에 파리 고등법원 변호사가 되고, 1792년 2월에 파리 시정부 관리가 되었다. 그는 6월 20일과 8월 10일에 맹활약했다.

전쟁과
'제2의 혁명'

제 2 부

1
민중협회들의 활동

1792년 1월 2일 입법의회는 "1789년 1월 1일부터 '자유의 시대l'Ere de la Liberté'"라고 선포했다. 『파리의 혁명』을 발행하는 프뤼돔은 이에 찬성하지 않았다. 그는 "1789년 1월에 여러분의 조상은 아직 노예였다, 1789년 7월 14일에는 자유로웠다"라고 정확히 써서 후손에게 물려주자고 제안했다. 그러나 마음에 들든 안 들든 법을 정하는 곳은 입법의회다. 공식적으로 시작한 '자유의 제4년'에도 혁명을 수행하는 사람이나 반대하는 사람이나 모두 자유롭지 못했다. 입법의회, 자코뱅 클럽, 푀이양 클럽, 신문들은 전쟁, 왕의 도주, 생필품의 품귀현상 따위의 주제로 날마다 시끄러웠다. 동부전선이 있는 도시나 마을 주민들은 국경 너머에서 망명객들이 군대를 끌고 들어온다는 소문 때문에 차라리 전쟁이 일어나면 좋겠다고 생각했고, 입법의회에 계속 편지를 보냈다. 입법의회는 이웃나라로 망명한 왕족과 귀족들, 그들을 보호하는 외국 군주들에게 최후통첩을 보내는 문제와 씨름하다가 18일에는 왕의 큰 동생인 '무슈(프로방스 대군)'의 섭정권을 빼앗고, 25일에는 오스트리아의 레오폴트 2세에게 최후통첩을 보냈다. 앞에서 보았듯, 자코뱅 클럽에서도 브리소와 로베스피에르가 공격적 전쟁을 하느니 마느니 하면서 지지자들을 모았다. 로베스피에르는 전쟁의 위험성과 불확실성을 역설했다. 그는 전쟁에 지는 경우뿐 아니라 이기는 경우에도 의기양양한 장군들의 야심이 혁명과 나라의 운명을 위태롭게 만들 수 있다고 생각했다. 그러나 전쟁을 '만병통치약'으로 여기는 사람들이 더 많았다. 그들이 국회나 자코뱅 클럽을 지배했고, 항간에 전쟁의 결과를 낙관하는 분위기를 퍼뜨렸다.

그동안 파리에서는 생도맹그 식민지에서 일어난 반란* 때문에 설탕과 커피를 구하기 어려워진 서민이 수많은 식료품 상점과 투기꾼들의 창고를 공격했다. 리에주와 브뤼셀에서 14수만 내면 구할 수 있는 설탕 1파운드를 네 배가 넘는 3리브르에도 구하기 어려웠기 때문이다. 1792년 1월 20일 금요일, 생마르소 문밖에 사는 가난한 사람들은 당드레의 창고로 쳐들어갔다. 남프랑스에서 귀족으로 태어나 제헌의원으로 활동했던 당드레는 임기를 마친 뒤 파리에 정착해 거물급 식료품상이 되었다. 그가 설탕을 쌓아놓고서 비싸게 팔았기 때문에 사람들이 화가 났던 것이다. 가난한 사람도 설탕 없이는 살기 어려운 시대였다. 1월 21일 이후에도 비슷한 일이 일어났다. 사람들이 생드니 거리의 모퉁이에 있는 설탕 창고에 들어가 설탕을 가져갔다. 이 창고 주인은 왕의 마구간에 창고를 가지고 있는 투기꾼 세 명 가운데 하나였다. 35년 전 보부르에서 사람들을 독살하고 돈을 빼앗아 차형을 당한 악당 데뢰Antoine

─────

*　히스파니올라 섬의 서쪽인 생도맹그는 오늘날 아이티공화국에 해당한다. 1791년 반란이 일어날 당시 이곳에는 60만 명의 주민이 살았는데, 그중 50만 명이 사탕수수, 커피, 목화를 경작하는 노예였다. 본국에서 시작한 혁명의 바람이 식민지에도 불었다. 제헌의회에서 1790년 3월에 해방노예와 흑백 혼혈인mulâtres에게 정치적 자유를 인정한 이후 노예들도 희망을 가지기 시작했다. 본국의 국회에서는 그 뒤에도 식민지 문제를 해결하려고 식민지법을 제정했지만, 1791년 8월부터 노예들이 반란을 일으키기 시작했다. 흑인 반란이 일어나 격전을 치르는 두 달 동안, 모든 연배의 남녀노소가 2,000명 이상 학살됐다. 사탕수수 농장 180군데, 커피, 목화, 쪽indigo 농장 900군데가 황폐해졌다. 수많은 건물이 잿더미로 변했고 1,200여 기독교 가구가 몰락해서 식량과 의복의 구호품을 기다리는 처지가 되었다. 반란자들은 아이들을 꼬챙이에 꿰어 죽이고, 여성을 겁탈했으며, 남성을 톱으로 썰거나 못 박아 죽였다. 진압자들은 그들을 잡아 역시 잔인한 방법으로 죽였다. 반란자는 1만 명 이상이 싸우다 죽거나 굶어죽었다. 붙잡힌 수백 명은 수레바퀴에 하늘을 향해 묶어놓고 때려죽이는 차형을 받았다. 생도맹그 식민지가 앞으로 10년 동안 투쟁하다가 결국 아이티로 독립하는 과정을 여기서 짧게나마 다루기란 불가능하다.

─────

François Desrues가 가게와 작업장을 가지고 있던 집도 약탈당했다.

서민들은 설탕을 구하지 못해 화가 나 있었고, 그들의 분노를 뒤에서 부추기는 자들도 있었다. 파리 시장 페티옹이 투기꾼들과 관련되어 있다는 헛소문을 퍼뜨리는 사람까지 있었다. 생필품이 귀한 데다 엎친 데 덮친 격으로 식민지에 부는 흑인 반란의 폭풍으로 서민의 고단한 삶을 조금이나마 위로해줄 설탕과 기호품 커피마저 제대로 구하기 어려운 현실 때문에 민심은 더욱 흉흉해졌던 것이다. 크루아 루주Croix-Rouge 구민들은 국회 앞에 모여 설탕 품귀현상에 대해 항의하면서 "설탕을 아예 소비하지 않고 투기꾼들에게 보내야 한다"고 주장했다. 그들은 불매운동을 벌여야 설탕 값이 떨어진다는 논리로 투기꾼들을 비난했다. 설탕이 귀해진 이유는 생산지에서 생산량이 줄고 수출관세를 높게 매기는 데서 출발해 프랑스의 투기꾼들이 매점매석하기 때문인데, 서민은 품귀현상의 모든 책임을 투기꾼에게 물었고, 국회에서 이 문제를 빨리 해결해주기 바랐다. 24일, 파리 시정부는 긴급성명을 발표해 민중이 직접 나서서 설탕 값을 정하려고 노력하는 현실을 안타까워했다. 나쁜 시민들이 성난 민심에 부채질하고 가게와 창고를 약탈하라면서 혼란을 조장하는데, 그 결과는 모든 생필품의 품귀현상만 낳을 뿐이다. 파리 시정부는 민중에게 자제해달라고 하는 한편, 국민방위군과 헌병대, 정규군에는 조국이 위험할 때이니 더욱 분발해서 질서를 유지해달라고 호소했다.

1월 21일 토요일에는 누군가 아베 감옥에 불을 질렀다. 사람들이 불길을 잡고 수형자들을 감시하는 동안, 생트 오포르튄 거리와 롱바르 거리에 있는 설탕 창고들이 약탈의 위험에 빠졌다. 다행히 순찰대들이 지켜냈다. 당국은 이 사건을 반혁명분자들이 사회를 혼란에 빠뜨리기 위해 벌인 양면작전으로 해석했다. 아키텐 지방의 로에가론 도는 겨울 홍수로 자연재해를 입었기 때문에 국회는 3만 리브르를 보내 수재민을 돕는 법을 마련했다. 25일이 되어서 『프랑스 애국자』는 비로소 파리가 질서를 회복했다고 썼다. 그동안 민중은 자신들이 적들의 손에서 놀아났으며, 자신들이 동원된 운동은 악을 없애기는커녕 증가시켰음을 깨달았기 때문에 조용해졌다고 설명했다. 또한 예전 같으면 바이이가 계엄령을 내려 파리를 피로 물들였을 텐데, 이번 시장 페티옹은 민중을 설득했기 때문이라고 그 이유를 분석했다. 혁명을 시작한 뒤 4파운드짜리 빵값이 16수 이상 치솟았지만, 1792년 1월에는 11수로 비교적 안정되었다. 그러나 이번에는 설탕 값이 마구 치솟아 민중을 화나게 만들었다.

민심은 왕의 도주설 때문에도 뒤숭숭했다. 선견지명이 있는 평론가들은 지난해 말부터 1월 초까지 전쟁대신이 국경지대를 한 바퀴 돌아본 일을 두고 왕이 메스까지 도주하면, 중부군을 맡고 있던 라파예트가 왕을 앞세우고 군대를 끌고 파리로 진격한 후 구체제로 돌아갈 것이라고 말했다. 1월 말에도 왕이 곧 파리에서 도주할 것이라는 소문은 잦아들지 않았다. 그사이, 헌우회(자코뱅 클럽) 인사들은 커피와 설탕의 소비를 줄이는 운동을 벌였다. 방청석을 드나드는 사람들도 동참했다. 커피를 즐기던 레알 도매시장 아낙들도 설탕을 넣지 않은 우유죽을 마셨다. 돈의 가치가 떨어지고 은값이 치솟았다. 2월 초, 은은 53퍼센트나 비싸졌다. 투기꾼으로 오해를 받고 식료품 창고를 공격당했던 당드레는 설탕 40만 리브르어치를 구하러 국경지대의 릴로 갔다가, 혁명에 봉사하기 위해 아시냐의 가치를 보증하는 임무를 띠고 벨기에 지방의 오스텐더Ostende로 갔다. 거기서 그는 아시냐의 가치가 60퍼센트나 떨어진 것을 보고, 국회가 사람들이 기피하는 아시냐의 통용을 강제하는 법을 제정해야 한다고 촉구했다.

2월이 되어서 몽틀레리Monthléry의 곡식창고와 됭케르크 항구의 창고가 약탈당했고, 제14베튄 보병연대에서는 병사들이 반란을 일으켰다. 9일에는 입법의회에서 지롱드 의원인 장소네가 망명객의 재산을 국유화하자고 제안해 통과시켰다. 이렇게 해서 망명객들을 순순히 돌아오게 만드는 모든 수단이 막혔고, 전쟁을 향해 한 걸음 더 나아갔다. 사람들은 매사에 신경이 날카로워졌다. 우아즈 도의 누아용에서는 강물로 밀을 수송하던 배를 약탈하는 사건이 일어났는데, 2월 13일에는 경종을 울리는 소리를 듣고 잠깐 사이 140여 개 소교구 주민 3만~4만 명이 모였다. 그중에는 이웃 도인 솜과 엔Aisne에서 온 사람들도 있었다. 아르크Arques, 생토메르Saint-Omer도 무질서를 경험했다. 한마디로 전국이 높은 물가와 품귀현상에 부글부글 끓었다. 남프랑스에서도 서민들이 지방정부와 대립했다.

2월 20일 월요일, 국회는 원료 무역에 대한 법을 처리한 뒤 마르세유 코뮌의 대표 두 명에게 발언권을 허용했다. 이들은 지중해 연안의 방어가 허술하다고 호소했다. 예를 들어 마르세유 국민방위군 3만 명에 소총은 겨우 8,000정이었다. 야전사령관 출신으로 센에우아즈 의원인 의장 마티외 뒤마Mathieu Dumas는 국회가 진즉 남부 해안지방의 수호에 전념했으며, 특히 그곳 주민들의 애국심을 믿는다고 안심시켰다.

"국회는 정부의 질서를 뒤흔들고 헌법기관의 권위를 공격하는 자들을 두고 보지 않을 것입니다. 더욱이 해안지방의 안전을 좌우하는 열쇠를 의심스러운 자들의 손에 맡기지 않겠습니다. 국회는 자유의 적들이 법의 고랑을 넘지 못하게 철저히 막겠습니다."

에로 도 행정관 출신인 르불은 남부를 휩쓰는 반혁명의 급물결을 막는 일은 입법부만의 힘으로 절대 불가능하기 때문에 행정부가 더욱 힘차게 행동해야 한다고 주장했다. 특히 아를Arles의 반혁명분자들을 이끄는 무리는 님

Nîmes 학살의 주동자들이라고 밝히면서 내무대신이 빨리 대책을 세우도록 촉구했다.

지주 경작자이며 센에마른 도 행정관 출신인 비에노 보블랑은 남부만이 아니라 제국 전체로 눈을 돌려 날마다 더욱 과격해지는 행동과 무질서의 원인을 자세히 살펴야 한다고 말했다. 입법부처럼 행정부도 주권자인 국민으로부터 권한을 위임받았기 때문에 꼭대기 왕부터 말단 행정기관까지 모두 존중받아야 한다. 그럼에도 행정관 가운데 검찰관이 인민의 대표들로부터 나온 법을 집행할 신성한 자리에서 머리채를 잡혀 끌려 내려온다는 소식을 듣게 된다고 하면서, 비에노 보블랑은 국회의원들마저 의견을 통일하지 못하기 때문에 이러한 혼란을 쉽게 수습하지 못한다고 진단했다. 어떤 의원은 애국심 때문에, 또 어떤 의원은 지자체의 귀족주의 때문에 무질서와 혼란이 끊이지 않는다는 것이다. 비에노 보블랑은 국회의원들부터 의견을 통일해야 한다고 강조했다. 그는 의원들에게 "법의 독재가 없이는 정부가 존재하지 않으며, 정부가 없으면 2,500만의 사회가 존재할 수 없다"는 원칙을 가슴에 새기라고 말했다. 마침내 그는 민중협회들에 혼란의 책임을 돌렸다. 민중협회들이 여론과 지자체에 영향을 미치기 때문이다. 그의 연설이 끝나자 오른쪽에 앉은 의원들이 박수로써 지지했다. 의원들은 비에노 보블랑이 악의 없이 말한다는 사실을 알았지만, 그가 가끔 헌우회의 자매협회들에 대해 경계하는 태도를 보면서 혼란스러워하는 경우도 있었다.

의장이 토론을 계속하자는 축과 그날의 의제를 다루자는 축이 맞서는 소란스러운 장내를 정리하고, 지롱드 의원 가데에게 발언권을 주었다. 가데는 비에노 보블랑이 모든 불행의 근원을 민중협회들에 돌리지만, 다시 말해 민중협회들이 민중과 지자체에 영향을 끼치기 때문에 무정부상태가 되었다고 보지만, 진정한 근원을 다른 곳에서 찾아야 한다고 하면서 오히려 민중협회가 한 일을 칭찬했다. 사실상 조국을 가장 효과적으로 구했던 손길은 언제나 민중협회들로부터 나왔다는 점을 잊지 말아야 한다고 강조했다.

"용기를 내서 말하지만, 악의 뿌리는 행정부가 제대로 일하려 들지 않는 데 있습니다. 행정부가 혁명이 추구하는 방향과 헌법의 정신을 받들어 행동하지 않는 한, 진정한 정부를 가질 수 없을 것입니다. 그것이야말로 가장 큰 불행이 아니겠습니까! (……)

이제까지는 행정부가 협조하지 않았지만, 입법부와 행정부가 협조할 때, 두 기관이 함께 공통의 적들을 물리칠 때, 모든 시민은 법에 복종할 것입니다. 그때 입법부는 헌법이 부여한 지위를 되찾을 것입니다. 프랑스는 위대한 나라가 될 것입니다."

가데와 그 지지자들은 반혁명분자들이 혼란을 부추기는데도 헌법기관들이 제 할 일을 게을리 하기 때문에 무정부상태가 지속되며, 따라서 정치클럽, 민중협회들에 그 책임을 돌리는 것은 지나치다고 주장했다. 그러나 상당수 의원들은 자코뱅 클럽과 그 자매협회들이 혼란의 주범이라고 주장했다. 그들은 능동시민과 수동시민들이 손잡고 점점 더 철저한 혁명을 요구하기 시작했고, 행동이 더욱 과격해졌다고 보았다. 능동시민들은 수동시민들의 힘을 빌려야 더욱 추진력을 얻을 수 있다고 생각했음이 분명하다. 능동시민들이 가난한 계급들을 여전히 무능하다고 생각했음에도, 이들은 점점 한계에 부딪히거나 그 자리에 머물고 싶어하는 혁명에 힘을 실어주는 세력이 되었다. 수동시민들이 자칫 반혁명세력에 이용당할 때 심각한 문제가 발생할 수 있었다. 그래서 파리의 시정부는 포고문을 내걸어 반혁명세력의 부추김에 속지 말아달라고 호소하면서 사회적 질서를 유지하려고 노력했다.

이미 1791년 초부터 '상퀼로트Sans-Culottes'라는 말로 지칭하던 계급이 점점 정치무대의 전면으로 나서고 있었다. 1789년 혁명 초부터 그들의 무기는 창이었다. 그들의 복장은 그 계급을 지칭하는 말이 되었다. 그들은 귀족의 짧은 바지Culotte가 아니라 노동자의 긴 바지Sans-Culotte를 입은 사람들이었다. 그들은 챙을 단 모자인 '샤포chapeau'가 아니라 챙 없는 모자인 '보네bonnet'를 썼다. 이 모자는 베레모처럼 챙은 없지만, 위로 올라갈수록 좁아졌다. 모직물이었기 때문에 힘이 없어서 끝부분이 한쪽으로 쓰러지게 마련이었다. 고대 프리기아 사람들이 쓰던 모자에서 유래했기 때문에 프리기아 모자bonnet phrygien라 부르는데, 혁명기에는 붉은색 모자, '보네 루주bonnet rouge'(33쪽 도판 참조)였다.

브리소는 2월 6일자 『프랑스 애국자』에 쓴 "프랑스인들의 복식에서 개선해야 할 점에 대하여"에서 어떤 영국인이 프랑스 혁명과 프랑스 국민성에 대해 보여준 고상한 의견을 소개했다. 그 영국인은 천문학자 피고트Edward Pigott로서, 프랑스인들이 상식에 비추어 법, 관습, 심지어 의복에서 개혁을 실천할 준비를 갖추었다고 보았다. 그는 특히 프랑스인들이 샤포 대신 보네를 쓰라고 제안하고, 그 철학적 근거를 제시했다. 피고트는 샤포를 도입한 사람들은 사제와 폭군이었다고 한다. 그들은 경례라는 예속적이고 우스꽝스러운 예절을 도입해 같은 인간 앞에서 민머리를 숙이게 만들었다. 샤포는 슬프고 암울하고 단조로우며, 복상기간의 상징이다. 그러나 보네는 경쾌하고 얼굴을 좀더 활짝, 더 확실하게 보여준다. 머리를 덮되 감추지 않고 자연스러운 위엄을 우아하게 드러내주며, 다양한 형태와 색깔을 가지기 때문에 어떤 장식과도 어울린다. 피고트는 고대의 그리스인, 로마인, 골족 같은 위대한 민족들이 모두 보네를 썼으며, 그 모자를 가지고 이웃의 야만족들과 자신들을 구별했다고 말했다. 그는 보네가 폭군들을 물리친 승리의 상징이라고 추켜세웠다. 루소는 보네를 자유의 상징이라고 예찬했다. 루소만큼 명예로운 볼테르도 언제나 보네를 썼다. 피고트는 "만일 영웅이 현대에 가장 우스꽝스러운 옷차림이라 할 삼각모자로 이마를 가리고 나타나면 어떤 인상을 받는가?"라고 물었다. 피고트는 그 밖에도 보네를 찬양하는 이유를 더 많이 들었다. 브리소가 피고트의 보네 예찬론을 소개한 지 한 달 뒤, 보네는 크게 유행했다. 이 모자는 챙모자와 달리 얼굴을 드러내는 경쾌한 모양 때문에 그에 걸맞은 색으로 빨강과 연결되었다. 당시 사람들은 빨간색을 가장 명랑한 색으로 생각했기 때문이다. 특히 계몽사상가 콩디야크Étienne Bonnot de Condillac는 일찍이 『감각론Traité des sensations』(1754)에서 소리와 색깔의 관계에 대해 말했는데 가가대소, 박장대소, 폭소와 트럼펫소리는 진홍색과 비슷한 감흥을 불러일으킨다고 보았다. 우리는 3월 중순부터 자코뱅 클럽 회의장에서 프리기아 모자를 보게 될 것이다.*

2월 중순부터 3월 중순까지 사람들은 마치 1789년 7월의 대공포**와 비슷한 두려움에 휩싸였다. 이런 현상은 파리에 비해 지방에서 더 두드러졌다. 신문마다 서민층에 떠도는 이야기, 세상의 종말을 예언하는 이야기를 전했다. 크고 작은 시골 마을마다 도적떼가 나타나기를 기다렸고, 그들을 보았거나 마을에 접근하거나 나타났다는 소문이 돌았다. 물가고에 시달리는 사람들이 지난 넉 달 동안 전쟁이 임박했다는 소문을 계속 들었으니, 어찌 불안하지 않았을까? 더욱이 신자들도 선서 사제와 비선서 사제를 중심으로 나뉘

---

* 제2부 5장 "전쟁으로 가는 길" 참조.
** 제2권 제2부 10장 "농민의 봉기와 대공포" 참조.

어 화해할 수 없을 정도로 싸웠다. 헌법의 절차에 따라 새로 뽑힌 종교인들은 이른바 합리적 태도를 중시했지만, 옛날을 그리워하는 신도가 보기에는 불순하고 파렴치했다. 새로운 종교인들은 결혼을 권리로 생각하면서, 결국 혁명을 이기주의의 산물처럼 만들었던 것이다.

이에 비해 옛 종교인들은 시민헌법이 교회를 정화해주고 과거의 복음주의로 되돌려줄 것으로 믿으면서 맹세를 했지만 결국 실망하고 거의 모두 맹세를 철회했다. 그래서 농촌 주민들, 도시의 하층 계급들은 맹세를 철회한 종교인을 고결하게 생각하는 동시에 그들의 믿음과 사업을 지지하면서 혁명을 외면하게 되었다. 농민과 도시 하층민은 의심스러운 종교인들이 믿음이 약한 데 비해 더욱 열정적으로 혁명을 지지한다고 생각했다. 그래서 근본적으로 독실한 그들은 혁명에 대해 의심하거나 망설였다. 그러나 그들은 귀족들에 대해서는 다른 태도를 취했다. 한마디로 왕당파, 귀족, 망명 같은 말을 프랑스에 대한 반역과 동일시했던 것이다.

민중은 국민의 반대편에 역적이 있다고 보았다. 조국을 배반하려는 사람들만이 혁명의 적이었다. 한창 의용군을 모으는 때라서 애국자들이 깃발 아래로 모였다. 망명자들도 떼 지어 국경 밖으로 나갔다. 때로는 망명자들이 의용군을 가장해 국경지대까지 눈치 보지 않고 간 뒤에 코블렌츠를 향해 밖으로 나가기도 했다. 의용군이나 망명자가 아닌 사람들도 피난을 떠나는 경우가 많았다. 그들 가운데 사회적으로 지탄받을 사람도 많았다. 지난 3년 동안 사사로운 범죄에 신경 쓰기보다 공적인 문제에 전념했기 때문에 도둑, 사기꾼, 살인자 등을 제대로 단속하지 못했다. 이런 사람들은 감시의 눈을 피해 다른 지역으로 이동했다. 당국은 이들을 적발하는 대로 감옥에 넣었다. 그런데 그것도 문제였다. 얼마 전부터 사람들은 '도적들'이라는 말을 많이 듣고 옮겼다. 신문이나 법원에서 날마다 그 말을 썼다. 도적들은 함께 활동하는 것 같았다. 어떤 도적들은 파리에서 아시냐 지폐를 위조하거나 위조지폐를 지방으로 가져다 썼다. 위조지폐가 하도 많았기 때문에 위폐범을 가려내고 재판하는 특임판사를 임명해야 할 정도였다. 어디를 뒤져야 이 범죄를 적발할 수 있었을까? 샹드마르스에서 센 강 맞은편의 11시 방향에 있는 파시Passy에서 가장 큰 규모의 위조단을 적발했다. 또 수많은 감옥에서도 위폐범이 활동했다. 파리의 치안국은 정보망을 활용해 이 감옥에서 저 감옥으로 오가는 서신을 기습적으로 압수했고, 부랑자들을 수용한 감옥들을 급습했다. 옛날부터 감옥은 새로운 사람을 사귀고 동지가 되며 지식과 기술을 나누는 학교였다.

사람들의 이동을 적절히 통제하기 위해 국회에서는 통행증에 대해 논의했다. 의심스러운 인구이동을 통제하고자 1월 24일에 상정한 법안을 30일부터 2월 1일까지 축조심의했다.

제1조. 국내를 여행하고자 하는 사람은 통행증을 소지해야 한다.
제2조. 통행증은 오직 자치정부 관리가 발행한다. 통행증에는 소지자의 이름, 직업, 용모, 거주지, 국적을 표기한다.
제3조. 통행증은 개인에게 발급하며, 자치정부의 장이나 관리, 서기, 소지인이 서명한다. 소지인이 글을 쓰지 못할 경우 통행증과 발급대장에 그 사실을 명시한다.

모두 20개조의 법은 차례로 발급비용(인지대), 외국 여행자는 거주지 명시, 입국자는 국경 사무소에서 발급, 군인은 지휘관의 출장명령서로 통행증을 대신할 수 있음, 근무 중인 헌병·국민방위군·정규군은 여행자에게 통행증 제시를 요구할 수 있음, 통행증 미소지자는 해당 지역 거주 시민의 보증이 필요, 체포 후 최대 한 달 이내 통행증 발행 여부 심사, 보석금을 내는 경우 일정 기간 석방, 한 달 동안 신원파악을 충분히 할 수 없는 사람에 대한 처리는 최소 석 달부터 최대 1년까지 구금, 그리고 통행증의 양식(도, 디스트릭트, 시정부의 발급기관 이름, 발급대상과 국적, 거주지, 용모, 발행처와 관계자 서명)을 규정했다. 행정부는 입법부가 정국을 주도하는 것을 못마땅하게 여겼기 때문에, 입법부가 원치 않는 일을 적극적으로 막으려 들지 않았다. 예를 들어 행정부를 직접 공격하지 않는 한 관용을 베푸는 방향으로 나갔다. 그러나 지방의 기관들이 민중협회들의 영향을 받을 때, 그들을 징계하거나 처벌했다. 그러므로 왕과 행정부가 지방의 혼란을 은근히 조장한 책임을 벗어나기 힘들었다. 혁명의 지지자들은 법무대신이 은전을 베풀어 흉악범들을 쉽게 풀어주면서도 정치범에게 사면령을 내리는 일에는 아주 인색하다고 비판했다. 그들은 루이 16세가 통행증에 관한 법을 승인하지 않은 데 대해 불만이었다.

파리 이북의 여러 곳에서 군중집회가 끊이지 않았고 유혈사태로 번지기도 했다. 누아용, 됭케르크, 에브뢰, 낭트, 루앙, 플룅에서는 곡식의 유통이 원활하지 못했기 때문에 주민들이 들고일어났다. 외르Eure 도 지도부는 5,000~6,000명의 군중집회가 일어났다고 국회에 알렸다. 군중은 베르뇌이 시장으로 가서 곡물의 최고가격제를 관철했다. 아무리 나쁜 투기꾼이라도 그 가격 이상 받아서는 안 된다는 점에서 오늘날의 '권장 소비자가격'과 같다. 3월 6일에 전쟁대신은 베르사유, 랑부이예와 근처에 기병연대, 의용국방군 대대와 대포 4문을 배치해서 질서를 회복시켜달라고 국회에 요청했다. 바지르와 르쿠앵트르 의원이 반대했지만, 국회는 그 요청을 받아들였다. 앙굴렘, 엔, 루아르앵페리외르에서도 군중집회가 일어났다. 다행히 엔에서는 행정관리들과 헌병대가 나서서 사태를 무사히 수습했다. 파리 남동쪽 믈룅의 주민 200여 명은 시장에서 곡식의 최고가격제를 관철했다.

3월 3일 토요일, 파리 남서쪽 에탕프에서는 성난 군중이 시장 시모노 Jacques Guillaume Simonneau를 광장에서 살해하는 사건이 일어났다. 시모노는 에탕프에서 일꾼 60명 이상을 고용한 피혁 제조인이었다. 그는 평소에 자상한 아버지처럼 일꾼들을 보살폈기 때문에 일꾼들도 그를 존경하고 잘 따랐다. 에탕프에서 주민들이 집회를 할 때도 그의 일꾼들은 하루 종일 마을에 나돌아 다니지 않겠으며, 특히 시장에 나가지 않겠다고 시모노에게 약속했다. 시모노의 처참한 죽음을 안타까워하는 사람들은 그가 일꾼들을 거느리고 다녔다면 과연 그런 식으로 허무하게 당하지 않았을 것이라고 말했다. 그는 어떻게 살해당했던가?

아침 5시에 무장한 여남은 명이 에탕프에서 16킬로미터 떨어진 부아시수 생티옹Boissy-sous-Saint-Yon에 들어가 북을 쳐서 마을 사제를 깨우고 경종을 치게 했다. 주민들과 마을 관계자들이 놀라서 모여들자, 그들은 당장 에탕프로 가서 밀의 최고가격제를 촉구하겠다고 말했다. 마을 관계자들은 회의를 하러 마을 회관으로 갔다. 무장한 사람들은 주민들에게 따라나서지 않으면 마을에 불을 지르겠다고 위협했다. 그들은 지나는 곳마다 똑같은 방식으로 주민들을 동원했고, 이제는 제법 큰 무리가 되어 에탕프에 7시쯤 도착했다. 에탕프 시장 시모노는 혼란을 수습하려고 일곱 시간이나 애썼다. 그는 코뮌의 집에 돌아가서 시정부 관리들과 회의 끝에 함께 시장으로 가자고 했다. 그 주위 사람들은 반대했다. 그러나 시모노는 옛날 베리Berri 18기병연대의 48명 분견대를 지휘하는 장교에게 부대원들을 신뢰하는지 물었고, 장교는 부하들을 자기 자신처럼 신뢰한다고 대답했다. 시장과 시정부 관리들이 분견대의 호위를 받으면서 시장에 나타나자, 주민들이 시장 일행을 에워싸는 바람에 분견대와 사이가 벌어졌다. 갑자기 몽둥이를 든 사람들이 시장에게 달려들어 마구 내리쳤다. 어디선가 시장을 향해 총알이 차례로 두 발 날아들었다. 분견대는 어디로 사라졌는지 단 두 명만 남아 있었고, 전날 밤에 지급했던 탄약도 지니지 않았다. 죽어가는 시장이 어떤 기병의 말고삐를 쥐고 자신을 구해달라고 외쳤다. 그 기병은 다급한 나머지 이미 숨진 시장의 팔을 칼로 끊고 현장에서 도주했다. 모두가 한 몸처럼 믿는다는 분견대 장교와 부하들은 시모노가 살해당하는데 모두 도망치기 바빴다.

3월 9일자 『모니퇴르Moniteur』 신문에서 관련 기사를 읽어보자.

살인이 일어나고 군대가 후퇴한 뒤, 악당들이 광장의 지배자로 남아 있었다. 그들은 시장의 시신에 총을 스무 발 이상 쐈다. 그리고 그 이상의 혼란은 없었다. 어떤 가게도 약탈당하지 않았고, 곡식을 빼앗긴 사람도 없었다. 여남은 명의 악당들은 사람들에게 시신 주위에서 북소리에 맞춰 행진하라고 명령했다. 그들은 시신의 머리를 자를지 말지 논의한 뒤 그냥 에탕프를 빠져나갔다. 그들이 북소리와 함께 "국민 만세!"라고 외치는 소리가 멀어졌다.

그들은 에탕프에서 3킬로미터 떨어진 생미셸 마을에 들러 술을 거나하게 마셨다. 그들이 돈을 낼 때 주위 사람들은 그들이 상당한 액수의 아시냐를 가졌음을 알았다. 나중에 에탕프의 곡물상 아무이Hamouy는 그들 중 한 명이 가게에 들러 밀을 24리브르에 팔라고 요구했다고 한다. 아무이는 22리브르에 주겠다고 했으나 한 자루도 사가지 않았다고 덧붙였다. 파리 자코뱅 클럽은 시모노의 아들에게 애도의 뜻을 담아 편지를 썼다.

"헌법의 친구들은 당신의 깊은 슬픔을 함께 나눕니다. 우리는 고인을 헌우회의 일원으로 생각하면서 고인의 명예를 기릴 수 있다는 점에 위안을 받습니다. 우리는 당신을 낳아주신 고인이 영웅적인 덕을 갖추셨고, 그 뒤를 좇을 모든 공직자의 귀감이시며, 언제나 당신의 기억에 영광스러운 이름을 남겨주셨다는 사실로써 당신을 조금이나마 위로하고자 합니다."

18일, 국회에서는 공공교육위원회의 장 드브리Jean Debry가 발의해 시모노를 추모하는 피라미드를 에탕프 광장에 건립하기로 결정했다.

앞면에는 "기욤 시모노, 에탕프 시장, 1792년 3월 3일 사망", 두 번째 면에는 "프랑스 국민은 법을 지키려다 숨진 프랑스 행정관을 추모함", 세 번째 면에는 불행한 시장이 마지막으로 남긴 말 "당신들이 나를 죽일 수 있을지언정, 나는 내 자리를 지키며 죽을 것이다"라고 새긴다.

농사를 망친 남부에서도 집회와 소요사태가 끊이지 않았다. 아르데슈 도에서는 무장한 주민들이 계속 소란스럽게 굴고, 망명객들을 위한 군대를 모집했다. 가르 도에서도 같은 일이 일어났다. 3월 6일, 엑스 시정부가 국회에 보낸 보고서를 보면, 마르세유 사람들이 애국자들을 구출한다는 명분으로 아를로 쳐들어가는 도중에 대포 6문을 앞세우고 엑스 시로 들어가 에르네 스위스 연대를 무장 해제시켰다. 아를은 반혁명세력인 시퐁파les Chiffonnistes가 장악하고 있었기 때문에 모든 도의 애국자들이 아를을 향해 진격하기로 했던 것이다. 시퐁파의 어원인 시퐁은 말 그대로 목에 두르는 천le chiffon이다. 그들은 같은 파에 속했다는 표시로 은색 천을 둘렀는데, 천의 가장자리에는 이런 글귀를 새겼다.

"시퐁, 그대가 명예를 지키리라L'honneur, syphon, tu soutiendras,

그리고 그대의 피로 명예를 엄숙히 확인하노라Et de ton sang le scelleras."

9일에 국회는 내무대신이 전국의 도 지도부에 명령해서 극빈자층을 위해 모두 576만 리브르를 나눠주도록 하자는 안을 논의했다. 물가고에 시달린 서민들이 극빈자층과 함께 더욱 급진적인 시위를 한다고 생각했기 때문이다. 국회는 부슈뒤론 도와 아를 디스트릭트 지도부, 아를 시정부, 왕이 파견한 위원들을 불러 증언을 듣자고 결의했다. 또 행정부는 아를 북쪽 10킬로미터에 있는 보케르Beaucaire 평원에 의용국방군을 집결시켰다가 안전과 질서를 되살려야 할 시급한 곳에 투입하도록 했다. 마르세유 사람들은 이제 대포 18문을 가지고 아를을 공격하기 직전이었다. 부슈뒤론이 국회에 대표단을 보내 아를 시의 상황을 전했다.

"시퐁파의 지도자들은 불안한 나머지 사람들을 마구 잡아들여 거의 60명을 가두었습니다. 오래전부터 그들은 자기네 돈으로 사람들을 모집하고 헌법에 대해 노골적인 적개심을 드러냈습니다. 그들은 모든 거리의 포석을 떼어내어 쌓아놓고 성벽에는 대포를 설치하고 해자도 다시 손봐서 접근을 막는 데 주력했습니다."

에로Hérault 도 지도부 부의장은 아를, 아비뇽, 카르팡트라가 모두 반혁명의 온상이 되었다고 보고했다. 3월 20일 화요일에 국회는 아를이 반란을 일으켜 선량한 시민들을 마음대로 체포하고, 국민방위군 분견대를 생루이 요새로 보내 대포 4문을 빼앗아 아를 성문에 설치했으며, 전쟁을 위해 비축한 장비와 군수품을 장악해 인근의 주민들을 불안하게 했기 때문에 긴급명령을 내린다고 의결했다. 아를의 시민들은 이 명령을 전달받은 지 24시간 이내로 자신이 소지한 무기를 코뮌의 집에 가져가야 하며, 아를이 장악한 모든 대포와 소총, 탄약을 신속히 가장 가까운 무기고에 확실하게 인계하며, 그동안 아를 주위에 설치한 방어벽을 코뮌의 비용으로 완전히 철거하고, 정규군과 의용국방군에서 충분한 병력을 뽑아 아를에서 인명과 재산과 질서를 보호하게 한다.

여기서 일일이 얘기하지는 않았지만, 전국의 민심은 항상 흉흉했다. 3월 29일 목요일에 국회에는 중남부의 오지인 캉탈 도에서 일어난 소요사태에 대한 청원서가 들어왔다. 지금까지 도적떼가 날뛰어도 국회에서는 근본적인 대책이 아니라 임시방편으로 대처했기 때문에 악행이 더욱 심해진다고 하면서, 소요사태의 원인부터 다시 진단할 필요가 있다고 말했다. 그 원인이 귀족과 종교인들의 음모와 증오심이라고 생각했지만, 자세히 들여다보면 모순을 발견할 것이라고 지적했다. 과연 어느 귀족이 자기네 성관에 불 지르고 소유물을 파괴하라고 할 것이며, 어느 종교인들이 자신들의 목을 조르고 학살할 떼강도에게 무기를 제공하겠는가! 오히려 그 원인은 나쁜 시민들에게서 찾아야 한다. 좋은 시민은 조국을 황폐하게 만들지 않기 때문이다. 나쁜 시민들의 방종, 약탈, 타락이 원인이다. 그들이 국가의 적이 되어 약탈과 방화를 일삼는다. 이들을 어떻게 할 것인가? 공권력을 발동해서 캉탈 도의 주민들만 아니라 왕국 전체의 주민들을 보호해야 한다. 선동자들을 공격하고 끝까지 추격해 법의 심판을 받게 해야 그들을 모방하는 자들도 몸을 사릴 것이다. 한마디로 이 탄원서에서는 너무 안일하게 귀족과 비선서 종교인들의 음모라고 원인을 분석하는 데서 벗어나 물자가 부족하고 질서가 무너지고 전쟁의 공포심이 팽배하기 때문에 주민들 사이에 불신과 반목이 심화되어 사태를 악화시킨다고 지적했던 것이다.

2
여성도 창을 들게 하라

3월 6일, 국회의 저녁회의에 파리 여성 대표단이 들어왔다. 한 명이 증언대에 서서 연설을 시작했다.

입법가들이시여, 애국부인들이 여러분 앞에 서서 모든 개인이 누리는 생명과 자유를 지킬 권리를 여성에게도 허락해달라고 호소합니다.

우리는 모든 면에서 격렬한 충격파가 곧 밀어닥치리라고 예상합니다. 우리의 아버지, 남편, 형제들은 아마도 맹렬한 적들의 제물이 될지 모릅니다. 과연 누가 그들의 복수를 하거나 기꺼이 그들과 함께 죽으려는 우리를 막을 수 있겠습니까? 우리는 여성 시민입니다. 우리는 조국의 운명을 모른 체할 수 없습니다.

여러분의 전임자들은 여러분뿐만 아니라 우리의 손에도 헌법을 맡겨주셨습니다. 그런데 만일 우리에게 적들의 공격을 막아낼 무기가 없다면 어떻게 헌법을 보전할 수 있겠습니까?

그렇습니다, 여러분, 우리에게는 무기가 필요합니다. (박수) 우리는 무기를 허용해달라고 여기 왔습니다. 우리의 연약함이 장애가 되지 않도록 해주십시오. 용기와 단호함으로 약점을 메울 수 있습니다. 조국을 사랑하고 폭군을 미워하는 마음으로 우리는 모든 위험을 쉽사리 이겨나갈 것입니다. (박수) 그러나 우리가 항상 소중히 여기는 가족과 가정을 돌보지 않고 적에 맞서려 한다고 생각하지 마시기 바랍니다.

여러분, 우리는 단지 여러분을 지켜드리고 싶을 뿐입니다. 여러분은 우리의 청을 거절하지 마시기 바랍니다. 사회는 우리가 자연에게서 받은 이 권리를 빼앗을 수 없습니다. 인권선언이 여성을 위한 것이 아니라고, 또 여성에겐 자신을 방어할 권리도 없는 양 남의 손에 죽어 마땅하다고 주장하는 사람이 없으면 좋겠습니다. 폭군들이 우리의 목숨만은 건드리지 않는다고 믿을 사람이 있습니까? 아니요, 절대로 아닙니다. 그들은 1789년 10월 5일과 6일의 사건을 기억할 것입니다.

우리는 반드시 성공해서 우리가 앞세운 명분의 정당성을 명예롭게 입증할 것입니다. 분명히 우리도 승리에 이바지했다는 행복을 맛볼 것입니다. 그러나 우리 적들의 간계 또는 우리 가운데 일부의 배반 때문에 악인들이 승리한다면, 우리는 속절없이 집에 들어앉아서 온갖 처참한 일을 겪은 뒤에 치욕스럽게 죽거나, 살아남는다 해도 소중한 우리 가족과 자유를 모두 잃고 목숨만 부지하는 불행을 겪어야 하지 않겠습니까? (박수)

여러분, 그런 상황을 생각하지 마시기 바랍니다. 여러분은 남편들에게 시민의 칭호를 주어 여성도 그 반열에 함께 오르게 만들어주었습니다. 여성은 이미 자유의 시초를 맛보았으며, 이 세상에 자유민을 낳아준다는 희망을 품고 살아갑니다. 여성은 자유롭게 살지 못하면 차라리 죽겠다고 맹세했으며, 절대로 노예들을 낳지 않겠다는 데 동의했습니다. 그런데 만일 우리가 납득하지 못하는 여러 이유로 여러분이 우리의 정당한 요구를 거절하신다면, 여성은 죽음을 택하겠습니다. 맹세를 지키겠습니다! 여성의 가슴을 겨눈 단도가 여성을 노예로 만드는 불행을 가져올지 모릅니다. 그러나 여성은 생명을 잃는다는 사실이 아니라 헛되이 죽는다는 사실을 안타까워하면서 죽을 것입니다. 조국의 적들의 불순한 피를 손에 묻히지 못한 점, 자기가 사랑하는 사람들의 복수를 하지 못하고 헛되이 죽는다는 점을 후회할 것입니다.

여러분, 공정하고 공평한 마음으로 우리의 요구를 들어주시기 바랍니다.

1. 치안규칙을 철저히 지키는 조건으로 우리에게 창, 권총, 칼(충분히 다룰 수 있는 힘을 가진 경우, 소총)을 소지할 권리를 허락해주십시오. (박수)

2. 공휴일과 일요일에 연맹의 장이나 적당한 장소에 모여 무기를 다루는 연습을 할 수 있게 허락해주십시오. (웃음과 박수)

3. 공공의 질서와 평화를 위해 시장이 우리에게 내리는 규칙에 맞게 우리를 이끌어줄 지휘관 한 명을 예전 프랑스 수비대에 복무한 사람 중에서 지명해주십시오.

레옹·Léon이라는 아가씨가 대표로 서명하고 아낙네 300여 명의 서명부를 첨부한 이 청원은 여성에게도 공식적으로 남성과 동등한 권리를 달라고 요구한다. 여성은 남성만이 헌법을 지키는 막중한 과업을 수행하기 벅찰 테니 자신들도 무기를 들고 적들과 싸우겠다고 주장한다. 그들이 앞세운 명분은 무엇보다도 헌법을 지킨다는 것이었다. 헌법은 곧 혁명이기 때문에, 혁명을 지키는 데 남녀가 따로 없다고 주장한다. 물론 그들은 자신들의 첫 의무가 가족과 가정을 소홀히 하지 않는 것임을 잘 알고 있으며, 이미 1789년 10월에 자신들이 역사적인 전환점을 만들었다는 사실을 강조한다. 그들은 자신들의 시민정신과 공공행복에 대한 사랑을 남성이 광신과 과장이라고 일축하는 현실을 안타까워한다.

의원들은 그들의 청원을 들으면서 박수를 보내 그들의 애국심을 칭찬했지만, 그들이 연병장에서 무기를 다루는 훈련을 하겠다고 하는 대목에서는 웃기도 한다. 물론 여성의 애국심을 칭찬해야 마땅하지만, 그들에게도 무기를 허용한다면 질서는 어떻게 될까? 이렇게 걱정할 남성이 있음을 염두에 두었는지, 청원서에서는 치안규칙을 잘 따르고, 남성의 지휘를 받을 것이며, 파리 시장이 부과하는 규칙도 충실히 따르겠다고 약속한다. 1789년 가을비를 맞으면서 대포를 끌고 베르사유 궁을 향해 가던 파리의 아낙네들은 특별히 허락을 받지 않고 무기를 들었다. 그런데 2년이 지난 뒤, 그들은 창, 권총이나 소총, 칼을 허용하라고 공식적으로 요청한다. 그들은 정치무대에서 더욱 큰 목소리를 내야겠다고 결심했던 것이다.

디종의 검찰관이었다가 코트도르 의원이 된 기통 모르보Louis-Bernard Guyton-Morveau가 의장으로서 여성 대표단에게 대답했다.

"프랑스 여성의 용기와 영웅적 행동은 역사가 증명합니다. 여성은 지금까지 조국을 위해 한 번 이상 피를 흘렸으며, 조국의 가장 훌륭한 수호자들의 머리에 씌우는 월계관을 받을 자격을 갖추었습니다. 자유의 요람이라 할 도시의 여성 시민들은 숭고한 헌신으로써 여성의 영광을 돋보이게 만든 사건들을 돌이켜보게 합니다. 국회, 아니 전 국민은 여러분을 이곳으로 이끌고 온 감성에 박수를 보냅니다. 국회는 우리를 둘러싼 온갖 위험의 위협 앞에서 무기력한 채, 자유보다는 가만히 있는 치욕을 감수하는 유약한 남성들도 이러한 사례를 본받기를 기대합니다. 설사 조국과 자유라는 이름 앞에서도 심장이 두근거리지 않을 만큼 비겁했다 하더라도 자연의 가장 온유한 감정에 굴복하고 여성의 열정에 이끌릴 때, 결국 그들은 여러분이 부추긴 신성한 불길에 몸을 맡길 것입니다. 그들이 시민의 덕성을 되찾는 것은 여러분의 업적이 될 것이며, 여러분은 공식적인 감사를 받을 권리를 새로 누릴 수 있습니다. 국회는 여러분을 회의에 초대합니다."

국회의장의 말이 끝나자 일부 의원들과 방청객들이 박수를 쳤다. 의원들 가운데 일부만이 의장의 말을 환영하면서 여성의 업적을 인정했다는 사실을 보면, 의원 다수가 방금 전의 청원을 들어줌으로써 앞으로 남성의 활동에 어떤 영향을 끼칠지 저울질하고 있었다는 뜻은 아닐까? 그렇다고 해서 박수를 쳐준 의원들은 청원을 받아들일 준비가 되었던가? 의원들이 청원에 대해 보여준 반응을 보면 답이 나온다. 솜 의원 드오시 로브쿠르가 위험에 처한 조국을 구하려는 여성의 애국심에 감동했다고 운을 떼자 사방에서 의원들이 웅성거렸다. 그는 "그러나 여성의 힘이 필요한 극단적인 상황이 올 것인가, 자유와 재산권을 위협받을 때 15만 명의 군대만으로도 충분히 지킬 수 없단 말인가?"라고 물었다. 일부 의원들이 웃음을 터뜨렸다. 벌써 드오시 로브쿠르의 뜻을 헤아린 것 같았다. 그의 말을 끝까지 들어보자.

"자연의 질서를 뒤바꾸지 않도록 합시다. 자연은 여성에게 죽음을 부여하는 운명을 주지 않았습니다. 그들의 섬세한 손은 철을 다루고 사람을 죽일 창을 들기에 적합하지 않습니다.

그래서 나는 조금 전 증언대에 선 파리 여성의 청원을 높이 칭찬하는 동시에 청원서를 인쇄하도록 의결한 뒤 오늘 일정으로 넘어가자고 제안합니다."

자연이 여성에게 맡긴 임무가 있음에도, 여성이 남성의 장에 들어오겠다고 하는 것은 칭찬할 만하다는 뜻이었다. 그러나 그것으로 끝이다. 그들의 손에 무기를 쥐어준다면 자연의 질서를 파괴할 뿐이다. 파리 출신 튀리오 의원은 청원서를 인쇄해서 국회의사록에 등록하자고 제안해 통과시켰다. 여기까지는 그런대로 진지했다. 그런데 블루아의 종교인으로서 루아르에셰르에서 의원이 된 샤보François Chabot가 진지한 태도로 청원서를 군사위원회에서 검토하게 하자고 제안하자 사방에서 여러 의원이 야유를 퍼부었다. 그렇게 할 필요가 있는가? 샤보의 말을 웃음거리로 만드는 의원들이 외쳤다. "차라리 재정위원회로 보내시오!" "국채청산위원회로 보냅시다!" 의원들의 웃음소리가 울려 퍼졌다. 이처럼 여성의 진지한 청원은 의원들의 야유를 받았다. 앞으로 남성이 여성의 바깥활동, 다시 말해 가사의 연장이 아닌 정치활동을 규제하려고 노력하는 모습을 보게 될 것이다. 여성 시민citoyenne은 앞으로도 '시민의 아내/딸'로 살아갈 것이다.

3
루이종이냐,
기요틴이냐?

구체제에서는 같은 죄를 지었음에도 신분에 따라 다른 벌을 적용했다. 귀족은 참수형으로 명예롭게 처형될 권리를 누렸지만, 평민은 교수형이나 차형을 받았다. 차형이란 눕힌 수레바퀴에 죄수를 하늘을 향해 묶은 뒤 때려죽이는 형벌이었다. 혁명이 시작되었을 때 제헌의원인 의사 기요탱은 똑같은 죄에는 똑같은 형벌을 내리자고 제안하고, 인도주의적 차원에서 죄수를 처형할 때 눈 깜짝할 사이에 머리를 몸과 분리하는 기계를 고안해야 한다고 주장했다. 그리고 1791년 6월 5일 르펠티에 드 생파르조 의원은 모든 사형수를 목을 쳐서 처형하는 법을 통과시켰다. 그것이 형법전 제1장 제3절의 "모든 사형수는 목을 자른다tout condamné à la peine de mort aura la tête tranchée"로 나왔다. 그러나 아직 목을 자르는 방법을 정하지 못했으므로, 1792년 3월 초부터 그 방법을 명시하자는 논의를 시작했다.

이에 국회는 3월 7일 수요일에 외과학아카데미Académie de chirurgie의 평생사무총장 루이Louis에게 정확한 집행방법을 물었고, 2주 뒤인 20일에 '단

두방법Mode de la décollation'의 의학적 근거를 제공받았다. 그리하여 3월 20일 화요일 저녁회의에서 의원들은 긴급안건을 다루었다. 법원장으로서 엔 의원이 된 카를리에는 형법전에서 규정한 사형집행법이 확실하지 않으므로 사형언도를 받은 범죄자들의 처형을 보류했음을 지적하고, 이러한 폐단을 빨리 없애되 처형 시 사형수가 고통을 가장 적게 느끼는 방법을 택해야 한다 고 설명했다. 이제 루이가 권한 방법을 왕국 전체에서 통일시켜 적용하는 법 을 제정하면 그만이었다.

　법무대신과 파리 도 지도부는 처형방법이 불확실하고 집행인이 미숙해서 실수라도 저지르면 사형수가 끔찍한 고통을 받고, 구경꾼들이 집행인을 부 당하고 잔인한 사람으로 대할 위험성을 두려워했다. 루이는 혁명 전까지 사 형을 집행하던 방법이 아주 끔찍했기 때문에 인권을 생각하는 헌법의 정신을 담은 형법전에서는 생명을 앗는 방법을 개선하고자 했다고 생각했다. 그는 그 목적을 위해서 처형의 순간이 짧을수록 좋다고 보았다. 그렇게 하려면 단 한 번에 머리와 몸을 분리해야 한다. 루이는 랄리 톨랑달Thomas Arthur de Lally-Tollendal의 처형을 옛날 사례로 들었다. 이 군인은 7년 전쟁에 패배한 책임을 지고 1762년부터 4년 동안 바스티유에 갇혔다가 1766년 5월 3일 그레브 광 장으로 끌려갔다. 대대로 망나니인 상송Sanson 부자父子는 그를 꿇어앉히고 뒷덜미를 내리쳤다. 그러나 첫 칼을 빗맞혔기 때문에 턱과 이 몇 대만 부러뜨 렸다. 망나니들은 그의 몸을 뒤집어놓고 칼로 서너 번이나 내리쳐서 목을 잘 랐다. 이 잔인한 처형에 대해 프랑스 안팎에서 여론이 들끓었다. 루이는 이 잔인한 처형을 '도끼질hacherie'이라는 말로 묘사하면서 혐오감을 드러냈다.

　루이는 독일과 덴마크의 사례를 차례로 소개한다. 여타 국가보다 독일의 망나니들은 경험이 풍부한데, 그것은 특히 여성에게는 다른 벌보다 참수형이 더 적합하다고 여기기 때문이다. 그러나 세심한 주의를 기울여도 처형을 완전히 하지 못하는 경우가 자주 생기기 때문에 일부 지방에서는 죄수를 의자에 앉혔다. 덴마크의 경우, 형을 집행하는 기구와 죄수의 자세가 두 가지씩이다. '명예로운 형'이라 부르는 방식은 군도sabre를 가지고 죄수의 목을 친다. 죄수는 눈을 가리고 양손을 묶지 않은 채 무릎을 꿇고 칼을 받는다. 불명예스러운 형일 경우, 죄수를 묶고 엎드리게 한 뒤 도끼로 목을 친다. 루이는 기존의 형 집행도구(군도, 도끼 따위)를 수직으로 내려칠 때 별로 효과가 없다고 말한다. 그 도구들을 세밀히 관찰해보면, 마치 섬세한 톱 같다는 사실을 알 수 있다. 그것으로 분리하고자 하는 몸에 문지르는 듯이 해야 하기 때문이다. 그래서 곧은 날을 가진 도끼나 군도를 가지고는 단 한 방에 목을 자를 수 없다. 그러나 옛날에 무기로 쓰던 도끼처럼 배가 볼록한 날을 가진 도구라면, 볼록한 부분을 가지고 정확히 수직으로 내려칠 때, 도구가 몸을 파고들면서 양쪽 끝에서 비스듬히 미끄러지는 효과를 내기 때문에 목적을 확실히 달성할 수 있다.

루이는 목의 구조를 설명한다. 목의 중앙에는 척추가 있다. 척추는 홈이 뚫린 뼈들이 여러 개 연결되어 있어서 마치 이음새가 없는 것 같은 구조다. 그래서 형 집행인마다 심리적으로나 육체적인 이유로 솜씨가 다르기 때문에 집행을 한 번에 완전히 성공하지 못하는 사례가 많다. 따라서 확실하게 형을 집행하려면, 반드시 항상 일정하게 작동하는 기계장치를 고안해야 한다. 그리고 그 장치의 힘과 효과를 결정해야 한다. 이미 영국에서 이 같은 주장을 한 적이 있다. 죄수의 몸을 말뚝 두 개 사이에 엎어놓는다. 말뚝 두 개 위에는 가로대가 있고, 가로대 앞쪽으로 죄수의 목과 머리가 나오게 한다. 배가 볼록한 도끼를 기계장치에 매달아놓았는데, 손잡이를 당겨 도끼를 목덜미 위로 떨어뜨린다. 도끼의 등 쪽은 아주 무겁고 강해서 효과적으로 작동한다. 도끼의 높이를 조절하면 힘을 강화할 수 있는 원리다. 이처럼 확실한 효과를 가진 기계를 만들면 편하다. 새로운 법의 정신과 바람을 좇아 한순간에 참수형을 집행할 수 있다. 시체나 살아 있는 양으로 실험할 수 있다. 죄수의 머리뼈 바로 밑부분을 고정시키는 장치가 필요한지는 실험결과로 판단할 수 있다. 목을 고정시키는 장치는 아래판과 위판 두 쪽이 맞닿게 해서 가운데를 원형으로 뚫어놓는다. 아래판은 단두대 아래쪽에 고정해놓고, 위판을 위로 올려 죄수의 머리를 들이민 뒤 아래판에 목을 놓고 위판을 내려 아래판과 맞닿게 해서 목을 고정시킨다. 그러고 나서 칼날을 수직으로 떨어뜨린다. 죄수는 알아차릴 틈도 없이 칼날을 받고, 거의 고통을 느끼지 못할 것이다.

외과학아카데미 평생사무총장인 의사 루이는 이 장치를 고안했고, 망나니 상송의 도움을 받아 실험을 거듭하면서 성능을 개선했다. 한 달 뒤인 4월 25일, 그레브 광장에 루이의 이름을 딴 '루이종Louison'이 등장했다. 그리고 절도범 펠티에를 처형하면서 그 성능을 입증했다. 그 뒤 사람들은 그 기계를 원래 이름으로 부르지 않았다. 인도주의적 차원에서 형벌을 평준화해야 한다고 생각한 사람이 기요탱이었기 때문에, 처단기계 이름을 '기요틴'이라 불렀다. 기요틴은 혁명이 급진화하면서 더욱 많이 쓰였다. 앞으로 보겠지만, 8월 10일의 '제2의 혁명'이 일어난 뒤 21일부터 카루젤 광장에서 왕을 지지하는 사람들을 처형하는 데 쓰였다. 1793년 1월 21일에는 혁명광장(처음에는 루이 15세 광장, 오늘날의 콩코르드 광장)에서 루이 카페를 처형하는 데 쓰였다.

형 집행자는 늘 상송 부자였다. 공포정 시기에 특히 활용도가 높았으며, 1982년 미테랑 대통령이 사형제를 폐지하기 전까지 범죄자들을 처형하는 데 쓰였다. 프랑스의 마지막 형 집행관은 마르셀 슈발리에Marcel Chevalier

(1921~2008)였다. 그는 프랑스 혁명 200주년에 즈음해 잡지에 실린 대담에서 "목이 잘린 사람이 되살아난 것을 본 적이 없다"고 말했다. '기요틴'은 산업혁명의 시대정신을 반영하는 기계였다. 오늘날까지도 손재주habileté는 사람마다 다른 결과를 낳지만, 산업화 이후의 과학기술technologie은 규격화한 결과를 낳는다. 특별한 기술이 없는 사람이라도 조작하는 방법만 제대로 따르면 똑같은 결과를 얻는다. 한마디로 '기요틴'은 사형의 대량화요, 기계화다.

4
새로운 내각

3월은 거의 무정부상태라고 생각할 정도로 전국이 혼란스러웠다. 입헌군주정의 양축에서 입법부가 행정부를 누르고 있었다. 입법부가 제정한 법은 왕의 승인을 받아야 진정한 법으로서 효력을 발휘하기 때문에, 왕은 망명귀족과 종교인에 대해 불리한 내용이 있으면 어떻게든 거부권을 행사하면서 그 나름대로 저항했지만, 왕이 임명한 대신들에 대한 비판과 거부감이 더욱 드세게 일어나 왕의 입지가 날이 갈수록 좁아졌다. 물론 왕이 완전히 고립되어 있지는 않았다. 아직 왕정을 지지하는 신문이 있었고, 더욱이 왕은 매년 2,500만 리브르씩 받는 왕실비를 가지고 자신에게 유리한 여론을 조작하려고 계속 시도했기 때문이다.

카라는 2월 초에 자코뱅 클럽의 연단에 서서 왕이 국회의원 230여 명, 언론인, 도와 디스트릭트의 행정관들, 모든 법원의 판사들, 주요 시정부 요인들을 매수하고 있다고 고발했다. 대부분은 매달 500~1,000리브르씩 받았고, 조금 더 유명하면 2,000리브르, 소수는 3,000리브르, 두세 명은 5,000리브르까지 받았다. 왕은 1년에 모두 1,000만 리브르를 써서 자신에게 유리한 법을 만들거나 집행하고 여론을 조성했던 셈이다. 그래서 전쟁에 대한 여론이 들끓는 배경에서 전쟁에 희망을 거는 의원들과 왕의 속셈을 모두 읽을 수 있다. 왕은 전쟁에 지는 경우에도 오히려 처남(왕비의 오빠인 신성로마제국 황제 레오폴트 2세)과 3월 1일에 세상을 뜬 그를 계승한 처조카(프란츠 2세, 신성로마제국의 마지막 황제)의 도움을 받아 왕권을 강화할 수 있으리라고 은근히 기대했다. 이런 상황에서 입법의원들 가운데 좌파들은 대신들의 정치에 대해 불평하면서 해임을 건의했는데, 왕은 그 요구를 따르지 않을 수 없었다.

먼저 해군대신 베르트랑 드 몰빌이 표적이 되었다. 1791년 12월 29일 목요일에 브르타뉴 지방의 가장 서쪽 끝에 있는 피니스테르Finistère 도의 의원 카블리에Blaise Cavellier는 해군위원회를 대표해서 해군대신이 국민의 믿음을 저버렸다고 공격했다. 며칠 뒤인 1월 2일에 몰빌은 국회 증언대에 나와 자신을 향한 비난을 반박하는 글을 읽었다. 그러나 의원들은 그가 문제의 핵심을 벗어난 변명만 늘어놓는다고 생각하고 못마땅해했다. 브리소는 이튿날에 발행한 『프랑스 애국자』에서 그의 변명에 두 가지 진실이 담겨 있다고 말했다. 첫째, 몰빌은 스스로 인정했듯이 해군대신이 된 지 두 달이 겨우 지났기 때문에 업무를 제대로 파악하지 못했다. 둘째, 그래서 그는 해군대신이 되기 전에 나온 왕령에 대해서 잘 몰랐을 뿐 아니라 완전히 폐기된 것으로 생각했으며, 새로 나온 왕령에 대해서도 잘 알지 못했다. 해군위원회는 해군대신이 제출한 반박문을 검토하고, 13일 회의에서 몰빌이 거짓말을 일삼고 국회도 속였다는 결론을 발표했다. 19일에 몰빌은 다시 한번 자신을 정당화하는 글을 읽었다.

2월 1일 수요일 저녁회의에서 카블리에는 해군위원회가 논의한 내용을 보고했다. 위원회는 몰빌이 계속 자기변명만 늘어놓고 있지만, 해군조직법을 제때 시행하지 않았기 때문에 장교의 정원이 부족한 책임을 면할 수 없다고 판단했다. 브레스트의 해군검열 결과보고서를 보면, 피니스테르 도에 속한 장교가 700명 이상인데, 검열에는 대위와 소령 한 명씩, 그리고 중위 열세 명만 참여했다. 해군대신은 '정위치poste'라는 말을 왕국 안에 있는 것으로 이해하거나 항구 또는 병기창에서 직무를 수행하는 것으로 이해하는 것 같은데, 그는 실제로 탈영이 존재하는 사실을 감추려는 속셈을 드러냈다. 또한 몰빌은 선임자가 금지했던 휴가를 허용했다. 그렇게 해서 그는 해군을 재조직하는 일을 제대로 수행하지 못했다. 더욱이 그는 납득하기 어려운 구실로 휴가를 허용했다. 예를 들어 직책상 언제나 순회하거나 파리에 머물러야 할 해군감독관을 네덜란드로 갈 수 있게 휴가를 주면서 그가 3만 리브르를 가지고는 파리에서 살 수 없기 때문에 그렇게 했다는 핑계를 댔다. 또 브레스트에서 소요사태가 일어나 장교들이 직책을 수행할 수 없는 상황이기 때문에 휴가를 주었다고도 했다. 그러나 그들에게 휴가를 준 시점에 브레스트는 질서를 되찾았으니, 몰빌은 여러모로 비난받아 마땅했다. 해군위원회는 이같이 여러 가지 이유를 들어 해군대신이 국민의 신뢰를 잃었다고 판단했던 것이다.

보고가 끝나자 보르도 코뮌의 검사대리 출신으로 지롱드에서 뽑힌 그랑주뇌브Jean-Antoine Grangeneuve가 해군대신의 부적절한 행위에 대해 말했다. 해군대신은 계속해서 해군의 재조직에 관한 법을 집행하지 않았다. 대신은 지난 10월 31일 국회에서 그 법에 몇 개 조항을 추가하는 것이 좋겠다고 말했기 때문에, 그가 집행을 미루는 행위는 변명의 여지가 없다. 입법부와 행정부가 함께 법을 만들었을 때, 해군대신이 두 최고기관보다 자신이 더욱 슬기롭다고 믿으면서 몇 개 조항을 추가한다는 구실로 국민의 대표들과 왕이 충분하며 필수적이라고 판단한 법의 집행을 늦춘다는 것은 아주 불쾌하기 짝이 없다. 11월 14일, 그는 『모니퇴르』 신문에 보낸 편지에서 다수의 망명장교들은 신체와 재산상의 위협을 느껴 어쩔 수 없이 조국을 떴으며, 프랑스가 평화와 질서를 회복하면 돌아올 것이라고 썼다. 이틀 전, 왕이 공공의 평화를 깨뜨린 망명장교들의 행태를 보면서 고통스럽다고 했음에도, 해군대신은 그들을 대신해서 변명을 했다. 또한 왕은 국가의 혼란에 원인을 제공한 망명자들에게는 그 혼란을 비난할 권리가 없다는 사실을 망명자들에게 분명히 말했으며, 만일 망명자들이 되돌아올 경우 법의 이름으로 그들을 평화롭고 안전하게 살게 해주겠노라고 해군대신이 보장한 것은 유감스러운 일이라고 말했다. 그랑주뇌브는 해서는 안 될 말까지 했다.

"만일 반도들과 행정부의 요직에 있는 사람의 공모관계를 처벌하지 않는다면, 인민은 직접 뽑은 대표들에 대한 믿음을 잃고 낙담할 것입니다. 이렇게 되면 결국 더욱 치명적인 결과가 발생할 것입니다. 한을 품은 인민이 봉기할지도 모릅니다."

이 말을 들은 방청객들은 일제히 박수를 쳤지만, '봉기'라는 말에 기겁한 일부 의원들이 강력히 항의했다. 의장인 가데는 그랑주뇌브에게 경고했다. 그의 발언이 물의를 일으킨 사실을 회의록에 남기라고 강력히 주장하는 의원들도 있었다. 가데는 의원들에게 질서를 지켜달라고 거듭 호소했지만, 거의 반 시간 동안이나 회의장이 떠들썩했다. 마침내 가데의 목소리가 들릴 정도로 회의장 분위기가 가라앉았다. 가데는 그랑주뇌브의 말을 규탄하는 축과 찬성하는 축에게 냉정해달라고 호소하고, 이런 일은 금세 잊어버려야 한다고 말했다. 그랑주뇌브는 의장과 의원들에게 고맙다고 한 뒤, 자기 의도를 제대로 설명하지 못했다고 양해를 구했다. 그러고 나서 자신은 왕에게 국민의 신뢰를 잃을지 모른다는 사실을 알려주기보다는 해군대신의 언행을 고소하려는 의도로 그런 말을 했다고 하면서, 빨리 기소법을 만들어야 한다고 주장했다.

지롱드의 도매상 출신 의원 뒤코Jean-François Ducos fils가 위원회의 주장에 동조하는 연설을 한참 늘어놓고 내려간 뒤, 고고학자로서 파리 의원인 카트르메르 캥시Antoine-Chrysostôme Quatremère-Quincy가 해군대신을 변호하는 듯한 연설을 했다. 드라기냥의 도매상인이며 바르에서 뽑힌 이스나르는 카트르메르 캥시가 사실상 해군대신을 변호했다기보다 국회와 위원회와 법원들을 공격했으므로, 이제는 정말 해군대신을 위해서 하는 말을 들어보자고 제안했다. 의원들은 이스나르의 제안을 만장일치로 받아들였다.

오트 루아르의 법원 판사 출신인 라그레볼Jean-Baptiste Lagrévol이 발언권을 얻었다. 그는 여느 대신이 직무를 유기할 경우는 오직 그의 직무를 수행할 때뿐이라고 운을 뗀 뒤, 휴가문제로 해군대신을 고소하려면 그가 어긴 법을 정확히 지목할 필요가 있음에도, 해군대신에 대해서는 그를 고소할 근거가 막연하다고 주장했다. 더욱이 해군대신은 해군조직 편성을 미루어야 했던 이유를 국회에 보고했으며, 국회가 가타부타 말하지 않음으로써 그의 말을 인정해주었다고 볼 수 있다. 따라서 국회가 해군대신을 고소한다 해도 그의 명성만 훼손하기 때문에 더는 논의하지 말자. 이러한 취지의 라그레볼의 말이 끝나자 의원들은 모든 토론을 끝내기로 했다.

몰빌을 고소하는 법안에 대해 의견을 물은 결과, 대다수가 반대했다. 해군위원회가 제안한 법안에 대해 잇달아 투표했지만 아무런 결론을 얻지 못했다. 결국 호명투표를 한 결과, 208대 193으로 해군위원회 법안을 심의하지 말자는 의견이 이겼다. 몰빌에 대한 논란은 이렇게 2월 1일 자정이 되어서야 끝났다. 이 결과를 보면서, 급진적인 국회의원들과 '애국자들'은 혁명의 완성이 아직 멀었다고 생각했다. 호명투표는 누가 왕의 편이고, 누가 혁명의 편인지 확실히 보여주는 방법이었다.

메르시에Louis-Sébastien Mercier와 카라가 함께 발간하던 『아날 파트리오티크(애국문학지)』*는 2월 5일 "국회에서 호명투표를 하면 언제나 가면을 벗는 인민과 정의의 거짓 친구들"을 비판하면서, "호명투표에서 해군대신 베르트랑이 무죄라고 했던 사람들은 그 대신처럼 대부분 부패하고 그릇되고 거짓말쟁이임이 분명하다"고 주장했다. 745명 가운데 호명투표에 응한 사람은 모두 401명이었는데 겨우 15표 차이로 몰빌을 처벌할 수 없었으니, 애국파 의원들과 그 지지자들이 얼마나 허탈하고 화가 났을지 눈에 선하다. 신문기사의 끝에 208명의 명단을 밝혀서 그 분노를 표현했으니.

3월이 되면서 왕은 대신들 때문에 더욱 압박을 받았다. 1월 25일, 국회는 왕이 황제에게 3월 1일까지 태도를 정확하게 설명하는 답변을 보내달라고 요구하기로 의결했다. 파리에서 비엔나까지 편지와 답장을 주고받는 시간은 적어도 10일이 필요했다. 그리고 시급한 상황에서는 잇달아 편지를 보내고, 답장도 잇달아 받았다. 아무튼 국회는 넉넉잡고 3월 1일까지 답변을 하라고 으름장을 놓았고, 결국 3월 1일이 되었다. 외무대신 르사르는 왕의 명령으로 그동안 황제와 프로이센 왕 측으로부터 받은 답장을 국회에 전했다. 이제르도 출신인 오베르 뒤베예Jean-Baptiste-Annibal Aubert-Dubayet가 국회의장 비서 자격으로 왕이 받은 편지들을 하나하나 읽어나갔다.

---

* 원제목은 "Les Annales patriotiques et littéraires de la France, et affaires politiques de l'Europe : journal libre par une Société des Écrivains Patriotes"다.

지난해 왕이 트리어 선제후와 마인츠 선제후에게 1월 15일까지 망명객들을 해산시키라는 최후통첩을 보냈을 때 두 선제후는 충돌을 피하는 방향으로 응대했지만, 황제는 의례적으로 평화와 양국의 우호를 말하면서도, 망명객들에 대해서는 별다른 조치를 취하지 않으면서 정작 프랑스가 듣고 싶은 답을 주지 않았다. 어찌 보면 황제는 1791년 8월 27일 작센 선제후와 아르투아 백작이 보는 앞에서 프로이센 왕과 회담한 후 '필니츠 선언déclaration de Pillnitz'으로써 루이 16세의 안위와 프랑스 군주정을 옹호하던 때부터 일관성을 보여주었다. 더욱이 답장을 쓴 오스트리아 대법관 카우니츠 리트베르크 공Franz Wenzel, Graf von Kaunitz-Rietberg은 동맹국 프랑스 군주의 안위를 염려하면서 국회와 파리, 지방정부들을 비난하고 있었다. 루예 의원은 중간에 참을 수 없다는 듯이 한두 번 발언권을 신청했지만 받아들여지지 않았고, 비서는 끝까지 일곱 개의 편지를 읽었다. 이어서 외무대신 르사르가 발언했고, 의원들은 편지들을 외교위원회에서 검토하도록 의결한 뒤 오후 4시 반에 오전회의를 끝냈다.

3월 2일 금요일, 자코뱅 클럽에서 코트도르의 의원 바지르가 개회를 선언하자 랭스의 귀족 제헌의원으로 활약했던 실르리가 연단에 섰다. 그는 전날 국회에서 읽었던 황제의 편지와 선언문을 이틀 뒤인 일요일에 의제로 삼자고 제안한 뒤, "프랑스 헌법을 중시하는 모든 시민은 자코뱅파가 되어야 한다"면서 말을 마쳤다. 청중이 모두 환호하면서 "그렇다, 자코뱅파다, 자코뱅파다!"라고 맞장구쳤다. 자코뱅파는 '헌법의 친구들의 협회'이기 때문이다. 보르도 코뮌의 검찰관으로 지롱드에서 뽑힌 그랑주뇌브는 그 문제에 관한 토론을 연기하고, 자매협회들에 먼저 알리자고 제안했다.

모든 자매협회에 드리는 글

자유의 제4년, 1792년 3월 2일

형제들 그리고 친구들이여,

마침내 국회는 프랑스 혁명에 대한 레오폴트의 선언을 받았습니다. 그것은 평등과 프랑스 인민에 대한 국내외 적들의 선언입니다. 깨어 있는 시민이면 누구나 이 선언문을 보낸 장소가 어디이며, 또 어떤 망상조직과 연결되어 있는지 모를 수 없습니다. 선언문에서는 폭군들의 연맹이 모든 헌우회를 주적으로 삼고 증오하고 있음이 명백하게 드러났습니다. (……)

형제들 그리고 친구들이여, 전제주의가 우리에게 씌워준 이 시민정신의 영관榮冠을 명예롭게 간직합시다. 전제주의는 오직 평등과 자유와 법을 사랑하는 이 민중협회들을 음모로써 분쇄하려고 노력한다는 사실을 스스로 증명하고 있습니다. (……)

3월 4일 일요일, 자코뱅 클럽 회원들은 남프랑스의 마르세유와 님의 갈등이 지속되고 있다는 소식을 듣고 걱정했다. 다행히 북부의 노르 도의 모뵈주에서는 코블렌츠의 반혁명군에 가담하려고 출국하려는 중령을 로샹보 장군의 아들이 체포했으며, 보르도의 헌우회는 시민정신을 고취하는 향연을 벌였다는 소식도 들었다. 파리 국민방위군 제6사단 푀이양 대대*의 대표단

---

* 파리의 48개 구는 그전의 60개 선거구(디스트릭트)를 재편한 것이다. 디스트릭트는 저마다 국민방위군 대대를 보유했다. 파리 국민방위군은 10개 디스트릭트 소속 대대를 묶어서 모두 6개 사단으로 편성했다. 그래서 이 이름은 제52번째 선거구인 푀이양 디스트릭트에서 나왔다.

이 클럽에 나타나 샤토비외 병사들을 위해 모금한 의연금 1,445리브르를 의장 비서에게 맡기면서, 왕의 가족이 낸 의연금 110리브르가 포함되었다고 말했다. 샤토비외 스위스 병사들은 낭시 군사반란을 일으켰다는 죄로 지난 1년 이상 브레스트 군항에서 노를 젓는 형벌로 고생하고 있었는데, 그들을 진압한 부이예 장군이 역적이 되었기 때문에 1791년 12월 31일에 국회는 왕이 헌법에 충성을 맹세한 9월 14일의 사면령에 그들의 사면도 포함시키기로 했던 것이다. 의장인 튀리오는 푀이양 대대의 애국심과 시민정신을 칭송하고, 왕이 왕실비를 희생한 사실을 헌우회의 연대기에 기록하겠다고 말했다. 당통이 발끈했다.

"시민들은 형제애로 말미암아 의연금을 냈습니다. 그러나 역적 부이예의 총칼 앞으로 사람들을 내몬 행정부가 그 정도의 푼돈을 낸다고 해서 그 사람들에게 보상을 해줄 수 있다고 생각하십니까? 왕실이 얼마나 뻔뻔하면 감히 이 정도의 푼돈을 내놓을 생각을 했을까요? 여러분은 이처럼 오만불손한 태도를 승인하시겠습니까?

여러분, 전 국민은 샤토비외 병사들이 무죄라고 선언했으며, 정의를 바로 세우라고 요구했습니다. 국회에서 행정부에 대해 그들을 사면하는 법을 집행시켜야 했으며, 오랫동안 그것을 요구했습니다. 그런데 겨우 110리브르의 보시에 대해 감사의 박수를 치자고 합니다."

당통은 왕의 선의를 의심치 않지만, 그 곁에 있는 아첨꾼들 때문에 선의가 몹시 퇴색했다고 말했다. 그는 왕이 준 돈을 거절하자고 제안하면서, 결코 증오심 때문이 아니라 오직 정의를 위해 그렇게 해야 한다고 강조했다. 당통은 샤토비외 병사가 되어 생각해보자고 제안했다. 역적 부이예가 무자비하게 진압하던 그들을 구하려고 달려가야 했던 우리가 과연 그 돈을 받아야 하는가? 당통은 그 돈을 받는 순간 샤토비외 병사들로 하여금 억지로 그 돈을 받도록 만드는 격이라고 주장했다. 당통의 말이 끝나자마자 로베스피에르는 자코뱅 클럽이 단지 의연금을 보관하는 임무만 수행하기 때문에 거절하고 말고 할 권한이 없다고 반박했다.

"당통 선생의 말씀은 진정성과 너그러운 면을 보여주고, 그의 애국심에 걸맞은 것입니다만, 우리는 이런 일에 매달릴 이유가 없습니다. 우리는 국가의 더 큰 이익을 생각해야 할 때입니다. 왕의 가족이 개인처럼 행동한 것은 우리와 상관없습니다. 왕실이 공무원의 자격으로 선행을 할 때 그들에게 감사하면 되고, 그렇지 않을 경우 그들에게 인민의 권리를 대변하고 옹호해주면 그만입니다."

3월 8일, 국회에서는 에로 드 세셸Marie-Jean Hérault-de-Séchelles의 주도로 왕에게 24명의 대표단을 보내 해군대신에 대한 세 가지 불만을 전달하기로 했다.

첫째, 그는 브레스트 항구의 현실을 입법부에 제대로 알리지 않았습니다. 행정기구들이 브레스트의 현 상황을 열심히 파악해서 국회에 알려주어야 함에도, 해군장교들의 부족에 대해 정보를 제공하지 않았습니다.
둘째, 그는 지난 11월 14일에 그 어떤 해군장교도 자기 정위치를 벗어나지 않았다고 공표했습니다. 그러나 실제로 다수의 장교가 허락을 받지 않고 외국으로 나갔다는 사실을 모르는 사람이 없습니다.
셋째, 그는 장교들이 외국으로 나가고 해군을 새로 조직하기 직전에 합법적인 명분도 없이 휴가명령을 남발했습니다.

대표단은 왕이 결단해 인민의 염원을 성취하도록 도와야만 권위를 회복할 수 있으며, 대신들로 하여금 왕의 뜻을 따르게 해야 비로소 왕도 편히 쉴 수 있을 것이라는 국회의 말을 전했다. 그날 저녁회의에 전쟁대신 나르본이 엑스의 혼란에 대해 보고했다. 마르세유 시민들이 엑스의 에르네 연대를 무장 해제시킨 과정을 보고하고, 폭도들에게 우호적이던 바르방탄Barbantane 장군을 규탄했다. 또한 나르본은 왕이 바르방탄을 군법회의에 보내고, 그 자리에 샤르통Charton 장군을 임명하는 동시에 스위스 연대에 무기를 돌려주었다고 보고했다. 그러나 나르본은 이튿날 전쟁대신직에서 해임되었고, 새 전쟁대신에 그라브 후작Pierre Marie de Grave이 임명되었다. 왕은 아직 교체할 대신들을 찾지 못했음이 분명하다.

이미 그러한 사례가 있었다. 입법의회가 활동하기 시작했을 때부터, 왕은 대신들을 다시 임명하려고 애썼다. 특명전권대사로 베를린에 나가 있던 무스티에Éléonor François Élie de Moustier 후작을 불러 몽모랭의 후임으로 외무대신에 임명하려 했지만 여러 사람의 반대에 부딪쳐 실패했고, 몰빌을 국새경에 앉히려 했지만 본인이 사양했기 때문에 나중에 해군대신에 임명했다. 그처럼 왕이 대신직을 맡기는 과정은 뚝딱 진행되지 않았다.

몰빌 못지않게 외무대신 르사르도 오랫동안 비난의 대상이었다. 국회는 그가 프로이센과 오스트리아의 동맹을 제대로 보고하지 않았다는 이유로 계속 물고 늘어졌다. 3월 10일, 지롱드 의원인 장소네가 그동안의 쟁점을 요약했다.

"나는 르사르의 행위를 두 가지 관점에서 봐야 한다고 생각합니다. 브리소 의원이 정확하게 밝혔듯이, 그는 국가를 배반했습니다. 더욱이 그는 왕을 배반했습니다. 브리소 의원이 제시한 사실을 가지고 우리는 외무대신이 왕으로 하여금 외국 열강들의 협동을 부추겼다는 의심을 받도록 만들었다고 생각할 수 있기 때문입니다."

마침내 의원들은 들라크루아가 제안한 대로 "외무대신 르사르를 체포하고, 행정부는 즉시 그의 주거지에서 나오는 모든 서류를 봉인한다"는 명령을 통과시켰다. 푀이양 클럽에서는 파리에서 물리학자와 지질학자로 일하다가 입법의원이 된 라몽Louis-François-Elisabeth Ramond이 모든 대신을 한꺼번에 고발하자고 제안했다. 이튿날인 11일에 내무대신 카이에 드 제르빌은 외무대신의 체포명령과 관련된 문서를 열여섯 건이나 제출했고, 법무대신 뒤포르는 자신이 취한 조치에 대해 보고했다. 르사르는 자기에게 변명의 기회를 주지 않고 체포명령을 집행한 것은 부당하며, 따라서 자신의 결백을 호소하지 못한 채 오를레앙 감옥으로 끌려가야 하는 처지가 몹시 억울하다는 글을 국회에 제출했다. 그럼에도 그는 오를레앙 감옥에 갇혔다.

국회는 외무대신 다음으로 법무대신 뒤포르 뒤테르트르를 규탄했다. 마침 그가 직접 국회에 출석해서 답변할 기회를 얻었다. 왕이 해군대신을 옹호하는 편지에 부서했다는 혐의에 대해 그는 왕이 승인하는 법에 부서하는 것이 자기 임무이며, 자신이 그 편지에 부서한 것은 왕이 쓴 편지임을 보증한 행위라고 변명했다. 그는 국회가 도 지도부에 준 디스트릭트 판사들의 지명권을 디스트릭트 법원들에 주었다는 혐의도 받았다. 그러나 그는 법이 판사 지명권의 소재를 정확히 규정하지 않았기 때문에 자신에게 잘못이 없다고 발뺌했다. 또 그는 사면장을 계속 발행한다는 혐의까지 받았다. 그는 형법전에서 규정하는 범죄에 대해 사면장을 발행한 적은 없으니 불법이 아니라고 항변했다. 그 밖에도 여섯 가지 혐의와 그에 대한 변명이 있었다. 국회는 법무대신에게 답변을 문서로 제출하라고 명령했다. 왕이 해군대신 베르트랑 드 몰빌을 옹호하는 편지를 국회에 보내고, 당사자가 직접 변명했으며, 또 법무대신 뒤포르도 자신에게 씌운 혐의에 대해 일일이 변명했음에도, 왕은 결국 3월 15일부터 23일 사이에 새 내각을 구성했다. 왕은 외무대신에 뒤무리에 Charles-François Dumouriez, 해군대신에 라코스트Jean de Lacoste, 뒤포르 뒤테르트르가 사임한 법무대신 자리에 뒤랑통Antoine Duranthon/Jacques Duranthon, 나르본의 후임으로 전쟁대신에 그라브, 국세Contributions publiques대신에 클라비에르Étienne Clavière를 임명했다. 내무대신 카이에 드 제르빌은 며칠 뒤 롤랑에게 자리를 물려주었다. 새 대신들을 추천한 사람은 브리소였다. 그래서 '푀이양파 내각'이 물러나고 이른바 '브리소파brissotins 내각'이 들어섰다.*

세간에서는 국내의 모든 자코뱅파가 먼저 내각을 혁명과 자유의 적이라고 계속 공격하니까, 왕과 오스트리아위원회**는 자코뱅파 내각을 임명하면서 눈치를 살피게 되었다고 평가했다. 『파리의 혁명』 142호(1792년 3월 24~31일자)에서는 새 내각이 들어서면서 새로운 시대를 열어줄 것을 기대했다. 이 신문에 따르면 혁명이 시작된 뒤 뒤포르, 르사르, 베르트랑, 뒤포르타이, 몽모랭 같은 대신들은 정직하지 않았기 때문에 인민을 불행하게 만들었다. 그런데 헌법에서 정부에 관한 조항이 전제주의를 거부하므로 새 내각의 대신들은 마음만 먹으면 즉시 국민을 행복하게 만들 수 있다. 이러한 전제로

---

* 18세기 하노버 왕조의 영국에서 수상은 의회의 다수파에서 나왔듯이, 프랑스에서도 루이 16세는 지롱드파에서 대신들을 선택하는 것이 정치적으로 원만한 해결책이었다. 그럼에도 헌법에서 의원들이 대신에 취임할 수 없도록 정했기 때문에, 브리소처럼 야심 찬 의원은 대신이 될 수 없었다.

** 원래 혁명 지지세력은 왕과 왕비의 측근들 그리고 귀족주의자들의 반혁명세력을 이렇게 불렀다. 그러나 우파 인사들은 오히려 필리프 오를레앙을 추종하는 세력을 이렇게 부르면서 여론전에서 서로 고발했다.

추론해보자. 인민은 행정관, 법관, 국회의원을 뽑는다. 인민의 대표들은 인민의 이익을 곧 자신의 이익으로 알고 지원하고 또 지켜야 한다. 그들은 더 큰 이익에 팔려 나라를 배반할 이유가 없는 한 자기를 뽑아준 인민의 이익을 지켜야 한다. 그렇다면 인민의 대표 일부를 본연의 임무에서 벗어나게 만드는 것은 무엇인가? 왕실비다. 행정부는 왕실비를 써서 대신들을 임명한다. 따라서 행정부가 합리적인 봉급을 주고, 또 어떠한 공직도 마음대로 부리지 않는다면 입법부는 본연의 임무에서 벗어나지 않는다. 입법부가 부패하지 않으면 건전하고 정의로운 법을 제정할 수 있다. 행정부가 이러한 법을 집행하면 정치는 올바르다. 만일 행정부가 법을 올바르게 집행할 의사가 없으면 어떤 결과가 나올까? 왕의 권리는 신성하기 때문에 아무도 그의 무관심이나 행동을 제약할 수 없다. 따라서 혁명은 무용지물이 된다.

신문발행인 프뤼돔은 새 헌법에서 왕의 신성성을 어느 정도 인정해준 것이 앞으로 어떻게 혁명을 방해할지 내다보면서 새 내각이 국민의 행복과 이익을 지켜주기 바랐다. 오늘날 우리나라는 옛 프랑스와 달리 정당정치를 하기 때문에 프랑스 혁명기의 입헌군주제 현실과 다르긴 해도 프뤼돔과 비슷한 걱정을 하는 사람도 있으리라. 대통령은 무슨 일을 해도 옳다고 믿는 정당과 유권자들의 뒷받침을 받아 나랏돈을 자기 마음대로 쓰면서 행정부·입법부·사법부, 더 나아가 정보기관과 군까지 멋대로 쥐락펴락하고, 지지 정당과 지지자들을 지원해서 국정을 농단한 결과 총체적으로 나라의 운명과 품격을 수렁에 빠뜨린 것을 안타까워하는 사람이라면 말이다.

5
평화냐, 전쟁이냐?

1월 14일 토요일, 파기법원 판사이며 지롱드에서 뽑힌 장소네는 외교위원회를 대표해서 법안을 발의했다.

1. 왕은 신성로마제국 황제에게 프랑스에 대해 어떤 태도를 취할 것인지 분명하고 정확히 설명해달라고 국민의 이름으로 요구한다. 특히 프랑스 국민, 헌법, 정부의 완전한 독립성에 대한 그의 태도를 설명해달라고 요구한다. 그리고 만일 프랑스가 공격받을 경우, 1756년 5월 1일의 조약(베르사유 조약)에서 약정한 대로 프랑스를 도울 것인지 묻는다.

2. 왕은 황제에게 2월 10일까지 답변해달라고 요청하는 동시에, 만일 이 기한까지 만족할 만한 답을 듣지 못할 경우, 프랑스 국민에 대한 적대 행위로 해석할 것이다.

3. 왕은 가까운 시일 안에 일어날지 모를 전쟁에 대비할 수 있도록 만반의 준비를 갖추고 전방에 부대를 집결시킬 수 있도록 정확히 명령한다.

의원들은 17일 화요일에 이 안을 토론하기로 결정했고 여러 가지 안건을 하루 종일 논의했다. 아르덴 도 의원인 국회의장 다베루는 왕이 보낸 편지를 읽었다. 왕은 국회에서 육군의 정원을 채우는 법을 실행할 수 있도록 새로운 방법으로 요직을 뽑는 방안을 의결해달라고 요구했다. 또한 중장급 장성 여덟 명, 여단장급 장성 열두 명, 장성 보좌관 네 명, 전쟁위원 여덟 명을 증원하고, 전쟁부에 장성급 부관 두 자리를 신설하며, 전시에 모든 장교·부사관·병사들의 봉급을 인상하는 안을 마련해달라고 요구했다. 전쟁대신 나르본과 외무대신 르사르는 국가가 처한 상황에 대해 의원들에게 보고했다. 오후 3시 반이 되어서야 의장은 의사일정을 다루자고 제안했다. 브리소가 연단에 올랐을 때, 몇 명의 의원이 시간이 너무 흘렀다고 툴툴댔다. 브리소는 길어도 45분 내로 끝내겠다고 다짐하고 나서, 크롬웰Oliver Cromwell과 찰스 2세 Charles II의 전쟁 얘기를 꺼냈다. 찰스 1세가 크롬웰에게 처형당한 뒤 아들인 찰스 2세가 스코틀랜드 왕이 되어 크롬웰과 전쟁을 벌였다. 찰스 2세는 결국 1651년 우스터 전투에서 패하고 겨우 프랑스로 건너갔다가 네덜란드로 도피했다. 그동안 크롬웰은 찰스 2세를 추방하라고 프랑스와 네덜란드를 차례로 압박했다.

"크롬웰이 그랬던 것처럼 우리가 〔망명한〕 왕족들을 박해한다면, 그들의 명예만 너무 드높여줄 것입니다. 차라리 그들의 재산을 압류하고, 그들을 완전히 무시합시다. 신성로마제국의 선제후들은 우리가 화를 낼 가치도 없습니다. 그들은 겁에 질려 여러분의 발밑에 엎드릴 것입니다."

여러 의원이 박수를 쳤고, 일부 의원은 듣기 싫다는 듯이 회의실을 나갔다. 샬롱 디스트릭트의 지도부 요원이었다가 마른 도에서 의원이 된 법률가 샤를리에Louis-Joseph Charlier는 자리를 뜨는 의원들의 이름을 회의록에 적어야 한다고 말했다. 브리소는 망명한 왕족이 아니라 황제가 진정한 적이라고 강조했다. 그는 프랑스를 공격하거나 겁먹게 하려고 노력한다, 이처럼 지지부진한 상태보다는 차라리 전쟁을 하는 편이 덜 위험하다고 강조하면서 예고한 대로 거의 45분 동안 연설한 뒤 다음과 같은 법안을 제안했다.

제1조. 왕은 신성로마제국 황제에게 프랑스 국민이 1756년의 조약을 깨

진 것으로 간주한다는 사실을 알려준다. 왜냐하면 그 조약은 헌법의 원칙과 어긋나기 때문이다. 또한 황제가 프랑스 국민에게 차후의 모든 불만에 대한 보상을 해준다면, 프랑스 국민은 모든 나라의 국민과 두터운 우정과 형제애를 나누며 평화롭게 살겠다고 약속했듯이 황제와도 그렇게 지낼 것임을 알려준다.

제2조. 왕은 황제에게 프랑스 국민은 다음과 같은 행위를 적대행위로 간주한다는 사실을 알린다. 1. 선제후국에 집결한 군대를 해산시키는 일에 힘을 쏟지 않는 행위. 2. 프랑스의 공격을 받을 때 선제후들을 보호하고 구해주겠다는 약속. 3. 유럽 열강들과 함께 프랑스에 적대적인 조약 체결. 또한 왕은 황제가 2월 10일까지 이러한 적대행위로 말미암아 프랑스인들에게 걱정을 안겨준 데 대한 보상을 하지 않으면 즉시 군사조치를 취할 것임을 알린다.

제3조. 왕은 되도록 빠른 시일 안에 군대가 원정준비를 갖추도록 정확히 명령한다.

브리소가 한 조씩 제안할 때마다 의원들은 우레와 같은 박수로 환영했다. 의원들은 브리소의 연설과 법안을 인쇄해서 널리 배포하자고 요구했다. 국회는 그렇게 하기로 의결하고, 다음 날 황제에 대한 토론을 계속하기로 했다.

1월 18일 수요일, 엔에서 뽑힌 카를리에는 프랑스 왕자인 루이 스타니슬로 사비에Louis-Stanislas-Xavier, 이른바 프로방스 백작의 섭정권 관련 법안에 대해 설명했다. 그 법안에 대해 법조인으로서 외르에루아르 도 지도부 부의장을 지낸 레오폴이 중요한 제안을 했고, 의원들은 그 제안을 받아들여 법안을 수정해서 통과시켰다.

국회는 프랑스 왕자인 루이 스타니슬로 사비에가 섭정권 1순위자임에도 지난해 11월 7일에 입법부가 요구한 대로 두 달이 지난 지금까지 왕국으로 돌아오지 않았으므로 헌법 제3장 제2절 제3관 제2조에 의해 섭정권을 포기했으며, 따라서 자격을 잃은 것으로 간주한다.

국회는 행정부에 이 명령을 3일 안으로 공표하고, 그것을 집행하기 위한 제반조치에 대해 보고하라고 의결한 뒤, 황제의 의무l'office de l'Empereur에 관한 토론을 시작했다. 이것은 전날인 17일에 외교위원회 코슈가 보고한 내용에 대한 토론의 연장이었다. 군인 출신으로 센에우아즈 출신 마티외 뒤마가 의장비서 자격으로 말했다.* 그는 일촉즉발의 적대관계에 있는 프랑스에 무기의 힘으로 평화를 유지할 권리가 있다고 전제한 뒤, 왕이 국회에 통보한 황제와 선제후에 관한 문서를 프랑스와 신성로마제국이 과거에 맺은 조약과 비교 분석한 결과를 설명했다.

"프랑스의 망명자들을 보호하는 것은 뮌스터, 네이메헌, 레이스베이크, 바덴 조약을 보란 듯이 위반하는 일입니다."**

마티외 뒤마는 레이스베이크 조약 제1조에서 어떤 조약국도 상대국의 반도와 반체제인사를 보호하거나 도와주어서는 안 된다고 규정했음을 상기시켰다. 그러므로 프랑스는 조약 당사국들에 조약을 성실히 지키라고 요구해

---

* 마티외 뒤마는 입법의회에서 자신이 속한 '입헌왕정파royalistes constitutionnels'(우파)가 총 160명이라고 말했다.
** Münster(독일), 1648; Nijmegen(네덜란드), 1679; Rijswijk(네덜란드), 1697; Baden(독일), 1714.

야 하며, 그렇게 해야만 그들은 지금까지의 잘못을 바로잡을 것이다. 역사적으로 이렇게 조약을 무시하고 벌을 받지 않은 사례는 없다. 프랑스와 신성로마제국은 재산권, 평화, 선린관계를 서로 인정하고 보장하지 않았던가? 이 조약에 깊이 관여한 스웨덴 역시 보장을 받지 않았던가? 30년 전쟁을 끝내면서 1648년에 체결한 베스트팔렌 조약은 흔들리는 건물을 지탱해주었지만, 그 뒤 라인 강 너머의 인민은 봉건적 잔재의 멍에에 시달렸다. 그들이 기형적인 법을 더는 원하지 않았다면, 또한 그들이 프랑스의 울타리 안으로 재산과 무기를 가지고 들어와 보호받으면서 자신이 태어난 고장을 해방시키고 지배계급의 수많은 칭호를 추억의 저편까지 사라지게 만들 군대를 형성했다면, 선제후들은 겁에 질린 나머지 여태까지 아주 우습게 알고 폐기했던 프랑스의 안전보장을 가장 먼저 요구하려 들지 않았겠는가!

한마디로 마티외 뒤마는 처지를 바꿔놓고 생각하자고 주장했다. 선제후들의 백성이 재산을 가지고 프랑스에 들어와 그들에게 저항하는 군대를 만든다면, 그들은 프랑스에 조약을 지키라고 요구할 것이 뻔하다. 이제 선제후들은 프랑스에 어떻게 해줘야 만족하겠는지 물을 것이다. 그들은 반도들을 추방하고, 앞으로 프랑스에 적대행위를 준비하는 세력에게 영토를 빌려주지 않겠다고 선언하는 것이 해결책이라고 생각할 것이다.

마티외 뒤마는 황제가 프랑스에 마땅히 해야 할 의무에 대해 열거했다.

1. 제국의 황제는 조약의 실천을 보장해야 한다. (……) 그러므로 그 자신이 제국 내에서 제후들로부터 피난처와 보호를 제공받는 프랑스 반도들과 반체제인사들을 해산시키는 데 앞장서야 한다.
2. 그는 프랑스의 동맹으로서 1756년 조약의 제5조를 준수해서 특정 국

가의 공격으로부터 프랑스의 모든 주와 영지를 항상 수호하고 보장해
줘야 한다.

3. 끝으로 위 조항에서 규정한 대로 그는 우리를 침략하겠다는 위협을 막
는 가장 효과적인 역할을 해야 한다.

에스파냐 왕도 1761년에 맺은 조약의 당사국들과 상호의무를 충실히 준
수해야 한다. 프랑스가 황제나 에스파냐 왕에게 정의와 선의를 기대하
는 것은 이처럼 부인할 수 없는 조약을 준수하라는 우리의 정당한 요구
다. 그렇지 않으면 프랑스는 침해당한 권리를 무력으로 회복해야 한다.

마티외 뒤마는 프랑스의 군사력과 프랑스 상황에 맞는 독자적 정치체계
가 무엇인지 설명했다. 프랑스는 각국 인민이 아니라 군주들이 평화를 유지
하는 조약을 어겼기 때문에 군주들만 적대시해야 한다. 그들은 프랑스 국민
뿐 아니라 자국민들의 권리를 침해했다. 또한 모든 나라의 인민이 힘을 합칠
명분을 제공했다. 그리고 타 국민들은 이미 프랑스 혁명의 이점을 맛보았다.
폭군이 공포로 다스리는 나라에서는 이미 현명한 행정관들이 봉건적 잔재를
완화시켰으며, 부역자들과 농노들 그리고 납세자들이 해방되어 프랑스에 감
사의 뜻을 전한다.

마티외 뒤마는 이 같은 상황에서 프랑스가 어쩔 수 없이 전쟁에 휩싸일
경우 군사력을 동원해 당장 해야 할 적절한 조치가 무엇인지 검토해야 한다
고 주장했다. 그는 과거의 모든 전쟁의 지리와 역사가 확인해주듯이, 프랑스
의 자연환경이 자유를 지켜주기에 알맞다고 말했다. 게다가 프랑스 군대는
합동작전에 적합하며, 전쟁대신이 국회에 제출한 보고서에 따라 국회가 왕
의 제안들을 심의한다면 군대를 완전히 조직할 수 있다고 낙관했다. 제국의

군대를 막으려고 국경을 지키는 3군(북부군, 중부군, 랭군)은 저마다 자연환경에 맞는 무기를 갖추었기 때문에 서로 소통하는 가운데 독자적인 작전을 펼수 있다. 각 도를 가로질러 강이 흐르는 덕택에 병력과 물자 수송에 용이하므로 전쟁을 유리하게 이끌 수 있다. 곳곳에 사슬처럼 늘어선 요새와 요충지가 수상 운송을 보호해주는 이점도 있다. 마티외 뒤마는 이처럼 프랑스가 전면전에 휩싸여도 적군을 맞아 오랫동안 버틸 수 있으며, 더욱이 적군보다 유리한 상황에 있다고 의원들을 안심시켰다.

프랑스가 치를 전쟁이나 겨울철 전투는 병력의 수보다는 얼마나 정예부대인지, 또는 자유를 지킨다는 명분과 사기에 달렸다. 병사들은 대의명분 앞에서 경쟁적으로 선봉에 선다. 그래서 수에서 압도적인 병력보다 훨씬 기민하게 행동한다. 대규모 부대는 그 크기에 걸맞거나 더 큰 포병과 장비를 갖추었지만 작전수행에서 느리다. 작전을 활발하고 기민하게 수행하려면 대규모 병력보다는 작은 규모의 병력이 더 바람직하다는 것은 비밀이 아니다. 이런 원칙에 근거해 군사위원회는 헌법정신에 맞는 병력 차출방법을 마련했는데, 그 결과는 분명히 국회가 바라는 대로 나올 것이다. 그리고 이 방법을 공론화해본 결과, 국내보다 해외에서 전쟁을 할 때 더 유리하다는 것이 중론이다. 그럼에도 프랑스가 전쟁에 이겼다고 해서, 군주들의 잘못을 인민에게 묻지 않을 것이다. 군주들의 소유지가 영원히 기억에 남을 전쟁의 무대로 활용되겠지만, 프랑스는 결단코 승리해 그 땅을 프랑스군의 주둔지로 바꿀 것이다. 자유로운 프랑스가 정의를 앞세우면 전쟁을 승리로 이끌 수 있다. 마티외 뒤마는 루이 16세가 군주들에게 다음과 같이 말해야 한다고 주문했다.

우리는 기다릴 만큼 기다렸다. 당신들은 프랑스 인민의 동맹으로 남고자

하는가? 그렇다면 프랑스가 에스파냐와 제국에 의무를 다했듯이, 당신들도 의무를 다하라. 끝까지 입을 다물겠다면, 우리의 조약은 깨진다. 우리는 지속적인 평화를 제안한다. 평화가 필요하다는 사실을 감추려 들지 말라. 모든 나라와 민족에게 평화가 필요하지 않은가? 우리는 평화를 원하며, 당신들과 함께 얻고 싶지만, 어쩔 수 없는 경우 당신들을 억누르고 평화를 달성하리라. 당신들이 힘을 합친다 해도 우리에게 지금까지 당신들이 망설였던 것 이상의 고통을 주지 못하리라. 만일 당신들이 인민의 정의와 이익에 귀를 기울인다면, 제발 저울질하지 말라. 그들을 소홀히 한다면, 당신들은 우리를 속이고 우리 적들에게 봉사할 것이다.

전쟁이 일어나도 프랑스는 결코 지지 않을 것이라는 낙관론의 근거는 무엇일까? 마티외 뒤마의 뒤를 이어 연단에 선 베르니오는 17세기 군인으로 요새 설계에 탁월한 재능을 보여준 보방Sébastien Le Prestre de Vauban(1633~1707) 덕에 국경지대는 난공불락이며, 그곳을 지키는 군인들, 후방의 국민방위군들이 적의 침략을 무난히 막아줄 것이라고 주장했다. 더욱이 그는 프랑스제국의 모든 시민이 "자유가 아니면 죽음"이라고 맹세했기 때문에 모두 죽을 각오로 나라를 지키면 적의 야욕을 분쇄할 수 있다고 설명했다. 그러나 그는 외부의 적이 아니라 내부의 적이 더 위험하다고 말했다. 그 하나는 돈에 팔린 중상모략가, 중상비방문 작가들이다. 왕을 둘러싸고 사소한 음모를 꾸미는 동시에 국회에 독을 퍼뜨릴 준비를 하는 몇몇 모사꾼이 그들을 조종해서 왕과 국회의 협력과 조화를 깨뜨리려고 노력한다. 또 하나는 선동을 일삼는 종교인들과 그들에게 속은 광신도들이다. 그들은 모든 사람의 가슴속에 경계심을 안겨주고 모든 가족에게 불화를 조장한다. 평화의 하느님을 팔면서 불화를 가르치고, 모든 권위를 부정하고 법을 지키지 말며 헌법에 반대하라고 설교한다. 마지막으로 가장 나쁜 무리가 있다. 바로 투기꾼들이다. 그들은 조국의 불행을 이용해서 자기 이익을 꾀한다. 그들은 시체가 흘린 피를 자양분 삼아 전장에 알을 낳는 새들과 같은 존재다.

베르니오의 발언은 다음과 같이 계속되었다. 시민들은 힘을 모아 내부의 적들의 정체를 밝혀야 한다. 그리고 외부의 적들이 바라는 것에 대비해야 한다. 외부의 적들은 혁명이 재정파탄 때문에 일어났고, 프랑스가 자유를 지키려면 막대한 대가를 지불해야 한다는 사실을 잘 안다. 한마디로 그들은 프랑스가 국토방위 준비에만 수백만 리브르를 지출해야 한다는 사실을 알기 때문에, 온갖 술책과 노력으로 이 '치명적인 수문水門'을 열어두려고 노력했다. 그들은 프랑스인의 성격이 조급하다는 점을 이용해 감질나게 괴롭히면서 용기를 꺾으려고 노력했다. 그들은 부모와 형제, 아내와 자식을 두고 자유의 깃발 아래 모인 시민들이 기다려도 적이 나타나지 않는다면 마침내 싫증이 나서 전방을 비우고 자기 집으로 돌아갈 것이라고 상상했다. 그와 동시에 그들은 계획을 실행하려고 군대를 소규모 단위로 편성해서 국경지대로 살금살금 다가선다. 그들은 수백만 리브르를 뿌려 프랑스 화폐의 가치와 신용을 떨어뜨리고 생필품을 더욱 비싸게 만들어 서민들의 생활을 어렵게 할 것이다. 그렇게 되면 노예상태에서 빨리 벗어나 자유를 찾은 사람들은 아주 빠르게 노예상태로 되돌아갈 것이다.

이렇게 예측하던 베르니오는 쓸데없이 막연한 불안감을 조장할 생각은 없다고 강조하면서, 전쟁이 일어나면 지는 경우도 있으며, 결국 이긴다 해도 그 후유증은 끔찍하다는 사실을 지적했다. 그럼에도 그는 낙관론을 폈다. 적들이 프랑스를 치욕스럽게 만들고 죽음으로 몰아갈 파괴의 상태에 두고자 하지만, 자유가 없는 곳에서 살지 않겠다고 다짐한 인민은 결국 승리하고, 항구적인 평화체제를 확고히 구축하리라는 것이다.

그러므로 무기를 듭시다. 무기를. 조국의 안녕과 명예가 그렇게 명령합니다. 그러므로 무기를 듭시다. 무기를. 그렇지 않으면 우리는 무기력하고 통탄할 정도로 안전을 믿다가 결국 어느새 무력하게 폭군들 밑에서 멍에를 쓰게 됩니다. 결국 우리가 승리하지도 못한 채 죽으면, 우리와 함께 세상을 자유롭게 만들겠다는 희망마저 땅에 묻힙니다. 우리는 인류에게 죄인이 되고, 우리가 겪은 불행에 대해 인류의 동정도 얻을 수 없습니다.

외교위원회는 전쟁을 시작하기 전에 협상의 길을 찾고, 황제 레오폴트에게 설명을 바라는 정책을 수립했는데, 베르니오는 그 정책에 찬성하긴 해도 단시일 내에 결론을 내려야 한다고 주장했다. 그는 굳이 전쟁을 치르지 않고서도 평화를 얻는 길, 피를 흘리지 않고서도 평화를 얻는 마지막 시도를 하는 것은 헌법의 원칙을 충실히 지키는 일이라고 강조했다. 그는 프랑스가 외롭고 고립된 상황이며 각국 인민의 마음을 파악할 수는 있지만 각국 정부에서 정보를 얻을 길이 없으니, 프랑스가 인권을 수호한다는 정의를 항상 추구하는 길만 걸어야 한다고 말했다. 누군가 그의 말을 끊었다. "이제, 충분히 들었습니다." 그러나 베르니오는 아랑곳하지 않고 말을 이었다. 여러 의원이 중간중간 열렬한 박수로 그의 말에 공감했다. 때로는 방청객들도 감동해서 환호했다. 또다시 누군가 "참, 감동적이군!"이라고 빈정댔지만, 베르니오의 의지를 꺾을 수는 없었다. 그는 황제에게 벨기에 지방의 프랑스 망명자들이 왕의 상징인 흰색 표식을 달지 못하게 하라, 또한 제국 내에 집결한 그들을 해산할 뿐 아니라 추방하라고 요청하자고 제안했다. 황제에게 왜 프랑스 망명자들을 보호하고 있는지 묻고, 외교적이고 모호한 답이 아니라 정확한 답을 요구해야 한다고 주장하면서, "만일 답을 모호하게 하거나 회피한다면, 토론을 그만두고 공격하시오"라고 말했다.

'황제의 의무'에 대한 토론은 며칠 더 지속되었다. 마침내 1월 23일에는 법안을 상정했고, 토론을 거쳐 수정안을 한 조씩 채택했다. 전쟁을 하느냐 마느냐의 문제가 걸렸기 때문에 비록 전쟁의 낙관론이 우세했다손 치더라도 의원들은 신중하고 또 신중해야 했다. 마침내 1월 25일 수요일에 그들은 다음과 같이 의결했다.

> 국회는 황제가 1791년 11월 25일의 회람, 1791년 7월 25일 프로이센 왕과 맺고 1791년 12월 6일 레겐스부르크 제국의회에 고지했던 새로운 협정,* 그리고 프랑스인의 왕이 1791년 대법관을 통해 헌법을 승인했다고 고지한 데 대한 답변을 통해 1756년 5월 1일의 조약을 위반하고, 유럽 열강들에 프랑스의 주권과 안전을 해치는 일에 공조하는 분위기를 조성했다고 생각한다.
>
> 국회는 프랑스 국민이 외국의 내정에 간섭하지 않겠다는 단호한 의지를 보여주었으므로 타국도 프랑스의 내정에 간섭하지 않으며, 호혜조약을 조금도 훼손하지 않기를 기대했다고 믿는다.

---

* 루이 16세의 도주 이후, 프랑스 혁명에 제동을 걸고 군주정을 유지하게 하자는 취지로 유럽 열강이 협상을 시작했으며, 이러한 맥락에서 한 달 뒤(8월 27일)에 필니츠 선언이 나왔다. 그리고 황제는 12월 10일에 알자스 지방에 영토 소유권을 가진 제후들을 제국이 보호해주는 법을 승인했다.

국회는 프랑스인의 왕이 황제에게 단호히 답변한 데 대해 찬양하는 한편, 국회의 외교위원회가 제출한 보고를 받은 뒤 다음과 같이 의결한다.

제1조. 대표단을 파견해서 왕으로 하여금 프랑스 국민의 이름으로, 또 헌법이 준 모든 권한에 따라 황제에게 다른 나라와 조약을 맺어서는 안 된다고 선언하도록 요청한다.

제2조. 왕에게 다음과 같이 권유한다. 왕은 황제에게 오스트리아 가문의 수장으로서 프랑스 국민과 평화롭게 서로 좋은 관계로 살 의사가 있는지, 그리고 프랑스의 주권과 독립과 안전을 위협하는 모든 조약과 협약을 포기할 의사가 있는지 묻도록 한다.

제3조. 3월 1일 이전에 황제가 위의 사항에 대해 완전하고 전반적으로 흡족한 답변을 하지 않을 경우, 왕은 황제에게 그의 침묵이나 회피성 답변, 또는 지연책을 모두 선전포고로 간주한다는 사실을 선언한다.

제4조. 왕은 프랑스 군대가 명령을 내리는 즉시 원정을 떠날 수 있도록 만반의 준비를 갖춰야 한다.

대표단은 왕에게 이 결의문을 가져갔고, 왕은 깊이 생각해보겠다고 약속했다. 1월 28일, 왕은 국회에 답변서를 보냈다. 그는 대외정책과 외교에 관한 권한과 필요한 경우 국회에 전쟁을 심의해달라고 요청할 수 있는 권한을 헌법으로 보장받았음을 적시했다. 물론 국회는 국가의 안전과 위신에 관계있는 모든 문제를 고려해달라고 왕에게 요청할 수 있기 때문에 국회가 25일에 결의해서 건의했다. 왕은 그 내용을 세심히 검토해야 마땅하다. 그러나 왕은 엄중한 정세에 비추어 이미 오래전부터 헌법상 왕의 권리를 다투기보다 국회와 왕의 정서적 화합이 더욱 중요하다고 생각했다.

따라서 나는 국회가 내게 요청한 주요 내용에 대한 긍정적 답변을 이미 15일 전부터 황제에게 요청했소. 나는 열강들이 상호 존중해야 할 의무를 황제와 계속 유지했소. 만일 우리가 전쟁을 한다 해도, 전쟁을 일으킨 책임을 우리에게 묻지 마시오. 이처럼 확고한 태도만이 전쟁의 필연적인 불행을 견뎌낼 수 있게 해줄 것이오.

나는 아주 큰 용기를 보여주는 국민의 이름으로 말하는 것이 더욱 영광스러운 동시에 우리의 힘을 무한히 과시할 수 있는 방법이라고 생각하오. 그러나 내가 평화를 추구하는 외교협상에 힘쓰는 것과 앞으로 6주 안에 원정준비를 신속히 갖추는 일에 전념하는 것 중 어느 편이 헌법을 충실히 지킨다는 사실을 보여주는 증거로서 적합하겠는지요! 이러한 행위에서 내 모든 의무를 조화시키는 일은 가장 불안하고 자신 없는 일이라 하겠소. 국회는 그 점을 알아주기 바라오. 인간은 전쟁을 결정하는 일에 열광하지 말아야 하오. 이러한 결정을 내리려면 반드시 심사숙고해야 하오. 수많은 자식을 희생시켜야 조국을 지킬 수 있다는 사실을 조국의 이름으로 천명해야 하기 때문이오. 나는 국민의 명예와 안전에 끊임없이 신경 쓰고 있소. 나는 빠른 시일 안에 국회에 평화냐 전쟁이냐 결정해달라고 요청하겠소.

2월 16일 목요일에 의장 콩도르세는 회의 중간에 론에루아르에서 뽑힌 법조인 출신 의원 르몽테에게 의장석을 맡기고 연단에 올랐다. 그는 시간을 다투어 해결해야 할 중대한 사건이 잇달아 일어나기 때문에 입법의회의 여러 위원회가 준비한 의사일정을 바꾸어야 하는 실정이라고 운을 뗐다. 그래서 그는 국회가 첫 회의 이래로 했던 일을 국민에게 간단히 보고할 필요가 있다고 말했다. 물론 국회가 굳이 변명할 필요가 있느냐고 생각할 사람이 있겠지만, 적에게 보고하자는 것이 아니라 유권자들에게 걱정거리를 덜어주자는 뜻으로 이해해달라고 요청했다. 의원들이 중상비방자들에게는 아무런 의무가 없지만, 현 상황에 대해 갈피를 잡지 못하거나 수줍어서 질문을 하지 못하고 망설이는 유권자들이 헛소문에 속아 국회와 멀어지는 것을 막아야 할 필요가 있다고 역설했다. 그는 국민에게 드리는 글을 미리 작성했다고 얘기하면서 의원들이 허락한다면 읽겠다고 말했다. 그는 "국회가 프랑스인들에게 드리는 말씀L'Assemblée nationale aux Français"을 읽었고, 의원들은 몇 가지 의견을 보태서 약간의 수정을 거쳐 채택했다.

콩도르세는 먼저 제헌의회의 활동을 정리한 뒤에 입법의회의 업적을 정리했다. 부수적으로 전쟁에 대해서도 언급했다. 국회에서 전쟁을 만병통치약으로 생각하는 낙관론이 지배적이었듯이, 그의 글에서도 낙관론을 읽을 수 있다. 최초의 성문헌법을 보전하고, 그 정신을 바탕으로 새로운 법률을 제정한다면 혁명을 차질 없이 완성시킬 수 있다는 내용은 점점 무겁게 짓누르는 전쟁에 대한 두려움을 떨치려는 몸부림은 아니었을까? 그의 글에서 볼 수 있는 중요한 개념은 자유, 정의, 인권, 인류애였다. 그는 계몽사상가답게 전쟁을 하더라도 충분히 대의명분을 지키면서 하자는 교육을 하고 싶었던 것 같다. 헌법이 보장하는 인권과 자유를 지키려고 기꺼이 목숨을 바치는 국민이 된다면, 외국 군대가 제아무리 수적으로 압도적이라 해도 이길 수 있다는 정신교육이 필요했을 터.

국회와 자코뱅 클럽에서는 이처럼 전쟁을 해도 패배하지 않을 것이라는 낙관론이 우세했다. 그럼에도 민심은 흉흉했다. 2월 20일 월요일, 자코뱅 클럽에서 당통은 모든 시민이 창이나 칼 또는 소총으로 무장하게 하자고 진지한 태도로 제안했다. "나는 모든 시민을 차별하지 않습니다. 그러므로 시민들의 통합을 상징하는 뜻으로 창에 깃발을 매달도록 합시다." 수동시민도 온전한 권리를 누려야 한다는 선언이었다. 밀가루 6만 자루가 파리에 들어와야 하는데, 그중에서 겨우 2만 자루만 들어오고 나머지는 루앙에 묶여 있었기 때문에 민심이 흉흉하지 않을 리 없었다. 강물이 언 데다 육로도 안전하지 않았기 때문에 페티옹과 새 시정부는 밀가루의 안전한 수송을 위한 대책을 마련하느라 고심했다. 26일에도 자코뱅 회원들은 전쟁에 대해 토론을 벌였다. 로베스피에르는 자매협회들에 전쟁을 반대하는 목소리와 이유에 대해서도 알려야 한다고 제안했다. 27일에 파리의 자코뱅 클럽은 전국 자매협회에 국론의 분열이 내전을 두려워할 지경에 도달했다는 회람을 돌렸다. 골족이 나라를 세운 뒤부터 프랑스에 피비린내 나는 사건의 악순환을 경고했다.

"의견의 분열은 증오, 경멸, 파벌, 수많은 토론을 낳고 결국 내전으로 발전합니다. 그 결과 무정부상태, 법치의 실종이나 유린으로 이어집니다. 그리고 무정부상태에서 곧바로 전제정이 시작합니다."

나아가 그는 훌륭한 애국자가 평등의 적들과 싸우기 위해 정신무장을 해야 한다고 강조하면서, 인권선언과 헌법은 물론 광신을 몰아내는 훌륭한 글인 『제라르 영감의 연감Almanach du Père Gérard』이나 『크뢰제 드 라투슈 선생의 편지Lettre de M. Creuzé de la Touche』를 모든 축일과 기념일의 아침과 저녁에 읽으라고 권했다. 『제라르 영감의 연감』은 헌우회가 9월 3일 제헌의회의 헌법 채택을 기념해서 헌법을 알기 쉽게 알리는 글을 공모했을 때 배우이자 극작가인 콜로 데르부아J.-M. Collot d'Herbois가 쓴 글이었다. 그리고 크뢰제 드 라투슈Jacques-Antoine Creuzé de La Touche는 변호사이며 문필가로서 전국 신분회 대표가 되었고, 훗날 국민공회와 총재부의 원로원 의원으로 활약하게 되는 정치인이었다.

앞에서 보았듯이, 3월 2일에 실르리는 헌법을 존중하는 모든 시민은 자코뱅이어야 한다고 제안했고, 모든 사람이 "그렇다, 자코뱅이다!"라고 화답했다. 이처럼 자코뱅파가 전의를 다졌지만 민심은 여전히 흉흉했다. 곡식이 외국으로 유출되었고 되사오는 과정에서 투기꾼들이 값을 올렸으니 서민은 늘 화가 났다. 도시와 농촌에서 그들을 부추기는 세력이 있었다. 『파리의 혁명』에서는 내무대신도 인정했듯이 빵집이나 반찬가게 앞에서 줄을 서는 사람들의 불만을 부채질해서 반혁명 시위를 이끌어내려는 세력이 날뛴다고 보도했다. 프랑스뿐 아니라 외국의 왕실에서도 모든 계층의 사람을 매수해서 민심을 흉흉하게 만들었다.

『파리의 혁명』의 표현대로 이러한 '도적들'의 활동은 도시와 농촌에서 차이가 났다. 조금이라도 깬 사람이 많은 도시에서는 소요사태를 일으키도록 선동하기 어렵기 때문에, 그들은 행정관들을 비방해 신뢰를 떨어뜨리려고 노력했다. 특히 파리에서는 부랑자들로 하여금 스위스 병사나 추격병처럼 군복을 입힌 뒤 사람들에게 구체제의 경찰에 대한 증오심을 되살려 행정관들을 욕하게 만들었다. 파리에서는 선동자 다섯 명을 잡았는데, 어떤 사람은 하루 40수(2리브르)를 받거나, 또 어떤 사람은 한 달에 100에퀴(600리브르)까지 받았다고 자백했다. 고액을 받은 사람은 주로 신문에 글을 써서 영향력을 행사했다.

농촌에서는 도시보다는 좀더 넓은 지역을 무대로 삼아 반혁명의 불씨를 퍼뜨렸다. 루이 16세, 오스트리아, 프로이센, 러시아, 스웨덴, 에스파냐, 영국의 왕실비가 반혁명의 여론을 조작하는 특수활동비로 쓰였다는 것이다. 종교 문제가 있었다 해도 식료품과 생필품 문제가 더 심각했고 도처에서 성난 군중이 들고일어났다. 파리, 됭케르크, 누아용Noyon, 르아브르Le Havre, 에브뢰 Evreux, 베르뇌이Verneuil, 코르베이Corbeil, 에탕프Etampes, 몽틀레리, 낭트, 스트라스부르, 리옹, 보르도, 툴루즈에서 잇달아 소요사태가 발생했다. 무질서는 무지한 주민들이 많은 곳에서 더욱 심했다.

3월 19일 월요일, 자코뱅 클럽에서는 특별한 손님을 맞았다. 며칠 전에 외무대신이 된 뒤무리에가 프리기아 모자를 쓰고 연단에 올라 열렬한 환호 속에서 입을 열었다. 본명이 뒤페리에Charles-François Du Perrier/Duperrier인 그는 군인으로 여러 곳에서 복무하는 동안 여러 사람을 사귀었다. 그는 루이 르 그랑 중등학교 동창인 라포르트를 통해 왕의 측근들과 친해졌고, 파리에서 제12사단의 여단장이 되어 중서부의 니오르Niort에 주둔하게 된 뒤에는 혁명의 지지자가 되었다. 이미 케르생Kersaint, 크리옹 레네Crillon l'aîné, 바레르 Barère와 오래전부터 친분을 쌓았던 그는 니오르에서 장소네를 사귀었다. 마침 장소네는 방데의 민심을 파악하는 임무를 띠고 그곳에 파견되었다가 뒤무리에를 알게 되었던 것이다. 1791년 파리에서 복무할 때는 왕의 둘째 동생인 아르투아 백작의 재무총관 생트푸아Charles-Pierre-Maximilien Radix de Sainte-Foix와 협력해서 미라보 백작을 매수하는 일에 참여하기도 했다.

뒤무리에는 몽모랭과도 친분을 쌓았다. 그는 왕당파 성향의 인물이었음에도 페티옹, 장소네, 지롱드파와 잘 아는 덕택에 전쟁대신이 된 그라브의 천거로 외무대신 대행직을 맡으라는 권유를 받았지만 정식으로 외무대신직을 달라고 요구했다. 결국 왕은 그를 외무대신에 임명했다. 자기 뜻을 이룬 뒤무리에는 자코뱅 클럽에서 환영을 받으며 의기양양하게 말했다. 자기는 매 순간 국민의 의지와 입헌군주의 선택에 맞게 행동하려고 노력한다고. 또한 자유로운 인민의 모든 역량을 동원해서 협상에 임할 것이며, 조만간 평화나 전쟁 중 한 가지를 결정하게 될 것이라고.

"전쟁이 일어날 경우, 나는 정치를 그만두고 군대로 복귀해서 형제들과 함께 목숨 바쳐 싸워 승리하겠습니다. 형제들이여, 나는 아주 무겁고 힘겨운 짐을 지고 있습니다. 여러분의 충고가 필요합니다. 여러분은 기관지나 신문을 통해 내게 충고의 말씀을 전해주십시오. 진실을 알려주십시오. 가장 듣기 거북한 진실이라도 기꺼이 말씀해주십시오."

뒤무리에가 연단을 내려간 뒤, 오트가론 출신 의원인 멜Jean-Baptiste Mailhe 의장이 결석했기 때문에 의학박사이며 문필가인 도페François Amédée Doppet가 뒤무리에를 한껏 치켜세웠다. 도페는 이미 11일인 일요일 회의에 프리기아 모자를 쓰고 연단에 서서 글을 읽었고, 사람들의 환영을 받았다. 그는 고상한 프랑스 헌법을 만천하에 과시해야 할 순간에 외무대신이 된 자유로운 인간이라고 뒤무리에를 평하고, 프랑스 인민이 진실로 믿을 만한 형제인 그의 연설을 들을 기회가 생긴 것은 헌우회의 무한한 영광이라고 말했다. 회원들이 뒤무리에의 연설과 도페의 답사를 인쇄하는 문제를 놓고 한바탕 토론을 벌인 뒤, 도페는 파리 시장 페티옹이 보낸 편지를 읽었다. 페티옹은 며칠 전부터 자코뱅 클럽에 나타난 새로운 복장(프리기아 모자)에 대해 문제를 제기했다. 그는 자유와 평등의 상징을 그 누구 못지않게 존중하지만 모두가 함께 생각해보자는 뜻에서 한마디 하겠다고 운을 뗐다.

만일 새로운 복식의 급물살을 멈추게 만들지 않으면 무슨 일이 벌어질까요? 붉은 모자를 쓰고 다니는 사람들은 자코뱅파라고 불리겠지요. 우리 헌우회의 적들은 가장 먼저 이 복장을 가지고 헌우회를 공격할 것입니다. 그들은 혼란과 무질서를 부추기면서 그 원인을 헌우회에 돌릴 것입니다.

1792년 6월 20일, 생탕투안 문밖과 생마르셀 문밖 주민들이 튈르리 궁을 공격한다.
궁의 철책이 열리자 창과 칼로 무장한 군중이 물밀 듯이 궁으로 들어간다.
상테르가 이끌고 간 생탕투안 문밖 주민들이 대포를 옮긴다
(프리외르 그림, 베르토 판화, 파리 1대 프랑스혁명사 연구소 소장).

"내가 떨고 있소?"(BNF 소장)
6월 20일, 군중이 창과 칼로 무장하고 튈르리 궁 안으로 들어가 루이 16세를 둘러쌌을 때,
그는 척탄병의 손을 잡아 자기 가슴에 대고, 자기는 떳떳하기 때문에 두렵지 않다고 당당히 말했다.
의자에 올라 시위대에게 연설하는 사람은 파리 시장 페티옹이다.

잘레스Jalès 군사기지에 있던 왕당파의 근거지가 불길에 휩싸인 모습.
프랑스 남부의 잘레스 평야는 가톨릭교도와 개신교도가 만나는 지점이었다. 6월 21일,
그 지역의 베리아Berrias 마을 주민들이 삼색 표식을 발로 짓밟으면서 이 지역의 긴장이 높아졌다.
7월 초, 근처 지역 비바레Vivarais의 왕당파 우두머리인 루이 드 사이양François-Louis de Saillans이
튈르리 궁에 민중이 침입한 소식을 듣고 대대적인 반혁명 봉기를 일으키려고 계획을 세웠지만 들키고 말았다.
아르데슈 도 지도부는 의용군에게 진압명령을 내렸다(작자 미상, 카르나발레 박물관 소장).

백인이 "흑인들의 자유"라는 달콤한 말로 흑인을 회유하는 모습(BNF 소장).
프랑스의 서인도제도 식민지에서 극소수의 해방노예만 빼고 대부분의 흑인은 여전히 노예였다.
그러나 생도맹그에서 1791년 8월부터 흑인들이 극렬한 항쟁을 벌이기 시작했다.

〈라 마르세예즈〉를 부르는 마르세유 연맹군(BNF 소장).

7월 30일, 마르세유 연맹군 516명이 〈라 마르세예즈〉를 부르며 파리로 들어섰다.
그들은 거리를 행진하면서 계속 노래를 불렀다. 이렇게 해서 프랑스 혁명은 마침내 적합한 노래를 찾았다.

·우리는 다행히 모두가 신성시하는 표시[삼색 표식]를 가지고 있습니다. 자유의 적들도 감히 그 표식과는 다른 표식을 갖지 못합니다. 그런데 만일 어리석은 지도자가 새로운 표식을 본보기로 제시한다면 어떻게 되겠습니까? 곧 푸른 모자, 흰 모자가 거리에 나타날 것입니다. 이렇게 다양한 색깔의 모자가 거리에서 만나면 우스꽝스럽고 피 튀기는 전쟁이 일어나 공공의 질서가 흔들리고 평화가 깨질 것이며, 마침내 자유마저 위태롭게 될 것입니다.

이 편지를 읽는 동안 도페는 슬그머니 프리기아 모자를 벗어 옆에 놓았다가 주머니에 넣었고, 회의장에서도 붉은 모자가 하나둘 모습을 감추었다. 로베스피에르가 페티옹의 제안에 찬성했다. 그는 자신이 달고 있는 삼색 표식을 보여주면서, 또 다른 표식으로 대체하면 힘을 분산시키게 될 것이므로, 자유와 평등의 적들을 물리치는 일에 총력을 기울이려면 굳이 새로운 표식을 가질 필요가 없다고 주장했다. 자코뱅 클럽은 공식적으로 페티옹과 로베스피에르의 제안을 받아들였다. 프리기아 모자의 상징성은 오늘날 우리의 '촛불'이나 '태극기'의 상징성과 묘하게 겹친다. 다중이 들었지만 가끔 특정 단체 회원들이 독점하려는 '촛불', 대한민국의 표상이지만 수구 적폐세력의 존속과 부활을 꿈꾸는 사람들이 성조기와 함께 들고 다니는 '태극기', 이 두 가지 표상은 일부가 자기 이익에 동원할 때 본래 의미를 잃는다.

3월 26일 월요일에 로베스피에르는 자코뱅 클럽 연단에 올라 "평화냐 전쟁이냐는 우리 손에 달렸다"고 강조하는 연설을 했다. 그는 "우리 운명과 세계 운명을 결정할 주체는 바로 우리"임을 강조하고 나서 이렇게 말했다.

"사람들은 새로운 대신들이 자코뱅 클럽 출신이라고 거듭 강조합니다.

그러나 나는 국민의 운명을 몇 사람의 처분에 영원히 맡기는 일이 없기를 바랍니다. 자유는 더욱 숭고하고 확고한 바탕 위에 있기 때문입니다. 그것은 정의, 현명한 법, 여론, 주권자의 힘에 근거합니다. 우리가 오랫동안 경험했듯이 자유를 지키려면 헌법의 친구들조차 경계해야 합니다. 혁명을 완수할 때까지, 여러분의 모든 적이 당황할 때까지 오직 자유의 보호 아래 경계심을 늦춰서는 안 됩니다. 더욱이 새로운 내각을 찬양하는 일은 서툰 아첨에 지나지 않습니다. 그들이 곧 어떤 식으로 행동할지 모르기 때문입니다. 우리는 왕이 새 내각을 임명한 것이 두려움 때문인지, 아니면 그들의 덕목을 높이 샀기 때문인지 지켜봐야 합니다. 다시 말해 그 변화가 음모나 자유 가운데 어떤 것이 승리한 결과인지 지켜봐야겠습니다."

로베스피에르가 연설을 마치자 찬반양론으로 한바탕 소동이 일어났다. 의장이 간신히 질서를 회복한 뒤에 지롱드에서 국회의원이 된 가데가 세 가지 측면에서 로베스피에르를 비판했다.

"첫째, 로베스피에르는 사람들이 아무런 목적과 준비도 없이 전쟁을 요구한다고 하면서, 민중협회들과 개인이 전쟁을 찬성한다고 매섭게 비판했습니다. 국민의 대다수가 전쟁에 찬성한다는 사실을 어떻게 의심할 수 있겠습니까?

둘째, 로베스피에르의 연설에서 나는 '섭리'라는 말을 거듭 들었습니다. 나는 그가 우리의 의지와 달리 섭리가 우리를 구해주었다는 뜻으로 말했다고 믿습니다. 지난 3년 동안 용기를 가지고 인민을 전제정의 노예상태에서 벗어나게 해주려고 노력한 사람이 인민을 미신의 노예로 전락시키려고 노력한다는 사실을 상상도 할 수 없습니다.

셋째, 로베스피에르는 우리가 평화와 전쟁을 결정할 주체라고 했는데, 언

젠가 우리가 전쟁을 해야 하는 상황에 처할 경우에도 내각이 잘못했기 때문에 전쟁이 일어났다고 예단하는 말처럼 들립니다. 이런 말은 민중협회들이 애국적 내각을 불신하게 만들고, 그들에게 평화만이 구국의 길이라고 주장하면서 그들의 용기를 꺾는 일이 아니겠습니까? 사실 나는 로베스피에르가 이런 식으로 연설하리라고는 생각하지 못했습니다."

로베스피에르는 모든 애국자가 공유할 원리들을 위해 싸우고자 했으며, 그 원리들은 가데와 자신이 마땅히 공유하는 것임에도 가데는 자기 말을 곡해했다고 주장한 뒤, 가데가 자신의 해명을 들어보면 확실히 동의하리라고 말했다.

"그가 내 말을 반대함으로써 내 명예, 내 정서, 세상의 모든 인민, 그리고 모든 시대의 모임들이 인정한 원리들에 너무 많은 해를 입혔습니다. 내가 힘닿는 대로 변명하지 않으면 명예를 잃을 지경입니다.

첫째, 내가 전제정과 싸운 뒤 시민들을 미신으로 이끌었다고 했습니다. 사실 미신이란 전제주의를 지지하는 행위 중 하나임이 분명하지만, 신의 이름을 말하는 것이 곧 미신으로 시민들을 이끄는 것은 아닙니다. 나도 자연과 인류를 창조한 영원한 존재의 신성한 권력을 앞세우면서 실제로는 야망, 광신, 모든 종류의 열정을 추천하는 불경스러운 종파를 그 누구 못지않게 싫어합니다. 나는 전제주의가 무장한 어리석음을 절대로 신과 혼동하지 않습니다."

얘기가 섭리문제로 번져나가자 장내는 술렁댔고, 로베스피에르의 발언을 더는 듣지 말고 의사일정을 진행하라고 아우성치는 소리가 들렸다. 그렇다고 말을 마칠 로베스피에르가 아니었다.

"사람들은 내가 민중협회들에 섭리와 하느님을 들먹이면서 모욕했다고 합니다. 확실히 말해서, 프랑스 인민은 혁명의 어떤 측면을 찬성합니다. 그들이 없었다면 우리는 아직도 전제정의 멍에에서 벗어나지 못했을 것입니다. 나는 인민의 위에 있던 사람들이 기득권을 지키기 위해 하느님이라는 관념을 기꺼이 버렸을 것이라고 생각합니다. 그러나 내가 아주 유익하게 생각하는 '하느님의 가호'라는 말을 인민과 민중협회들에 하는 것이 과연 그들을 모욕하는 것이라 할 수 있을까요?

그렇습니다. 나는 나보다 더 깨어 있는 사람들에게 미안한 말이지만, 수많은 적이 인민을 향해 전진하고, 인민이 이룬 과업을 뒤집어엎으려고 수많은 배신자가 고용되고, 인민이 역적들에게 대응할 수 없게 되어 아무런 행동도 할 수 없는 광경을 보았을 때, 나는 그 어느 때보다 섭리에 대해 믿었습니다. 그러나 나는 전쟁이나 평화를 위해 취해야 할 조치에 대해 말하거나 우리의 경험으로 되돌아가면서도 인민이나 민중협회들을 조금도 모욕하지 않았습니다."

그는 전쟁을 해야 한다면 전쟁을 하자고, 또 평화를 지킬 수 있다면 평화를 지키자고 요구했음을 강조했다. 그는 사람들이 전쟁에서 이기는 방법을 찾지 않고 전쟁에 대해 더 많이 말한다는 사실을 지적했으며, 그 과정에서 자신은 아무도 모욕하지 않았다고 강조했다. 그리고 잇달아 질문을 퍼부었다. 국회의 애국자들, 애국자 입법가들 가운데 나르본과 라파예트가 국가를 구해야 할 영웅 대접을 받았음을 부인할 사람이 있는가? 프랑스의 모든 당파가 이 자리에서 국민방위군이 완전히 무장하지 못했다고 한탄했음을 어찌 부인할 수 있는가? 귀족주의자 장교들을 몰아내야 한다고 외쳤지만 아직도 그들이 군대를 지휘하는 현실을 한탄하지 않는 사람이 있는가? 전투에 동료 시민들을 동원해서 그들이 흘린 피를 손에 묻힌 장군이 과연 신뢰를 얻을 수 있다고 말할 사람은 누구인가? 그들은 우리의 적들이 짠 음모를 좌절시키는 데 필요한 조치를 취했다고 누가 말할 수 있는가? 그렇다. 굳이 섭리를 들먹이자면, 적들의 통신문을 우리 손에 넘겨준 것이야말로 섭리다!

"나는 국회가 지지를 받고, 인민의 행복과 평화가 그 결과로 나타났을 때 국회가 한 일에 박수를 쳤습니다. 개인적으로 중요한 업적을 증명한 애국자와 의원들을 내가 공격했다고 말할 사람은 누구입니까? 내가 인민의 대표로서 신성한 임무를 수행하는 도중 제헌의회의 실수를 준엄하게 지적했던 용감한 시민들에 속했다는 사실을 보지 못한 사람이 어디 있습니까?"

로베스피에르는 자신이 새로운 내각에 대해 미리 비판하거나 찬양한 적이 없다고 말했다. 그는 자기가 아는 것만 평가하고 잘한 일만 칭찬한다고 강조했다. 대신들 중에는 가장 올바른 의도를 가진 사람이 있을 터. 그가 누구인지 모르지만 부디 그의 업무를 방해하는 일이 없기만 바란다고 덧붙였다.

"나는 대신들이 자코뱅 클럽 출신이라고 말했습니다. 그렇다고 해서 그들에게 어떠한 의무도 없습니다. 나는 내각이 행복한 상황에서 일하기를 바랐습니다. 더는 할 수 있는 말이 없습니다. 내 양심이 허락하지 않습니다.

내 말 중에 인민의 사기를 꺾는 말은 없습니다. 인민은 지금까지 큰 위험을 헤쳐 나왔습니다. 앞으로도 가장 큰 장애물을 극복할 수 있겠지요.

시민의 덕목을 제시하는 일이 민중협회들의 사기를 꺾는 일입니까? 모든 혁명의 성공은 애국심에 달려 있지 않습니까? 애국심은 예절이 아니며, 이해관계에 굴복하는 감정도 아니며, 자연만큼 순수하고 진리만큼 변함없는 감정입니다."

로베스피에르의 연설이 끝난 뒤 회의장이 몹시 소란스러워졌기 때문에 의장은 오랫동안 그의 연설문을 인쇄하는 문제를 표결에 부치지 못했다. 실르리는 그의 연설을 자코뱅 클럽의 공식 의견이 아니라 개인의 의견으로 인쇄하도록 하자고 수정안을 제안했다. 몇몇 의원은 클럽의 공식 의견으로 인쇄해야 한다고 맞섰다. 또 한바탕 소동이 일어났다. 의장은 모자를 쓰고 질서를 회복했다. 표결에 부치려는 시도는 결국 무산되었다. 로베스피에르와 몇몇 지지자가 전쟁에 대한 낙관론을 경계하면서 좀더 냉정하게 현실을 보자고 외쳤지만 힘에 부쳤다. 그들은 자코뱅 클럽에서도 소수였고, 국회에서는 로베스피에르가 목소리를 낼 수 없는 실정이었으니 답답한 현실이었다.

6
샤토비외
병사들을 위한 잔치

3월 15일 목요일은 새 내각을 구성한 날이었다. 브리소는 『프랑스 애국자』에서 항간에 왕이 퇴위하고 왕비가 고발당했다는 소문이 나돈다고 전했다. 공공의 행복을 방해하려는 자들이 사람들을 분열시키고 선동하기 위해 그 소문을 퍼뜨렸다고 했다. 그동안 아시냐 화폐의 가치가 34퍼센트나 떨어졌고, 1루이(24리브르)가 22리브르 10수에 거래되었다. 이렇게 화폐가치가 급격히 떨어지자 투기꾼들은 낙담했다. 브리소는 아마 2주일이 지나기 전에 화폐가치가 바닥을 칠 것이라고 내다봤다. 그것은 무엇보다도 위조지폐가 원인이었다. 3월에도 파시에서 위조지폐를 찍어내는 일당을 검거했다. 돈을 유통시키기 전에 잡아서 그나마 다행이었다. 그러나 아직도 적발하지 못한 조직이 많았고, 심지어 감옥에서도 위조지폐를 만들고 있었다. 헛소문이 떠돌고 화폐가치가 떨어져 민심이 흉흉했음에도, 브리소는 낙관론을 폈다. 영국이 비교적 우호적인 태도를 보이고, 신성로마제국 황제 레오폴트 2세가 죽었기 때문에 당분간 프랑스에 대한 태도를 결정하지 못해서 다행이라고 했다. 또한 르사르가 감옥에 갔기 때문에 망명 객들과 음모가들이 두려움에 떨고 있으며, 국회가 이처럼 예기치 못한 상황을 잘 이용한다면 자유를 더욱 공고히 할 수 있다고 예측했다.

그러나 격변기의 하루하루를 지내면서 브리소의 의견은 쉽사리 바뀌기 예사였다. 그는 며칠 뒤에 투기꾼들이 긍정적인 효과를 가져온다고 썼다. 투기꾼들이 아시냐의 가치를 떨어뜨린다고 생각하는 일반인들은 아시냐가 조금이라도 더 가치를 가질 때 서둘러 국유재산을 매입하는 경향을 보여주기 때문이다. 그 결과, 529개 디스트릭트에서 보유한 23억 3,000만 리브르에 달하는 국유재산의 가치가 올라가고 아시냐의 가치를 유지하며 국가 신용을 강화할 수 있다는 뜻이다.

여느 날처럼 15일에도 국회의장 기통 드 모르보가 개회를 선언한 뒤 전국에서 들어온 편지나 청원서를 읽었다. 여섯 번째 편지는 '국회의장 마티외 뒤마'에게 브레스트 항구의 군선에 억류된 사람들이 보낸 것이었다. 그들은 자신들에게 내린 판결을 수정해주기 바랐다. 그들은 2월 20일부터 3월 4일까지 의장 노릇을 하던 마티외 뒤마에게 호소했지만, 그 편지는 열흘이나 지난 뒤에 국회에 접수되었다. 그들은 자신들에 대한 편파적인 재판과 판결 때문에 그동안 온갖 잔혹한 대접과 중상에 시달려왔다고 호소했다. 그들은 입법의회가 들어선 뒤 슬기롭고 정의로운 원리가 지배하는 것을 보면서 자신들과 같은 도형수徒刑囚 계급도 희망이 있다고 생각했고 왕의 자비까지 갈구하게 되었다. 그래서 그들은 지난 다섯 달 동안 법무대신과 전쟁대신에게 자기네 불행을 호소하는 탄원서를 여러 차례 보냈다. 그러나 부대의 지휘관들이 탄원서를 속속 가로챘다. 그렇게 해서 그들은 제국의 존경할 만한 입법가들이 자신들에게 내려줄 수 있는 행복을 가로막았다.

"부디 이 탄원서가 보잘것없는 우리의 마음을 존경하는 의원님들께 전달하기를 바랍니다. 그리하여 의원님들이 우리의 불행하고 가혹한 운명을 찬찬히 살피시고 지금부터라도 우리를 가장 비통한 상태에서 조금이나마 벗어나도록 명령을 내려주시기 바랍니다."

브레스트 군항에서 군선의 노를 젓는 형벌을 받던 샤토비외 병사들에 대한 사면의 분위기는 입법의회가 들어서면서 조성되기 시작했다. 그러나 특히 보수적인 집단인 해군장교들은 파리에서 생각하는 대로 움직이지 않았다. 그들은 샤토비외 병사들의 탄원서를 중간에서 가로채고, 병사들에게 더욱 가혹하게 대했다. 그리하여 배를 젓던 도형수 가운데 두 명이 견디지 못해 숨지기도 했다. 해군장교들이 군무를 이탈해 외국으로 망명했는데, 그나마 도형수들에게는 다행스러웠지만, 프랑스 해군에는 치명적인 결과를 낳게 되었다. 그 때문에 해군대신 베르트랑 드 몰빌은 계속 입법의회에서 추궁을 받다가 경질되었다.

그사이 샤토비외 병사들의 처지를 안타까워하고 그들을 위해 의연금을 모금하는 운동이 전국으로 퍼졌다. 이러한 일이 일어났다는 것은 1790년 말에 그들이 도형수가 되었을 때의 분위기로서는 도저히 상상도 할 수 없을 만큼 세상이 바뀌었음을 보여준다. 당시 군사반란을 잘 진압했던 부이에 장군은 역적이 되었고, 그를 지원했던 라파예트 장군은 언제 조국을 향해 등을 돌릴지 모르는 경계의 대상이 되었다. 브리소는 그를 공개적으로 영국의 크롬웰에 비유했다. 그리고 군사반란을 일으킨 샤토비외 병사들은 압제의 희생자가 되어 앞으로 파리에서 대대적인 환영을 받을 만큼 상황이 뒤바뀌었다. 혁명이 한 해가 다르게 세상을 바꿔놓았다는 뜻이다. 브리소파의 새 내각이 들어서고, 국회에서 샤토비외 병사들의 탄원서를 읽은 즉시 그들의 운명에 대해 단번에 결정했다. 사실 이러한 결정은 문제될 것이 없었다. 이미 지난해 9월 14일, 왕이 헌법을 승인하는 날에 제헌의회는 그전의 혁명 관련 죄인들에게 모두 사면령을 내렸고, 입법의회가 12월 31일에 샤토비외 병사들도 사면령에 포함시켰기 때문이다.

이렇게 해서 샤토비외 병사들은 늦었지만 군선 갑판 아래 노 젓는 걸상의 사슬에서 풀려났다. 그리고 파리 시정부는 선거인단 회의실에 특별위원회를 설치해 귀환하는 샤토비외 병사들을 영접하는 행사를 마련하기로 했다. 위원회는 아침 6시부터 밤 9시까지 모여 계획을 수립해 늦어도 23일 금요일까지는 확정짓도록 했다. 병사들을 위해 성금을 낼 시민들은 자신의 구 치안판사에게 접수시키도록 했다. 24일에 파리 코뮌 총회는 시인이며 극작가인 셰니에Marie-Joseph Chénier, 리에주 출신의 여성 혁명가 테루아뉴 드 메리쿠르Anne-Josèphe Théroigne de Méricourt, 화가인 다비드Jacques-Louis David 등이 함께 제출한 청원서를 받았다.

시장님, 며칠 뒤 우리는 형제들인 샤토비외 병사들을 맞이할 것입니다. 그들의 사슬은 국회의 목소리에 끊어졌습니다. 그들을 박해한 자들은 불명예를 피할 수 없었다 할지라도 법의 칼날을 피했습니다. 곧 이 용감한 병사들은 샹드마르스를 다시 볼 것입니다. 그들은 거기서 전제정에 저항했고 그렇게 해서 법치주의를 준비했습니다. 곧 그들은 옛 전우들인 프랑스 수비대 병사들을 얼싸안을 것입니다. 그들은 모두 영웅적인 불복종의 주역입니다.

샤토비외 병사들에게 너그러운 형제애로써 두드러진 명예를 안겨줄 때,

조국이 그들에게 진 빚을 갚을 수 있습니다. 지금 그 어느 때보다 시민정신이 드높습니다. 감동적인 잔치를 벌여 폭군들을 떨게 하고 애국자들을 위로하고 희망을 안겨줍시다. 유럽을 향해 우리 인민은 폭군들처럼 은혜를 무시하지 않으며, 자유를 찾은 국민은 왕좌로 가는 모든 길목에 도사린 음모가들을 강타할 줄 알고, 또 자유를 지지하고 지원하는 노력에 보답할 줄 안다는 사실을 증명합시다.

서명자들은 수많은 시민이 맡긴 임무를 기꺼이 수행하려고 탄원서를 제출했으니, 시 당국에서는 시민정신을 예술로 승화시켜 웅장하고 기억에 남을 만한 잔치를 준비해달라고 부탁했다. 인민의 행정관들도 참석해서 인민을 위해 자신을 희생한 사람들의 승리를 기려달라는 말도 잊지 않았다. 조국은 국민의 칼과 창 위에 새겼던 "자유가 아니면 죽음이다"라는 맹세를 그들을 묶었던 사슬에도 새겼다. 그 말은 그들 모두의 가슴에, 진정한 프랑스인 모두의 가슴에 새긴 맹세였던 것이다. 파리 코뮌은 이 탄원서를 인쇄해서 48개 구에 보냈다.

25일에는 바스티유 정복자들, 생탕투안 문밖 주민들, 파리 중앙시장 인부들, 국회의원들과 헌우회 회원들이 함께 잔치를 벌였다. 그들은 새 중앙시장에 모인 뒤 잔치상을 차려놓은 샹젤리제로 향했다. 삼색 표식을 묶은 창끝에 자유의 모자를 씌워서 앞세우고 북소리와 음악소리에 맞춰 행진했다. 즐겁고 활기 넘치는 분위기였으며 아무런 불상사도 없었다. 그들은 여러 차례 애국심을 부추기는 축배를 들었다. 얼마 전 국회에서 권리를 인정해준 유색인 시민들도 챙겼다. 중앙시장의 인부들을 "조국의 인부들"이라 불렀는데, 그들을 위해서 가장 순수하고 열렬한 시민정신이 숨 쉬는 연설문을 낭독했다. 잔치가 거의 끝날 즈음 파리 시장 페티옹이 참석하자 분위기가 다시 살아났다. 사람들은 그를 가장家長처럼 환대했다. 잔치가 끝난 뒤 사람들은 흥겹게 헌우회 회의장으로 갔다. 마침 전날에 북치기가 딸을 얻었는데, 그 자리에서 세례성사를 거행했다. 바스티유 정복자로서 칼바도스 주교이자 국회의원 포셰가 집전했다. 역시 바스티유의 정복자이며 국회의원인 튀리오가 대부, 국회의원 칼롱Étienne Nicolas de Calon의 딸인 칼롱 양이 대모가 되었다. 세례반 밑에는 바스티유의 깃발과 자유의 모자를 깔았다. 세례명은 페티옹 나시오날 피크Pétion-Nationale-Pique*였고, 아비는 아기 이름으로 시민맹세를 했다.

파리에서 샤토비외 병사들을 위한 잔치를 준비하는 동안 귀족주의자와 푀이양파는 잔치를 망치려고 노력했다. 그들은 비방문을 내걸고, 신문에도 실었다. 카페에서 사람들에게 잔치를 헐뜯는 소문을 내고, 수많은 집단 속으로 교묘히 파고들어 반대운동을 펼쳤다. 그럼에도 잔치를 하겠다는 의지를 꺾지는 못했다. 4월 5일 목요일에 자코뱅 클럽에서는 잔치의 성격을 "자유에 바치는 축제"로 규정했다. 4월 9일 월요일에 샤토비외 병사 40명은 베르사유를 거쳐 파리에 들어가면서 국회에 들러 인사를 하겠다고 전했다. 의원들 가운데는 이를 탐탁지 않게 여기는 부류도 있었다. 특히 파리 국민방위군 총사령관 라파예트의 부관 노릇을 하다가 입법의원이 된 구비옹은 자기 피붙이가 애국자로서 명령을 수행하다가 낭시의 반도들에게 총격을 받고 죽었다고 강조했다. 결국 호명투표를 실시했다. 참가자 546명 가운데 281명이 찬성해서 반대자 265명을 겨우 누르고 그들을 받아들이기로 결정했다.

---

* 파리 시장 페티옹, 국민, 창을 결합한 이름으로 당시로서는 가장 애국적인 이름이다.

찬성자와 반대자의 수를 비교하면서 우리는 다수결의 의미에 대해 다시 한번 성찰할 필요가 있다고 생각한다. 혁명의 주도권이 입법의회에 있지만, 그 속을 들여다보면 과반수가 이기는 원칙 뒤에는 그에 조금 못 미치기 때문에 승복해야 하는 의견이 있었다. 이번에는 찬성자가 이겼지만, 앞으로 혁명을 이끄는 세력이 변화를 싫어하는 세력에게 밀리는 경우가 많다는 사실을 볼 것이다. 그래서 입법의회를 다그쳐 혁명을 급진화할 수 있는 원동력은 국회의 바깥에 있었다. 대의민주주의만으로 혁명이 추진력을 얻기는 어려웠다는 사실을 잊지 말자. 어쨌든 다수결의 원칙에 따라 샤토비외 병사들은 그들을 언제나 옹호하는 콜로 데르부아를 앞세우고 국회에 당당히 들어갔다. 그들과 함께 온 베르사유 국민방위군 분견대도 함께 회의장으로 들어가 요란하게 북을 치며 "국민 만세!"를 외쳤다.

4월 11일, 파리 시정부는 15일인 일요일에 잔치를 벌이기로 결정했다. 바이이가 시장이었다면 어떻게 결정했을까? 페티옹이 시장이기 때문에 이렇게 결정할 수 있었다.

파리 시정부는 대다수 시민이 샤토비외 병사들을 맞이하는 일에 만족해 다음 일요일에 모여 순수한 기쁨을 맛봐야 한다고 생각했다. (……)
1. 4월 15일에는 어떠한 시민도 정당한 이유 없이 무기를 소지해서는 안 된다. 모든 종류의 무기를 금지한다.
2. 파리에 생필품을 공급하거나 청결을 유지하는 목적의 차량을 제외하고 어떠한 차량도 아침 6시부터 저녁 8시까지 통행할 수 없다.

장소는 역시 샹드마르스였다. 광장의 본질을 다시 한번 생각하게 만드는 곳이다. 예로부터 광장은 권력자들이 자신을 돋보이게 만들기 위해 백성에게 주는 공간이었다. 왕은 광장을 조성하고 한가운데 자기의 기마상을 세웠다. 자기가 직접 나가지 않아도 기마상이 대신 백성을 굽어 살피고 왕국의 질서를 유지했다. 교회나 시청 앞에도 광장이 있었지만 오롯이 권력자의 것이었다. 그러나 자유를 찾은 시민들이 광장을 만들었다. 바스티유 요새를 정복하고 허문 뒤에 생긴 광장은 자유시민들이 만든 것이다. 오랫동안 권력을 유지하는 도구로 쓰던 샹드마르스 광장도 새 세상을 만든 시민들이 중요한 잔치를 벌이는 곳으로 바뀌었다.

이러한 일이 일어나는 과정을 잠깐 더 살펴보자면, 광장은 실내에서 탄생했음을 알 수 있다. 계몽주의 시대에 실내에서 신분을 뛰어넘은 인간관계가 '대화의 광장'을 만들었고, 그 광장을 외부로 끌고 나왔다. 이처럼 권력자들이 만들어준 공간을 시민들이 자유로운 공간으로 만들었다. 외부의 공간이라 해도 권력의 감시를 받는 '밀실'이던 시대를 끝낸 것은 역설적으로 실내에서 자유롭게 의사를 소통하던 '대화의 광장'이 발달한 덕이었다. 이러한 광장을 하버마스J. Habermas는 "부르주아적 공론영역"이라 규정했다. 21세기 대한민국 서울의 시청 앞 광장과 광화문 광장이 차벽으로 막힌 '밀실'이던 때가 엊그제였지만, 2016년부터 촛불의 물결이 넘실대는 진정한 광장이 되었음을 보면서 1792년의 샹드마르스 광장의 의미를 생각하자. 1789년 7월 14일 샹드마르스 광장에는 왕이 소집한 군대가 주둔했다. 1년 뒤에는 거기서 국민화합의 대잔치인 전국연맹제를 열었다. 다시 1년 뒤에는 학살사건이 일어나기도 했지만, 1792년 봄에는 민중의 힘으로 화합의 잔치를 열게 되었다.

샹드마르스의 잔치는 2박 3일 동안의 준비면 충분했다. 4월 15일 일요일 오전부터 파리 동북쪽 트론 세관울타리(오늘날의 나시옹 광장)에 모인 사람들이 천천히 바스티유 광장을 향해 움직이기 시작했다. 그때가 11시였으니 여느 잔치 때보다 늦게 출발한 셈이다. 그들은 바스티유 터에 자유의 상을 세우고 나서 다시 길을 떠났다. 소박한 행렬은 길가에 서서 구경하는 가난한 사람들을 무시하는 태도를 조금도 보여주지 않았다. 가난한 사람들도 서슴지 않고 꼬리를 잡았기 때문에 점점 더 많은 사람이 긴 줄을 만들면서 샹드마르스를 향해 나아갔다. 그래서 질서가 없는 것 같아도 참가자들과 관중은 모두 즐거워했다. 소박한 행렬이지만 그들이 들고 가는 기념물들은 멀리서 봐도 사람들의 마음을 감동시켰다. 행렬의 맨 앞은 돌판 두 장에 새긴 인권선언문이었다. 그것은 마치 성경에서 본 십계명을 연상시켰다. 돌판이 무거웠기 때문에 장정 두 명이 한 장씩 어깨에 메고 갔다. 그들은 가끔 멈춰서 쉬거나 뒤따라오는 긴 행렬을 기다렸다. 그때 그 주위에 사람들이 몰려들어 인권선언문의 첫 줄을 큰 소리로 읽었다. "인간은 자유롭게 태어나고 평등한 권리를 누리면서 살아간다."

볼테르, 루소, 시드니Algernon Sidney, 프랭클린Benjamin Franklin의 흉상이 '인권선언문'의 뒤를 따랐다. 볼테르는 살아 있을 때 종교인들을 실컷 놀리면서 사람들을 웃겼다. 걱정스러운 표정의 장 자크 루소는 귀족을 사랑하지 않았고, 결코 그들에게 은혜를 입었다고 생각하지 않았다. 영국인 시드니는 왕에게 무릎을 꿇느니 차라리 단두대 위에 머리를 올려놓았다.* 끝으로 프랭클린은 신세계의 해방자였다. 그리고 영국, 미국, 프랑스의 세 나라 깃발, 전국의 도 이름을 하나씩 쓴 83개 깃발이 따라갔다. 그 뒤를 흰옷의 아가씨들이

---

* 시드니(1623~1683)는 영국 왕 찰스 2세의 정부를 전복하려 했다는 죄목으로 처형되었다.

석관 모형 두 개에 달린 사슬을 들고 따라갔다. 그것은 얼마 전에 풀려난 샤토비외 병사들을 묶은 사슬을 뜻했다. 사람들은 관을 보면서 낭시의 학살을 떠올렸다. 둘 중 하나는 데질과 메스 국민방위군을 기리는 것이고, 다른 하나는 샤토비외의 불운한 병사들을 기리는 것이었다. 바스티유의 열쇠, 깃발, 돌이 따랐다. 그 뒤로 샤토비외 스위스 병사 40명이 따라가는데, 제복을 입은 프랑스 수비대, 의용군과 정규군 병사들도 그들 사이에 섞여 있었다. 스위스 병사들을 구별할 수 있는 표식은 오직 노란 견장뿐이었다.

그들 뒤에 자유의 전차가 따라갔다. 베르사유 궁과 샹티이 궁에서 데려온 말 스무 필이 끄는 전차의 바퀴는 볼테르를 팡테옹에 안장할 때 이용한 마차의 바퀴였다. 철학(계몽주의)이 프랑스를 자유로 이끌어주었다는 뜻이다. 고대의 전차를 본뜬 것으로서, 화가 다비드가 한 면에 로마 공화정을 세운 브루투스Lucius Junius Brutus의 고사古事를 그렸다. 브루투스는 공화정을 확실히 뿌리내리려고 노력하던 때 자기 아들 두 명이 가담한 왕정복고 음모를 적발했다. 그는 공화국을 위해 냉정하게 아들까지 처형했다. 다비드는 이 고사를 이미 1789년에 그린 적이 있다. 다른 면에는 스위스 독립의 영웅 빌헬름 텔이 아들의 머리에 얹은 사과를 쇠뇌로 쏘는 장면을 그렸다. 텔은 쇠뇌로 오스트리아 총독 게슬러Hermann Gessler를 쏴 죽여 그 시신을 밟고 있었다. 전차 위에 앉은 자유의 상은 곤봉을 짚고 있었다. 전통적으로 왕홀은 인민의 피를 가지고 얻은 권력을 세련된 모양으로 다듬어 보여주었지만, 자유는 구체제를 몽둥이로 때려 부숴서 얻는다는 뜻이다. 자유의 상 앞에 향불을 피운 전차의 앞 돌출부에는 단도 여섯 자루가 한군데를 향하고 있었다. 그것은 자유의 당당한 걸음을 방해할지 모르는 전제주의의 심장을 겨눈다는 뜻이다. 어리석음을 상징하는 인물이 우스꽝스러운 옷을 입고 유난히 귀가 긴 준마에 타고 전차를 따라갔다.

　콜로 데르부아와 브레스트 의원들*이 맨 앞에서 이끈 긴 행렬은 파리의 반쪽을 아무런 방해도 받지 않고 돌아다녔다. 민중의 행렬이 이렇게 공권력의 저지를 받지 않고 다니던 때가 언제였던가? 내무부는 전혀 관여하지 않았고, 도 지도부는 파리 시에 질서를 잘 유지하라고 지시했다. 그래서 전날 무기 소지와 마차 통행에 대한 주의사항만 나왔을 뿐이다. 40만 명 정도의 시민이 거리로 나왔지만 스스로 질서를 지켰고, 따라서 아무런 불상사도 없었다. 그들은 밀 이삭을 총검처럼 곧게 세우고 행진했다. 처음 만나는 사람들이 어깨를 나란히 걸으면서 형제애를 나누었다. 그들은 앞으로도 이 같은 잔치에는 총검을 동원하지 않더라도 질서를 지킬 수 있다고 확인했다. 예전의 총검은 귀족과 상퀼로트를 분리했지만, 이번의 잔치에서는 다중이 오직 형제애를 나누었다. 행렬은 여덟 시간만인 저녁 7시에야 샹드마르스에 도착했다. 수많은 사람이 파리 시내를 누비고 다녔으며, 곳곳에서 환영하고 합류하는 사람들 때문에 발걸음을 늦춰야 했던 것이다.

　행진과정 자체도 잔치였다. 마침내 30만 명이 샹드마르스의 조국의 제단 주위에서 손을 맞잡거나 껴안으면서 왕과 부이예의 탄압에 신음하던 희생자 40명의 고통을 위로했다. 그들은 수없이 반복해서 아주 긍정적인 노래 〈아, 잘될 거야〉(제3권 294~298쪽 참조)를 불렀다. 그리고 시인 셰니에**가 쓰고 고섹이 작곡한 자유의 송가를 수많은 악기의 반주에 맞춰 가수들이 아름다운 목소리로 불렀다. 전쟁이 터지기 열흘 전에 파리에서 치른 이 민중 화합

---

*　피니스테르 도에서는 모두 여덟 명의 의원을 뽑았는데, 브레스트 출신은 코뮌 검찰관 카블리에 Blaise Cavellier, 인쇄업자 말라시Romain-Nicolas Malassis였다.

188

의 잔치는 특별했다. 처음부터 끝까지 민중이 주도적으로 계획을 세우고 실천하면서 직접 만들고 장식했다. 그들은 애국심과 형제애로 뭉쳤기 때문에 훌륭한 잔치를 차질 없이 준비하고 끝마쳤다. 파리의 남녀노소가 함께 참여한 민중 잔치는 상퀼로트들의 정치무대 등장을 극적으로 보여주었다. 그러나 이번에는 평화롭게 참여했지만, 앞으로 그들이 어떤 역할을 맡을지 지켜봐야 한다. 프뤼돔은 『파리의 혁명』에서 이렇게 극찬했다.

"우리는 1792년 4월 15일을 1789년 7월 14일과 동급으로 생각한다. 이 두 날은 프랑스 인민에게, 특히 파리 인민에게 가장 영광스러운 날이다."

7
선전포고

4월 20일 금요일, 왕이 영접위원 24명과 대신들을 거느리고 국회에 들어서자 모든 의원이 자리에서 일어나 모자를 썼다. 회의장 분위기가 아주 숙연했다. 왕은 의장석 왼쪽에 마련해둔 팔걸이 의자에 앉았다. 의원들도 앉았지만, 대신들은 왕의 뒤편에 서 있었다.

"여러분, 나는 국민의 대표들에게 가장 중요한 문제를 논의하려고 이곳에 왔습니다. 외무대신이 우리의 정치 상황에 대해 국무회의에 보고한 내용

** 동생 마리 조제프 셰니에다. 형 앙드레 셰니에André Chénier는 푀이양파의 목소리를 단장격의 풍자시Iambe에 담았다. "이 영웅들, 한때 갤리선船의 노예석에 묶였던 / (……) / 우리 형제들을 아주 조금만 도륙한 / 돈도 아주 조금만 훔친 / (……) / 로베스피에르가 아끼는 40명의 살육자들 / 우리의 제단 위로 올라 우뚝 서려네 / (……) / 천과 돌에 생명을 불어 넣는 예술이여 / 서둘러 불멸의 존재로 만드시라 콜로 데르부아와 그가 보호하는 스위스인들을 / (……)"

을 읽도록 하겠습니다."

왕의 왼쪽 뒤에 서 있던 뒤무리에는 이틀 전인 18일에 보고한 내용을 읽었다.

"전하께서 왕정을 보장해준 헌법을 유지하겠다고 맹세하고, 위대하고 자유로운 주권자인 국민과 진지하게 마음을 합치고자 할 때부터 전하는 자유의 적들의 표적이 되었습니다.

유럽의 모든 궁전에는 오만과 폭정이 진동합니다. 어떠한 종류의 자연스러운 관계나 조약도 그 부당함을 멈출 수 없습니다. 전하의 옛 동맹들은 전하를 전제군주들의 반열에서 지웠지만, 프랑스인들은 전하를 다시 태어난 국민의 최고 수장이라는 영광스러운 자리에 확고하게 모셨습니다."

뒤무리에는 왕이 법에서 정한 의무를 수행하기로 약속했음을 상기시키고 나서 현실을 하나하나 짚었다. 프랑스 국민은 중상비방에 시달리고 주권을 무시당하며, 망명객 반도들은 이웃나라에 둥지를 틀고 국경지대에 모여 공개적으로 조국을 침공해 불바다를 만들겠다고 으름장을 놓는다. 그들이 조국과 맺은 관계를 끊을 수 있게 도와주는 나라가 있기 때문에 가능한 일이다. 1756년부터 오스트리아는 동맹조약을 무시했다. 프랑스는 조약을 성실히 지킨 대가로 부당한 전쟁에서 피와 재물을 소진했다. 그 후 프랑스는 전제주의의 피비린내 나는 비극에서 부수적인 역할만 하는 수준으로 떨어져 항상 오스트리아 왕실의 야망에 복종했다. 그러나 프랑스가 헌법을 제정하고 더는 그들의 야망을 채우는 비굴한 도구 노릇을 하지 않는다는 사실을 깨닫자, 그들은 이성의 업적인 프랑스 헌법을 파괴하리라고 맹세했다. 그들은 프랑스가 지금까지 했던 헌신을 모두 잊어버리고 오히려 철천지원수가 되었다. 황제 레오폴트 2세는 끊임없이 유럽 열강들을 프랑스와 대립시킬 방법을 찾았다. 그는 오래전부터 러시아와 공모해 폴란드와 터키를 나눠 가질 궁리를 했고, 프랑스와 스웨덴을 이간질했다. 그는 3월 1일에 죽고, 구스타브 3세도 3월 29일에 살해당했다.

레오폴트 2세의 뜻을 담아 카우니츠 공이 지난 2월 18일에 보낸 공식 서한은 진정한 뜻의 선전포고였다. 지배자의 대변자인 카우니츠 공은 "트리어 공국에 망명객 군대가 집결한 문제에 그 어느 때보다 더 공정하고 평화로운 의지"를 보여주었다고 말했다. 사실상 비엔나 황실은 페이바(벨기에 지방)에서 무장 망명객들을 떠나게 만들었다. 프랑스인들이 모이면 페이바에 망명객들이 더 유입될까봐 두려웠기 때문이다. 그와 동시에 비엔나 황실은 발Bâle(바젤) 주교의 요청을 받아들여 포랑트뤼Porrentruy에 부대를 설치해 두Doubs 도道로 쉽게 들어갈 수 있는 길을 열어주려고 했다. 이것은 명백히 발의 영토를 범하는 조치이며, 포랑트뤼를 발과 프랑스의 보호 아래 둔다는 조약을 파기하는 행위였다.

그들은 또한 브라이스가우Brisgaw/Breisgau에 군부대를 많이 증설했으며, 벤더Blasius Columban Freiherr von Bender 원수에게 혹시 프랑스인들이 트리어 선제후령에 집결한 망명객 반도들을 치러 들어오면 부대를 거기로 이동하라고 명령했다. 비엔나는 트리어 선제후에게 집결을 허용하지 말라고 하는 것 같았고, 종교인 선제후도 한순간 그들을 해산할 의도가 있는 것 같았지만, 사실상 트리어에 나간 대사를 거짓말로 속이고 무모한 행동으로 겁박하려고 노력했다. 코블렌츠에서는 더 많은 병력이 모이기 시작했고 필수품의 창고도 가득 찼다. 이러한 모습은 프랑스에 위협과 폭력으로 비칠 수밖에 없다.

뒤무리에는 보고서에서 카우니츠의 말을 조목조목 따지고 분석했다. 그에 따르면, 황제 레오폴트 2세가 죽었기 때문에 다른 원칙을 적용해서 협상

해야 할 필요가 생겼지만, 오스트리아 가문의 야심은 변함이 없으므로 군주가 바뀌어도 아무런 체제상의 변화가 없다. 레오폴트의 뒤를 이은 보헤미아와 헝가리의 왕le roi de Bohême et de Hongrie 프란츠 2세는 유럽의 평화와 안정, 특히 프랑스와의 관계에 대해 명확한 의지를 밝혀달라는 요청에 카우니츠 공을 통해 지난 3월 18일에 답변하게 했다.* 입법의회는 3월 29일에 그답변을 읽고 프랑스에 대한 사실상의 최후통첩으로 판단했다. 프란츠 2세는자기 아버지가 프랑스를 견제하려고 맺은 동맹을 유지하고, 더 나아가 프랑스가 헌법을 그의 판단에 맡기고 수정할 때까지 존속시키겠다는 뜻을 비쳤기 때문이다. 더욱이 자코뱅파가 프랑스를 혼란에 빠뜨린다고 하면서 국민을 두 편으로 갈라 서로 싸우게 만들려고 한다. 그럼에도 프랑스인들은 분열하지 않을 것이다. 프랑스가 위험해질 때, 수많은 망명객은 들고 있던 범죄의깃발을 버리고 잘못을 뉘우치면서 조국을 위해 싸워 속죄할 것이다. 왕은 국민이 받은 모욕에 공감하고 시민정신의 모범을 보여야 한다. 뒤무리에는 오스트리아 황실 대법관인 80대의 카우니츠 공이 3월 18일에 쓴 공식 답변을분석한 결과를 다음과 같이 요약했다.

1. 1756년의 조약은 오스트리아 가문이 깼다.
2. 보헤미아와 헝가리의 왕은 레오폴트 황제가 1791년 7월에 촉구한 열

---

* 이 공식 서한을 받은 프랑스 대사는 노아유 후작marquis de Noailles, Emmanuel-Marie-Louis de Noailles이다. 그는 제헌의원 노아유 자작Louis-Marie de Noailles의 형이었다. 노아유 후작은 뒤무리에가 3월 15일에 외무대신이 되자마자 편지를 보내 자신을 소환해달라고 부탁했다. 4월 14일, 입법의회는 중대한 시기에 그가 임무를 벗어나려 했기 때문에 고소했다. 그는 송환되어 감옥에 갇혔고, 2년 뒤 로베스피에르가 죽은 뒤에야 풀려나게 된다.

강의 협조를 인정했음이 1792년 3월 18일 카우니츠 공의 답변서에서 확실히 나타났다. 그것은 프랑스에 적대적인 협상에 대한 최후통첩이며 공식적인 적대행위다.

3. 3월 19일과 27일에 프랑스가 보낸 외교문서에 즉시 솔직한 답변을 하지 않을 경우, 프랑스는 이 최후통첩을 공식적인 선전포고로 보고 확실한 전쟁상태에 돌입했다고 간주할 것이다.

4. 지금부터 노아유에게 비엔나 황실과 모든 연락을 끊고 또 작별인사도 하지 말고 곧바로 프랑스로 돌아오라는 명령을 내려야 한다.

날마다 오스트리아의 군대가 사방에서 국경으로 몰려드는 긴급한 상황에서 왕은 헌법을 지키겠다고 맹세한 대로 처신해야 한다. 헌법은 국가의 전쟁상태를 선포할 권한을 왕이 아니라 입법부에 주었다. 왕은 입법부에 건의를 요청하는 대신 전쟁을 공식적으로 제안해달라고 요청해야 한다.

이제 왕이 대신들을 거느리고 국회에 온 목적이 분명해졌다. 왕은 평소보다 좀더 엄숙한 목소리로 말했다.

"여러분은 내가 비엔나 황실과 협상한 결과에 대해 들었습니다. 보고서의 결론은 나와 내각 구성원들의 의견입니다. 나도 그 결론을 받아들였습니다. 그것은 국회가 여러 차례 내게 표현한 소원과 일치하며, 왕국의 각계각층 시민 대다수의 정서와도 일치합니다. 모든 사람은 프랑스 인민의 위신이 모욕당하고 국가안보가 위협당하는 상황을 더 오래 견디기보다 전쟁을 택하기로 했습니다.

나는 지금까지 평화를 유지하기 위해 모든 수단을 동원했습니다. 그러나 오늘 나는 헌법이 정한 대로 국회에 요청하려고 여기 왔습니다. 국회는 보헤미아와 헝가리 왕에게 전쟁을 선포하라고 내게 제안을 해주십시오."

국회의장 비고 드 프레아므뇌Félix-Julien-Jean Bigot de Préameneu는 왕에게 "국회는 전하께서 공식 요청하신 문제를 심사숙고하여 결과를 알려드리겠습니다"라고 말했다. 왕은 대신들을 거느리고 회의장을 빠져나갔다. 그를 영접했던 위원 24명이 배웅했다. 방청석과 국회 경내에 있던 시민들이 박수를 쳤지만, 누군가 조용히 하라고 외치는 바람에 잠시 조용해졌다. 가끔 "왕 만세!" 소리가 들렸다. 그때가 1시 15분이었는데, 의장은 5시까지 정회하겠다고 선언했다.

마침내 저녁회의가 열린 뒤 '선전포고'에 대해 토론을 시작했다. 타른 도의 라수르스Marc-David-Albin Lasource 의원은 먼저 외교위원회에 검토를 맡기고 다음 날 오전에 보고를 받아 처리하자고 제안했다. 몇 명이 찬성의 표시로 박수를 쳤고, 사방에서 의원들이 오랫동안 쑤군댔다. 에로에서 뽑힌 루예는 아직 의원들의 수가 모자라니 그동안 군사위원회의 보고를 들으면서 전쟁에서 승리할 방안이나 생각하자고 제안했다. 아르덴의 다베루는 외교위원회의 보고를 먼저 듣고 다음 날 회의에서 토론해야 한다고 주장했다. 바스 피레네의 르랑부르Salvador-Paul Leremboure는 일단 이 문제의 토론을 연기할 이유는 충분하다고 믿으며, 위원회의 보고를 듣는 것보다 더 중요한 일이 있다고 말했다. 의원들은 프랑스가 프로이센과 어떤 관계를 유지하는지 먼저 알아야 더 훌륭한 결정을 내릴 수 있다는 것이다. 그러므로 라수르스 의원의 발의에 덧붙여 프로이센과의 관계에 대해서도 보고하도록 해야 한다고 르랑부르는 발의했다. 여러 의원이 르랑부르의 발언은 의제에서 너무 벗어났다고 지적했다.

오트 가론의 멜은 외교위원회에 검토를 맡기는 일에 반대한다고 말해서 일부 의원들과 방청객들의 뜨거운 박수를 받았다. 그는 비엔나 황실이 자유에 대한 음모를 허울 좋은 평화로 감추었을 때도 입법의회가 프랑스의 독립을 인정시키기 위해 전쟁을 언급했는데, 막상 그들이 적대적 태도를 보여줬음에도 토론하자는 것은 시간낭비라고 주장했다. 모든 프랑스인의 시선이 국회에 집중했을 때, 그들에게 즉각적이고 일치단결된 결의를 보여주어야 한다. 우파 의원들은 목소리를 높여 반대했고, 좌파 의원들은 그에 맞서서 찬성했다. 방청석에서도 찬성의 박수소리가 터졌다. 멜은 말을 이었지만 장내가 소란스러워 아무도 알아들을 수 없었다. 방데의 구피요Philippe-Charles-Aimé Goupilleau는 의장에게 장내 질서를 유지해 멜 의원의 발언을 들을 수 있게 해달라고 주문하면서 손으로 우파 의원들을 가리켰다.

"우리는 비엔나 황실의 위협을 받아 국가 위신에 심한 상처를 입었습니다. 제발 헛된 토론으로 시간을 낭비하지 맙시다. 한마디로 우리가 조국의 용감한 수호자들의 용기를 한순간이나마 의심하는 것처럼 보인다면 그것은 심한 모욕이 아닐 수 없습니다."

멜 의원의 말에 또다시 의원석과 방청석에서 박수가 터졌다. 어떤 의원이 볼멘소리를 냈다. "방청석을 향해서 발언하지 말고, 국회를 향해서 발언하시오!" 여러 의원이 제각기 소리를 질렀다. 의장이 질서를 회복한 뒤에 "왕의 제안을 위원회로 보내 검토하게 하자는 안, 아니 당장 토론하자는 안이 있었다"고 정리하자 여러 의원이 당장 토론하자는 안에 반대했고, 대다수 의원이 찬성했다. 방청객들도 찬성에 호응했다. 의장은 다시금 질서를 회복한 뒤, 여러 의원이 문제의 핵심으로 곧장 들어가기를 원하는 것 같으므로, 왕의 제안을 당장 다룰지 말지 물어보겠다고 말했다. 여러 의원이 찬성했다.

제르의 마리봉 몽토Louis Maribon-Montaut는 아침에 회의장에 외부인들이 있었는데 지금도 있으니 그들을 당장 내보내라고 요구했다. 보주Vosges의 마랑Joseph Marant은 의장에게 왕의 제안을 위원회에 보내는 안도 물어보라고 주문했다. 대다수 의원은 왕의 제안에 대해 토론하기로 의결했다. 그러나 센에우아즈의 위아는 싸울 때는 신속한 행동이 중요하지만 심사숙고할 때는 신중해야 한다고 주장했다. 그래서 무엇을 발의할 것이냐는 질문을 받고 그는 당장 토론을 시작하지 말 것이며, 이 회의에서 끝을 보지도 말자고 발의했다. 그는 의장이 당장 토론을 시작할 것인지 서둘러 물어봤는데, 그 결과 전쟁을 하자는 긍정적인 답을 얻은 것처럼 보이지만, 장내가 너무 소란스러워 자신이나 의원 대다수가 의장의 말을 제대로 알아들을 수 없었고 결정에 참여하지도 못했다고 주장했다. 의장은 다시 한번 물었고, 다수 의원이 당장 토론을 시작하자고 의결했다. 각부 대신들도 토론을 방청하려고 회의장으로 들어왔다.

파리의 파스토레가 말문을 열었다. 그는 오전회의에서 뒤무리에가 보고한 내용을 보면 프랑스가 충분히 위협을 받고 있으므로, 이제는 지난 2년 동안 조국의 친구들의 소망과 생각을 혼란스럽게 만들었던 긴 불확실성에서 벗어나야 할 때라고 강조했다. 그리고 위대한 국가가 모든 나라 인민의 한결같은 대의명분인 자유를 지키려고 용기를 발휘하는 모습을 유럽에 보여주어야 할 시기라고 덧붙였다. 자유가 승리하느냐 또는 지상에서 사라지느냐, 갈림길에 있다. 자유에 충실하면 승리할 것이고, 시민 병사들과 병사 시민들은 똑같은 마음으로 자유를 수호하려고 달려갈 것이며, 결국 승리로 자유를 공고히 할 것이다. 헌법의 수호자들은 지금은 모든 도, 도시와 마을에 있지만, 여차하면 무장한 채 국경으로 달려가 자유로운 나라를 지킬 것이다. 파스토레는 오전에 왕이 국회에 제안한 것을 반대할 의원은 그리 많지 않을 것이라고 생각한다면서 다음과 같은 법안을 발의했다.

왕의 공식 제안을 심의한 국회는 프랑스 국민의 이름으로 보헤미아와 헝가리의 왕에게 전쟁을 선포한다고 의결하는 동시에 의원 24명의 대표단이 이 법을 왕에게 가져가 승인을 받도록 한다.

의원들과 방청객들은 열렬한 박수로 찬성의 뜻을 밝혔다. 누군가 전쟁을 반대하는 의견이 없으면 곧바로 토론을 끝내자고 요청했다. 북부 지방 오트마른Haute-Marne의 베케Louis Becquey가 왕의 제안을 받아들여서는 안 될 이유를 말하게 발언권을 달라고 하자, 다수 의원이 "옳소, 말하시오!"라고 외쳤다. 그리고 금세 숙연해지면서 베케가 말하기를 기다렸다. 그는 전쟁이 국가 운명에 큰 영향을 끼치는 중대한 사건이므로 너무 서둘러서 결정하면 안 된다고 주장했다. 국회에서 왕의 제안을 받아들이건 말건, 그러한 결정을 내리기 전에 시간을 충분히 내서 득실을 냉정하게 따져야 한다. 먼저, 프랑스는 보헤미아와 헝가리의 왕을 상대로 전쟁해야 하는가? 이 문제는 왕의 제안에 들어 있기 때문에 토론해야 한다. 그래도 국익과 관련해서 살펴봐야 한다. 인민의 대표들은 언제나 국익에서 의무를 찾고 읽어야 한다. 자유로운 나라에서는 오직 인민을 위해서 전쟁할 뿐이기 때문이다. 외무대신은 외부의 적으로부터 헌법을 지키는 동시에 국가의 존엄성에 대한 모욕을 되갚아주기 위해서 전쟁이 필요하다고 왕을 설득했다. 기간과 그 과정을 계산하지 않은 채 전쟁을 시작해도 과연 헌법을 방대한 위험에 노출시키지 않을 수 있는가? 오스트리아 내각이 프랑스에 준 모욕은 프랑스가 전쟁할 명분이 될 수 있는가? 베케는 어디서나 전쟁을 외치는 일이 프랑스인들에게 아주 자연스러운 열의라 하겠지만 감히 그것에 반대한다고 강조했다.

"이곳이 조국의 운명을 다루는 국회인 만큼 전쟁이 노예제에 버금갈 정도로 큰 재앙을 가져온다는 사실을 확실히 보증하고자 하는 의견에도 호의를 보여주시리라 확신합니다."

그는 프랑스가 모든 악의 근원인 구체제를 전복하는 과정에서 격렬한 변동을 겪었는데, 이런 상황에서 전쟁을 한다면 비극을 심화하고 개인을 더욱 불행하게 만든다고 주장했다. 한마디로 전쟁 때문에 시민들은 안식과 행복을 추구하기 어렵다. 더욱이 새로운 제도들은 국가가 안정되었을 때 추구하고 번영시킬 수 있다. 그래서 거듭거듭 일어나는 정치적 반동에 맞서야 한다. 새 정부는 이제 겨우 첫걸음을 내디뎠고 본격적인 활동을 시작하지 못했다. 이처럼 제도를 새로 갖추기 시작한 국가는 섣불리 전쟁에 휩쓸리기보다 신중하게 멀리해야 한다. 여러 의원이 여기저기서 웅성거렸지만 베케는 할 말을 이어나갔다. 사실, 전쟁은 국가 존립을 건 도박이나 다름없는데 마치 만병통치약이라도 되는 듯이 낙관론을 펴는 의원들에 맞서, 전쟁을 될수록 피하자는 발언은 그동안 제대로 말도 하지 못하고 냉가슴 앓던 사람들의 마음을 대변했다.

"헌법은 확고히 뿌리를 내리지 못했습니다. 3권과 헌법이 보장한 각급 기관들도 확실하게 작동하지 못하는 실정입니다. 아직도 모든 사람이 법에 복종하지 않습니다. (……) 사방에서 대립과 분쟁이 계속 일어나 여러 도가 황폐해졌습니다. 그러한 분쟁과 갈등을 진압하려면 강력한 힘이 필요합니다. 우리 군대가 외부에서 싸운다면, 누가 국내의 적대세력들과 싸우겠습니까?"

일부 의원들이 "우리가 합니다!"라고 외쳤다. 3월 31일에 사임한 모느롱Augustin Monneron의 뒤를 이어 4월 2일에 의원이 된 해군장교 출신 케르생Armand-Guy Kersaint이 발언권을 신청했지만, 베케 의원이 말을 이어나갔다. 재정은 국가의 중추이며, 프랑스 재정은 수지균형을 맞추지 못한 상태인데,

전쟁이 제아무리 다행스러운 방향으로 끝난다 할지라도 재정에 치명타를 입힐 가능성이 크다. 다른 나라에서 전쟁을 수행할 경우 돈과 물자를 가지고 다녀야 하기 때문에 평화 시보다 적어도 두 배는 더 필요할 것이다. 아시냐만 가지고 외국에서 군수물자를 구하기가 어렵기 때문에 정화正貨가 필요하다.

에로에서 뽑힌 캉봉이 베케의 말을 끊고 재정상태에 대해 잘 알지도 못하면서 함부로 얘기하지 말라고 말했다. 노르의 고쉬앵은 의장에게 사실을 바탕으로 발언하도록 촉구해달라고 주문했다. 베케는 아랑곳하지 않고 말을 이었다. 국민의 의지와 국민이 지키는 명분이 얼마나 도덕적으로 큰 힘을 갖는지 자신도 잘 안다. 자유를 위해 싸우는 프랑스인들에게 얼마나 놀라운 가치를 기대하는지도 잘 안다. 그리고 프랑스인들이 굉장한 노력으로 할 수 있는 일과 적들이 그 때문에 겁을 먹고 있다는 사실도 잘 안다. 하지만 프랑스의 육군과 해군의 군사력이 과연 여러 나라와 전쟁을 수행할 정도인지 걱정이 아닐 수 없다. 베케가 계속 비관적인 얘기를 이어가자 여기저기서 웅성거리는 소리가 끊이지 않았다.

여러 의원이 의사일정대로 진행하라고 의장에게 촉구하고, 솜의 살라댕은 베케의 말을 더 듣지 않아도 좋은 이유를 증명하겠다고 나섰다. 마티외 뒤마는 의원의 발언권을 보장해야 한다고 맞섰다. 살라댕은 의원들이 자신의 발언권을 인정하는지 아닌지 물어보자고 제안했다. 센앵페리외르의 불랑제 Louis-Charles-Alexandre Boullenger는 토론을 계속할 것인지 의결하자고 제안했다. 의장은 장내에서 웅성거리거나 개인적 대화를 자제해달라고 요청하고, 발언자에게는 의제에서 너무 벗어나지 말라고 촉구했다.

왕정의 지지자였지만 혁명의 성과를 거부하지 않았던 베케는 훗날 국내의 항구와 강과 운하를 연결해 교통망을 구축하는 일에 관심을 가졌다. 그는 전쟁을 피해야 할 이유를 계속 나열하면서 의원들을 설득했다. 프랑스 해군을 운영하려면 막대한 노력과 비용이 든다. 수많은 해군장교가 군무를 이탈했기 때문에 전력을 회복하려면 시간이 필요하다. 육군도 3분의 1이 신병이다. 따라서 군기를 바로 세워 정예부대를 만들려면 시간이 더 필요하다. 숫자도 중요하지만 사기와 전투력도 중요하기 때문이다. 다행히 국민방위군의 사기는 하늘을 찌르지만 경험이 부족하다. 그들은 아직 실전에 적응할 만큼 훈련을 받지 못했다. 프랑스인들은 자유를 위해 목숨을 바치겠다고 맹세했고 앞으로 그 맹세를 지킬 것이다. 입법부는 이러한 점을 고려해서 도저히 조국을 구할 방도가 없을 때만 조국의 자식들을 희생시킬 각오를 해야 한다. 국내의 사정을 보면 전쟁을 피해야 할 이유가 충분하다. 설사 전쟁에서 이긴다 해도 결과는 아주 치명적일 것이기 때문이다. 전쟁이 일어나 오스트리아 가문을 공격하고 브라방 지방에 들어가면서 전면전으로 발전할 가능성과 그 때문에 일어날 모든 위험성을 미리 계산해야 한다. 비엔나 대사 노아유는 최근 통신문에서 프로이센과 오스트리아 가문이 이미 대프랑스 동맹을 맺었다고 알려왔다. 베를린에서는 비엔나의 보헤미아와 헝가리 왕에게 프랑스를 공격하라고 압박한다. 그러나 후자는 방어조치만 내리길 원한다. 신성로마제국의 모든 선제후와 군소 제후들은 유사시 오스트리아와 프로이센에 가담할 것이다.

의원들은 차분하게 베케의 연설을 듣고 있었다. 그는 방해받지 않으면서 주장을 길게 펼칠 수 있었다. 제국의 남부에 있는 공국들은 북부의 공국들에 비해 프랑스에 적대적인 정책을 펴지 않는다. 북부의 공국들은 프랑스의 적들에게 돈이나 육군 병력 또는 배를 지원해줄 수 있다. 또한 열강 중에 영국에 주목해야 한다. 영국 수상은 중립을 말하고 있지만, 프랑스가 브라방 지방으로 들어가고 오스트리아를 공격하면 갑자기 정책을 바꿀 수 있음을 명심해야 한다. 오래전부터 영국은 페이바(벨기에)가 자기 나라를 보호해줄 장벽이라고 생각했다. 프랑스가 전혀 합병할 의사가 없음을 영국에 확인해준다 해도, 영국은 프랑스가 벨기에 사람들을 대변하거나 지원해 그들로 하여금 오스트리아 가문의 지배를 벗어나게 하려는 목적을 가지지나 않았는지 의심한다. 영국은 프랑스가 벨기에인들과 동맹을 맺는 대가로 스헬더 강Escaut/Scheldt을 자유로이 출입하게 될까봐 두려워한다. 프랑스가 벨기에인들과 상업을 재개해 영국과 네덜란드의 상업에 맞설까봐 두려워하는 것이다.

또한 영국은 네덜란드에 혁명이 일어나 대영제국의 정치와 무역의 이익을 해칠까봐 두려워한다. 네덜란드 총독은 완전히 영국 편이지만, 공화파는 상업상 이익만 추구하면서 언제나 프랑스 친화적이다. 그러므로 공화파가 승리하면 영국에는 아주 불리하다. 자연히 영국은 온갖 수단을 동원하고, 프로이센과 연합해서 네덜란드의 총독체제를 유지하려고 생각한다. 우호적인 태도를 보여주는 영국 정부는 자국민이 프랑스 헌법의 원리에 호감을 갖고 있다는 사실을 잘 알고 있다. 그래서 영국 정부가 프랑스와 관계를 끊는 것이 정치와 상업에서 큰 이익임을 자국민에게 보여주려고 노력할 것이며, 그렇게 하면 영국인은 금세 프랑스의 경쟁상대에서 적으로 바뀔 수 있다. 영국인들을 상대로 전쟁을 벌일 때 진즉에 정화正貨가 부족하고 식민지에서 재난을 겪은 프랑스의 상업은 치명타를 입을 것이다.

베케는 만일 프랑스가 오스트리아를 공격한다면 곧 유럽 전체와 싸우게 될 것이라고 강조한 뒤, "그 어떤 나라가 수많은 나라의 연합세력에 맞서 싸울 수 있겠습니까?"라고 물었다. 어떤 의원이 "프랑스!"라고 외쳤다. 베케는 말을 이었다.

"이러한 모험이 어떤 결과를 낳는지 깊이 몰두하는 일은 슬기롭지 못합니다. 정의로움이 언제나 무기의 운명을 결정한다면, 자유의 깃발은 언제나 승리할 것입니다. 그러나 우리는 신중치 못하게 환상에 속아서는 안 되며, 우리에게 국민이 맡긴 값진 것들을 전쟁이라는 요행에 노출시켜서도 안 됩니다. 차라리 우리는 조국을 이 끔찍한 참화에서 보호하기 위해 모든 수단을 동원하고 노력을 쏟아부어야 합니다.

여러분, 전쟁의 위험성을 역설하는 이유는 진실을 보여드려서 모든 사람의 정신이 더는 맹렬하게 동요하지 않도록 하려는 뜻입니다. 이 험난한 전쟁을 피할 수 없다면 이렇게 나서지 않았을 테지요. 그러나 아직 독일과 프랑스 사이의 분쟁을 조정할 수단이 있을 때, 비엔나가 공격을 시작하지 않는 것이 이익일 때, 그리고 아직도 협상의 길에서 벗어나지 않았을 때, 왜 무기를 들려고 노력합니까?"

일부 의원이 웃고 웅성댔다. 에로의 루예가 "자유로운 사람이 견딜 수 없는 모욕적인 말을 삼가시오"라고 외쳤다. 베케는 아랑곳하지 않고 말을 계속했다.

"비엔나는 헌법을 최초로 인정해주었습니다. 그리고 프랑스 망명객의 계획을 조금도 도울 의사가 없으며, 프랑스의 내정간섭도 하지 않겠다고 마지막 통신문에서 분명히 밝혔습니다."

여러 의원이 "거짓말 마시오!"라고 외쳤다. 의장은 "발언을 방해하지 마세요!"라고 말했고, 루예는 다시 한번 "더는 모욕의 말을 들을 수 없습니다"라고 불만을 토로했다. 베케는 그 뒤로도 한참이나 자기주장을 펴더니 마침내 법안을 상정했다.

1. 왕의 제안을 심의할 이유가 없다.
2. 정부는 국가의 안위를 보전하고 모든 적대행위로부터 국가를 보호해야
   한다.
3. 정부는 유럽 여러 나라와 협상을 계속해서 프랑스 독립과 주권을 해치
   는 어떠한 행위도 무효화하는 동시에 다른 나라들과 관계를 유지하도
   록 노력해야 한다.

타른의 라수르스 의원이 베케의 궤변에 대답하겠다고 했지만, 아르덴의
다베루 의원이 치고 들어섰다. 다베루는 왕의 제안에 반대하고자 하는 의원
들에게 몇 가지 제한사항을 두자고 제안했다.

1. 프랑스 국민은 헌법이 보장하는 자유와 평등을 위험에 빠뜨리지 않은
   채 알자스 지방의 대귀족들이 소유권을 되찾을 수 있도록 하고, 아비
   농과 브네생 공작령을 교황에게 돌려주며, 헌법을 부정하는 방향으로
   수정하자는 말을 들을 의사가 있는지 밝혀야 한다.
2. 자유와 전제주의의 전쟁에서 모든 나라의 인민은 그 나름의 가치를 지
   닌 존재라는 18세기의 사상을 신봉하는지 밝혀야 한다.
3. 헌법에 따라 행정부는 군사행동을 지휘하고, 입법부는 왕의 전쟁 제안
   에 대해서만 심의할 권한을 갖고 있는 현실에서 우리가 적을 공격해야
   하는지, 아니면 적이 국내로 침공하기를 기다려야 하는지 검토하자는
   헛소리를 하지 말아야 한다.

프랑스는 전쟁을 할 만큼 용감하고 실제로 수행할 수 있으므로 국회에서

는 단지 전쟁을 수행해야 할 상황인지만 검토해야 한다. 또한 프랑스는 자유를 위협받는 가운데 "자유가 아니면 죽음"이라고 맹세했기 때문에 전쟁을 할 상황이 아니라 할지라도 죽음을 선택해야 할 경우에는 전쟁을 할 필요가 있다. 베케의 연설을 마지못해 들어야 했던 의원들은 다베루의 연설에 우레와 같은 박수로 호응했다. 지롱드 의원 가데는 의사진행을 위해 단 두 마디만 하겠다고 운을 뗐다.

"한마디로 베케 의원은 프랑스 인민의 대표들이 왕의 제안에 대해 심의할 능력이 없다는 취지로 연설했습니다. 그래서 나는 파스토레 의원이 제안한 법안을 투표에 부치자고 요청합니다."

가데는 한 방에 분위기를 되돌려놓았다. "전쟁을 선포한다고 의결하는 동시에 의원 24명의 대표단이 이 법을 왕에게 가져가 승인을 받는다"는 파스토레의 안에 대해 의원들과 방청객들이 일제히 박수를 쳤다. 전쟁을 반대하거나 신중하게 고려하자는 축보다 찬성하는 축이 더 당당한 분위기였다. 그러나 코트도르의 바지르 의원은 아직 토론을 끝내기에는 이르다고 말했다.

"엄중하고 중대한 문제를 이처럼 가볍게 토의하고 결정하는 것을 보면서 이 세상 사람들이 모두 나처럼 놀랄 것입니다."

바지르의 말에 우파 의원들은 박수로 호응하고 좌파 의원들은 웅성거렸다.

"그러니까 여러분은 전쟁을 결정하겠다는 말씀이지요."

누군가 "기다리다가 숨넘어가겠습니다"라고 빈정댔다. 바지르는 곧바로 받아치면서 말을 이어갔다.

"아무도 내 가슴속의 시민정신과 인류애를 질식시키지 못할 것입니다. 여러분이 강을 피로 물들일 법을 만들고 막대한 경비를 쓸 때, 우리뿐 아니라 유럽 모든 인민의 자유를 위험에 빠뜨릴 수 있는 법을 만들 때, 적어도 찬반 의견을 밝히려는 모든 사람의 의견을 충분히 듣고 토론해야 한다고 생각합니다."

바지르의 말에 여러 사람이 웅성거렸고, 의원 두세 명과 방청객 몇 명이 박수를 쳤다. 바지르는 전쟁에 대한 찬반 의견을 모두 들어야 하기 때문에 적어도 세 번의 회의가 필요하다고 주장했다. 보병장교 출신인 이제르의 오베르 뒤베예가 의사일정에 대해 긴급 발의했다. 솜의 드오시 로브쿠르가 끼어들어 식민지에 관한 토론은 3일을 끌었는데, 모국의 운명을 결정하는 일에 그보다 더 신중하고 성숙한 심의를 거쳐야 하지 않겠느냐고 말했다. 그는 여러 차의 회의를 거쳐야 할 만큼 중대한 문제를 다루어야 하기 때문에 바지르가 발의한 안을 찬성한다고 말했다. 오베르 뒤베예는 토론을 연기하자고 주장했다.

오트가론의 멜은 베케의 의견에 찬성할 수 없다고 운을 뗀 뒤 자신의 주장을 길게 이어갔다. 전쟁을 선포하느니 마느니 이러쿵저러쿵할 때가 아니다. 전쟁을 선포하는 법을 제정하거나 유럽이 보기에 비겁한 모습으로 국민의 자유를 위험에 빠뜨릴 결정을 하느냐가 문제다. 프랑스를 모욕한 왕의 계획을 무산시키는 일이 중요하다. 그러므로 의연한 태도를 보여주어야 하고, 프랑스 인민이 보여준 높은 수준의 용기를 믿고 지지해야 한다. 국민의 대표로서 인민이 무적이라고 믿는다는 사실을 인식시키면, 인민도 의원들이 무적이라고 믿어줄 것이다. 모든 폭군이 힘을 합쳐 단숨에 프랑스를 황폐하게 만들고 자유를 말살하려고 덤비는 상황에 대해 몇 번이나 되풀이해서 말해야 알아든겠는가! 프랑스 국민은 착하고 충성스럽지만 아주 심하게 모욕당했다. 헌법은 인민이 평화를 소중히 여기라고 가르치지만 헌법이 위험해지면 지켜야 할 의무도 부과했다. 전쟁을 선포하기로 결정함으로써 수천 명을 죽음으로 몰아넣을 것이나, 그것은 세계의 자유를 지키기 위한 것임을 명심하자. 유럽이 겪는 정치적 위기를 보라. 프랑스 안에서는 비겁한 역적들에게 죄를 짓도록 희망을 부추겨 선량한 시민들이 살육의 불안을 떨칠 수 없다. 국외에서는 전제주의의 발작이 극에 달해서, 즉시 공격당하면 곧바로 단말마를 내지를 것이다. 그래서 그들이 모든 힘을 모을 시간을 준다면 그 어느 때보다 두려운 존재가 될 수 있다. 다행히 국내의 자유는 아무데서도 겪어보지 못할 정도로 큰 힘을 모아주고 있지만 자유를 질식시킬 위험이 있는 모순들도 포함하기 때문에, 자유의 앞길과 확장을 방해하는 장애물을 제거하면서 지켜주지 않는다면 자유는 위험한 상태에 머무를 것이다.

"끝으로 자유와 전제주의의 대대적인 투쟁에서 성패는 여러분이 얼마나 빨리 전쟁을 결정하느냐에 달려 있음을 명심하기 바랍니다. 이러한 상황에서 벌이는 전쟁을 참화가 아니라 인류애의 승리로 생각해야 합니다. 국회는 전쟁 선포에 대한 법을 제정할 때까지 산회하지 말 것을 요청합니다."

수많은 의원이 빨리 표결에 부치라고 성화였다. 오베르 뒤베예는 국내외 정세를 차분히 고려하자고 호소했다. 의원들은 표결에 부치자고 계속 외쳤다. 오베르 뒤베예도 물러서지 않고 자신도 다른 의원들만큼 참을 수 없다고 외쳤다. 그리고 국회의원들은 조국의 아버지로 존경받는 존재이므로 프랑스 국민의 명예를 걸고 말하는 자신에게 귀를 기울여달라고 호소했다. 들라크루아는 "그건 우리도 마찬가지요!"라고 일축했다. 오베르 뒤베예는 무엇보다도 국회는 비겁하지 않음에도 전쟁을 의결할 수도 없고 의결해서도 안 된다는 의견을 고수한다고 말했다. 그 말에 동조하는 의원들이 박수를 쳤다. 그는 다수결로 의결하면 안 되고, 만장일치로 선포해야 한다고 말했다. 자신도 여느 프랑스인들과 마찬가지로 유럽의 여러 나라가 감히 프랑스의 정부 형태를 좌지우지하려는 모습에 분노로 피가 끓는다고 토로하자, 대다수 의원이 "결코 그렇게 되지 않을 것이오!"라고 외쳤다. 그도 그들의 말에 수긍하면서 절대 그렇게 되도록 놔두지 않을 것이라고 맞장구쳤다.

"우리는 전쟁을 원합니다. 우리의 자유를 지키기 위해서 전쟁이 필요하기 때문입니다. 우리는 모두 죽을 것입니다. 마지막까지 살아남은 사람이 죽기 전에 법을 제정하겠지요. (……) 제국의 운명을 이끄는 여러분은 전쟁을 해야 한다고 확신하십니다. 그러나 나는 아침에 등원할 때 여러분이 전쟁을 의결하기 전에 먼저 국가 이익을 철저히 따지고 정확히 판단해주시리라고 믿었습니다."

"모두 동의합니다. 뒤베예 의원은 전쟁을 원합니다. 나는 왕의 제안을 당장 표결에 부치자고 제안합니다."

어떤 의원의 말을 들은 뒤, 오베르 뒤베예 의원은 한마디로 자신은 전쟁에 찬성한다고 선언했다. 그는 과연 왜 발언을 했던 것일까? 전쟁에 찬성하며, 특히 국회가 만장일치로 전쟁을 의결해달라고 호소하려고 그렇게 길게 얘기할 필요가 있었던 것일까? 여러 의원이 토론이 끝났다고 외치자, 의장은 토론을 끝내기 전에 먼저 세 번에 걸쳐 논의하자고 발의한 바지르 의원의 안을 표결에 부치겠다고 선언했다. 다수의 의원이 "안 됩니다!"라고 반대했다. 마른의 튀리오, 센앵페리외르의 알비트Antoine-Louis Albitte, 루아르에셰르의 샤보는 바지르 안에 반대한다고 말했고, 센에마른의 조쿠르와 센에우아즈의 위아는 바지르의 의견을 더 들어보자고 제안했다.

의장은 조쿠르에게 발언권을 주겠다고 선언했다. 그러나 다수의 의원은 먼저 바지르 안에 대한 찬반을 물어보라고 외쳤다. 절대다수가 바지르 안을 심의할 필요가 없다는 데 찬성했다. 조쿠르는 국회가 반대 의견에 귀를 기울여야 하는 이유는 다름 아니라 중요한 문제를 충분히 숙고했다는 사실을 국민들에게 인식시킬 필요가 있기 때문이라고 말했다. 그는 바지르가 반역에 대비하고 역적들의 정체를 밝힐 필요가 있다고 했는데, 토론을 마치기 전 그가 일말의 의심도 남기지 않도록 발언할 기회를 주자고 말했다. 전쟁을 하려면 만장일치로 의결하자고 했던 뒤베예의 말대로, 한 사람도 반대하지 않는 총력전임을 국회부터 천명해야 옳다는 뜻일 게다.

어떤 의원은 이런 종류의 터무니없는 토론을 끝내고 빨리 멜의 제안을 표결에 부치라고 주장했다. 여러 사람이 호응하는데, 대여섯 명이 토론을 끝내라고 외쳤다. 사방에서 가데의 안이 먼저다, 멜의 안이 먼저다, 전쟁이다, 한마디로 중구난방이었다. 의장은 가데와 멜에게 각자의 안을 다시 한번 말해달라고 부탁했다. 가데는 자기 안이 멜의 안과 관계가 있으며, 국회가 당장왕의 제안을 의결한 뒤 외교위원회에서 다듬어 내일 아침에 제출하게 하자는 것이라고 설명했다. 멜은 자기 안도 가데의 안과 별 차이가 없으며, 국회가 정회하기 전 의결하자고 제안했음을 확인했다.

루아레의 장티Louis Genty는 제3안이 있다고 말했다. 조쿠르는 의장에게 자기 안에 대해 지지하는 사람들이 많으니 빨리 표결해달라고 말했다. 브리소가 나섰다. 그는 가데의 안을 수정해서 "외교위원회는 국회가 산회하기 전에 법안을 다듬어서 보고하게 합시다"라고 제안했고, 의원들이 이에 찬성했다. 의장은 여러 가지 제안을 표결하기 전에 토론을 끝마쳐도 좋겠느냐고 물었다. 마티외 뒤마는 이의가 있다면서 발언권을 신청했다. 장티도 역시 발언권을 신청했다. 노르의 프루뵈르Auguste-Antoine-Joseph Prouveur는 토론을 끝내자고 전제하면서도 "의장은 법을 선포하기 전에 전쟁에 반대하는 사람이 있는지 물어야 한다"라는 안을 발의했다. 모젤의 메를랭은 그 제안에 반대하는 발언을 하겠다고 나섰다. 엔의 키네트Nicolas-Marie Quinette는 사실을 적시하고자 한다면서 나섰다.

"지난 1월 28일, 여러분은 만일 3월 1일까지 황제가 충분하고 완전한 답변을 하지 않고 침묵이나 지연책을 쓸 경우 선전포고로 간주하겠다고 의결했습니다. 오늘은 4월 20일인데 아직도 심사숙고만 하실 겁니까? 그렇게 해서는 안 됩니다. 이렇게 결정을 늦추는 것은 평화라는 미명으로 전쟁을 거부하는 것과 마찬가지입니다. 토론만 한다면 새로운 정치적 간계의 노리개가 될 뿐입니다. 따라서 빨리 의결하자고 제안합니다."

마티외 뒤마는 토론을 끝내자는 데 반대하니 발언권을 달라고 했고, 들라크루아는 순서를 먼저 물어보라고 의장에게 촉구했으며, 메를랭은 수천 명을 고발하는 법을 제정하는 일이 먼저라고 비판했다. 루예는 제발 이 지리멸렬한 토론을 끝낸다고 선언해서 의원들을 구해달라고 하소연했다. 의원들은 계속 토론을 끝내느니 마느니 설전을 벌였다. 손에루아르의 마쉬예Claude-Louis Masuyer는 메를랭의 전쟁반대론을 들어보자고 제안했다. 국회의원들이 인류애에 반하는 법을 제정하려 한다고 메를랭이 운을 떼자 수많은 의원이 웃음을 터뜨렸으며 토론을 끝내자고 떠들었다. 다른 의원들이 메를랭의 말을 들어보자고 요구했지만 의원들은 토론이 끝났다고 의결했다. 들라크루아가 "마침내 끝났군"이라고 만족했다.

한편 엔의 드브리는 자신이 마련한 법안을 읽겠다고 제안했다. 메를랭은 자신이 진짜로 하고 싶었던 말이 "모든 왕에게는 전쟁을, 모든 국가의 국민들에게는 평화를 선언해야 한다"라는 것이었다고 주장했다. "빨리 표결합시다!"라는 재촉에 의장은 이제부터 보헤미아와 헝가리 왕에게 선전포고를 하는 제안에 대해 의결할 차례라고 선언했다. 몇 사람이 "호명투표!"라고 외치자, 파스토레는 왕의 공식 제안에 대해 프랑스 국민의 이름으로 선언하는 것임을 분명히 표명할 필요가 있다고 말했다. 어떤 의원이 외교위원회에서 법을 기초해서 내일 보고하게 하자고 말하자, 다른 의원은 "산회하기 전에!"라고 못 박았다.

몇몇 종교인 의원이 개입했다. 에로의 루예는 "전쟁은 악마가 할 일이지 사제들이 할 일은 아니겠지요"라고 말했다. 의원들은 외교위원회가 왕의 제안을 법안으로 다듬어 산회하기 전에 제출하라고 의결했다. 반대한 의원들은 테오도르 라메트, 조쿠르, 마티외 뒤마, 루이 장티, 바에르, 위아, 베케뿐이었다. 드브리가 추가로 발언할 내용이 있다고 말하는 순간, 르불이 나서면서 외교위원회가 법안을 다듬을 때 왕에게 보내는 글도 함께 작성하게 하자고 제안했다. 의장 비고 드 프레아므뇌르는 선전포고 안을 통과시키기까지 몹시 피곤했는지 부의장인 로에가론의 라퀴에에게 의사봉을 맡겼다.

외교위원회가 선전포고 안을 다듬어 올 때까지 시간이 남았다. 콩도르세는 프랑스 인민과 외국에 국회가 선전포고법을 마련하게 된 동기를 밝혀야 한다고 생각해서 글을 썼다고 말했다. 그는 모든 의원의 동의를 받아 "국회가 보헤미아와 헝가리 왕에게 전쟁을 선포할 이유가 있다는 왕의 공식 제안을 받아들여 법을 제정하기로 결정한 동기"*를 읽었다. 마지막 세대의 계몽사상가가 여러 의원의 토론을 비교적 자세히 소개하면서 중요한 쟁점을 다루었기 때문에, 여기서는 요점만 짚고 넘어가기로 한다.

프랑스는 최고의 의지를 행사할 때 후손의 권리를 고려할 줄 아는 인민

---

* Projet d'une exposition des motifs qui ont déterminé l'Assemblée nationale à décréter, sur la proposition formelle du roi, qu'il y a lieu à déclarer la guerre au roi de Bohême et de Hongrie.

에게 주권이 있음을 천명했다. 더욱이 프랑스는 인간이 주체가 될 수 없는 권위에 인간 사회를 종속시키는 어떠한 형태의 관습, 법, 동의협약을 인정할 수 없다고 천명했다. 그럼에도 외국 군주들은 프랑스가 자기네 나라의 평화를 저해하는 원칙을 천명했다고 주장한다. 혹자는 프랑스가 알자스 지방에 소유권을 가진 독일인들이나 아비뇽과 브네생 백작령에 대해 교황에게 겨우 금전상의 보상만 제공하겠다고 하면서 그들의 권리를 존중하지 않았다고 비난한다. 그러나 여러 차례의 조약은 프랑스가 알자스 지방에 대해 권리를 가진다고 충분히 인정해주었다. 그리고 아비뇽과 브네생 백작령의 주민들은 자신의 운명을 스스로 결정했으며, 더욱이 프랑스가 자신들을 합병해주기 바랐기 때문에 프랑스의 잘못을 따질 이유가 없다. 따라서 프랑스를 비난하는 사람들은 프랑스의 헌법과 주권을 침해했다. 그럼에도 외국은 끊임없이 음흉한 제안을 했다. 국회는 기만술에 속지 않은 채 모든 대외관계에서 인민의 자유를 소중히 여기는 평화의 친구임을 보여주었다. 그리고 전쟁을 선포하기보다 예방하려고 노력했다. 그래서 의심스러운 의도에 대해 설명해달라고 부탁했지만, 그들은 의뭉스러운 의도를 감추기 바빴다. 그럼에도 그 의도를 가린 장막이 찢어진 것을 보면서 국회는 정의로 되돌아갈 수 있다는 희망을 고통스럽지만 포기할 수밖에 없게 되었다.

"방대한 규모의 프랑스제국은 우리의 적들에게 정복이냐, 아니면 헌법과 법들과 함께 모든 것을 잃느냐를 선택하는 한마음만 보여줄 것입니다."

가데는 콩도르세의 글을 인쇄해서 널리 배포하는 동시에 나머지는 이틀 뒤에 토의하도록 하자고 제안했고, 의원들은 이에 동의했다. 지롱드의 베르니오가 연단에 섰다.

"여러분은 이 잊지 못할 오늘, 우리의 분열을 기대했던 적들의 음흉한 희망을 헛되게 만들기 위해서 위대하고 두려운 결정을 내리셨습니다. 그리고 여러분은 국민의 행복과 영광을 위해서 그 결정을 성공시킬 수 있도록 모든 조치를 취해야 합니다. 나는 그것이 아주 단순하지만 매우 효과적인 방법이라고 생각합니다. 모든 프랑스인이 자유와 헌법을 수호하는 데 목숨을 바치겠다고 맹세한 전국연맹제를 기억합시다. 여러분은 국민의 대표로서 지난 1월 14일에 헌법에 조금이라도 위해를 가하는 것을 견디느니 차라리 이 전당의 폐허 아래 뼈를 묻겠다고 맹세했음을 기억합시다. 이 숭고한 순간들에서 가슴이 뛰지 않고 얼어붙었던 사람이 한 사람이라도 있었습니까? 감히 말하건대, 모두가 기뻐 외치면서 영혼이 하늘까지 올라가는 듯이 느낄 때 홀로 냉랭한 태도를 지킨 사람이 있었습니까? 모두가 고상한 열정에 휩싸여 인간이 발휘할 수 있는 능력의 너머로 존재를 키우고 힘을 고양시킬 때, 무기력하고 무관심한 사람이 하나라도 있었습니까?

프랑스와 유럽과 전 세계에 다시 한번 이 국민적 축제의 위용을 과시합시다. 이 세상의 모든 바스티유를 쓰러뜨린 힘을 다시 불어넣읍시다. 우리를 자유와 조국에 밀착시키는 불타는 감정을 다시금 활성화합시다. '자유가 아니면 죽음이다, 헌법을 온전히 지키지 못하면 죽음이다'라는 고상한 말을 제국의 방방곡곡에 울려 퍼지게 합시다."

프랑스를 공격하려고 연합한 나라들에 이렇게 외치는 소리를 들려주어, 프랑스는 헌법을 수호하려고 전쟁을 할 수 있다는 생각이 어느 당파나 일부만의 의견이 아니라 프랑스인 전체의 일치된 의견임을 알려주어야 한다. 이러한 뜻에서 베르니오는 5월 6일이나 10일에 왕국의 모든 국민방위군과 정규군이 지난 1월 14일에 했던 맹세를 다시 하게 하자는 명령을 내리자고 발의했다.* 여러 사람이 웅성거렸고 "맹세는 무슨 맹세?"냐고 의문을 표시했다. 누군가 전쟁에서 이긴 뒤에 잔치를 하자고 말하자, 다른 사람은 베르니오의 제안에 대해 의원들의 의견을 묻자고 말했다. 여러 의원이 그것을 지지하지 않는다고 말하자, 베르니오는 자기 제안을 발의해달라고 의장에게 요구했다. 의원들은 베르니오의 발의에 대한 논의를 더 진행하지 않았다. 지롱드의 바렌Raimond Barennes이 곧바로 의제를 상기시켰지만, 연설에 익숙하지 않았는지 횡설수설하다가 여러 의원의 야유와 간섭을 받고 자기 의견을 철회했다. 그 뒤에도 여러 가지 문제를 가지고 의원들은 설왕설래했다.

마침내 지롱드의 장소네가 외교위원회를 대표해서 선전포고 안을 가지고 나타났다. 어떤 의원이 전쟁 당사자가 프란츠(프랑수아) 1세가 맞느냐 2세가 맞느냐를 따졌다. 보헤미아와 헝가리의 왕인 프란츠 1세를 상대로 전쟁을 하느냐, 아니면 신성로마제국 황제 프란츠 2세를 상대로 전쟁을 하느냐는 문제는 중대한 쟁점이었다. 피카르디 출신 드브리 의원은 황제라면 프란츠 2세일 텐데, 실제로 신성로마제국 선제후들이 아직 황제로 뽑기 전이라서 아직은 "보헤미아의 왕" 프란츠 1세가 맞는다고 분명히 말했다. 의원들은 몇 번의 수정을 거쳐 법을 확정했다.

국회는 프랑스인의 왕의 제안을 받아들여 이렇게 선포한다.
프랑스 국민은 어떠한 정복전쟁도 일으키지 않고, 다른 나라 인민의 자유를 침해하지 않는다는 헌법의 신성한 원칙을 충실히 받아들여 오직 프랑스의 자유와 독립을 유지하기 위해 무기를 든다. 그리고 프랑스 국민

---

* 국회의원들은 1월 14일, "헌법에 조금이라도 위해를 가하는 것을 견디느니 차라리 이 전당의 폐허 아래 뼈를 묻겠다"고 맹세했다.

이 어쩔 수 없이 수행하는 전쟁은 결코 국가와 국가 간의 전쟁이 아니라 특정 국왕의 부당한 침공에 대해 자유로운 인민을 지키는 정당방위다. 프랑스인들은 형제와 진정한 적을 혼동하지 않는다. 프랑스 국민은 전쟁의 참화를 극소화하기 위해 아무것도 소홀히 하지 않는다. 모든 이의 재산을 아끼고 보존하며, 자기 자유를 해치려고 동맹한 자들에게만 전쟁의 모든 불행을 안겨줄 것이다. 프랑스 국민은 적들의 명분에 동조하지 않고 프랑스 편에 서서 자유를 지키려고 노력하는 모든 외국인을 받아들인다. 또한 모든 수단을 동원해서 그들이 프랑스에 정착할 수 있도록 도울 것이다.

국회는 왕의 공식 제안을 심의하고 비상사태를 선포한 뒤 보헤미아와 헝가리의 왕에게 전쟁을 선포한다.

의원들은 24명의 대표를 뽑아 왕에게 승인을 받으러 보내기로 의결하고 회의를 파했다. 그때가 4월 20일 밤 10시 반이었다.

4월 21일 토요일에 외무대신은 이제 전쟁당사국이 된 오스트리아의 대사 블루멘도르프Blumendorff를 보호하는 명령을 내려달라고 국회에 요구했고, 국회는 전시에도 인도주의적 차원에서 외교관을 보호한다는 원칙을 채택했다. 사방에서 전쟁에 쓰라고 자발적으로 성금을 보냈다. 어떤 시민은 금화 12루이(288리브르)를 보내면서 해마다 같은 액수를 기부하겠다고 약속했다. 그는 전쟁이 적어도 1년 안에는 끝나지 않을 것임을 예감했던 것이다. 콩도르세는 교육위원회를 대표해서 다섯 등급의 교육기관을 설치하는 공공교육 법안을 낭독했고, 의원들은 이를 인쇄해서 공표하기로 의결했다.* 그날 저녁회의에서는 군대의 이동병원을 설치하는 명령을 통과시켰다. 어떤 장인은 금화 4루이(96리브르)를, 특히 아나샤르시스 클로츠Anacharsis Clootz는 1만 2,000리브르를 기부했다. 전쟁을 선포했다는 소문이 퍼지면서 날마다 성금이 국회로 들어왔다. 일부 의원들도 지갑을 열었다.

그사이 프뤼돔은 『파리의 혁명』에서 전쟁에 임하는 왕의 자세에 대해 의심했다. 왕은 지난해 11월 8∼9일에 제정한 망명자법에 대해 12일에 거부권을 행사했는데, 전쟁을 선포한 이상 거부권을 철회해야 마땅하다. 그럼에도 새 법무대신 뒤랑통은 왕에게 건의도 하지 않았는지 거부권 철회 의지를 표명하지 않았다. 이런 점에서 국회도 한통속이다. 왕, 법무대신 뒤랑통, 국회는 모두 망명한 반역자들을 보호하고 있다. 프뤼돔이 절차상의 당위성을 지적한 것은 일리 있는 일이지만, 어차피 그들을 보호하는 나라를 상대로 선전포고를 한 이상 별문제는 없었다.

로샹보 장군의 북부군과 라파예트 장군의 중부군이 오스트리아 군대와 맞서야 했다. 적군은 됭케르크에서 지베까지의 국경, 그리고 리에주에만 거의 6만 명이 주둔하고 있었다. 두 달 후면 67세가 될 로샹보 장군은 적진을 기습하기 좋은 지점으로 릴과 발랑시엔의 평야를 차지했다. 두 곳은 오스트리아령 투르네지, 플랑드르, 에노의 평야로 연결되었기 때문이다. 그러나 병력은 겨우 5만 명이었다. 라파예트의 병력 5∼6만 명은 지베부터 샤를빌, 스

---

* 초등학교école primaire에서는 시민들이 알아야 할 기초지식을 가르치고, 도시에 세우는 제2등급 학교école secondaire에서는 각종 직업과 공무에 관한 지식을 가르친다. 이 두 등급의 교육자를 '교사instituteur'라 부른다. 공공업무에 필요한 지식을 가르치는 제3등급학교는 '앵스티튀institut'라 부르며, 이곳의 교육자를 '프로페쇠르professeur'라 부른다. 학문과 예술의 고등지식을 가르치는 제4등급학교는 '리세lycée'라 부르며, 역시 '프로페쇠르'가 가르친다. 마지막으로 최고 단계의 지식을 가르치는 국립학교를 둔다.

당, 메스를 지켰다.

만일 두 장군이 협력해서 적진으로 들어간다면 승산이 있었다. 또 만일 리에주를 공격한다면, 이틀 동안 타 지역의 정규군과 의용군을 집결시켜 모두 18만 명 정도가 6만 명의 적군을 공격할 수 있다. 지형을 잘 아는 사람은 이 경우 병력 2,000명 정도만 잃고서도 충분히 이길 수 있다고 예상했다. 특히 리에주, 나뮈르, 몽스, 투르네가 전략상 요충지였다. 프랑스군이 먼저 네 곳을 차지한 뒤 중앙을 향해 진격하면 브뤼셀뿐 아니라 우드나르데Oudenarde, 브룩스Bruges(브뤼주), 말린, 루뱅까지 차례로 해방시킬 수 있다. 안트베르펜만이 비교적 튼튼한 요새를 가지고 있으므로 거세게 저항하겠지만, 거의 20만 대군에 저항하기란 어렵다. 따라서 요충지 네 곳을 차지하면 오스트리아령 페이바를 완전히 정복할 수 있다. 로샹보 장군은 몽스와 투르네, 라파예트 장군은 리에주와 나뮈르로 진격할 때 항상 적군보다 많은 병력을 유지해야 한다. 그러면 보헤미아와 헝가리의 왕은 일주일 안에 벨기에 지방으로 병력을 증강시킬 여유가 없을 것이다.

그러나 선전포고하기 전의 낙관론이나 선전포고 당시 구상한 이상적인 합동작전과 실전은 다르다. 자신의 전력과 상대방의 전력을 잘 파악하는 일도 중요하지만, 막상 전투를 할 때까지 통신문제가 중요한 변수였다. 소리와 빛으로 신호를 보내거나 중요한 말은 직접 사람이 전달해야 하던 시대, 다시 말해 오늘날에 비하면 시간과 공간을 지배하는 능력이 초보단계에 머물렀던 시대였으니 생각대로 전략을 실행하기란 거의 불가능했다. 결과적으로 개전 초부터 두 장군은 손발을 제대로 맞추지 못했다. 라파예트 군대가 지베에 도착했으며, 로샹보 장군은 몽스를 공격했고, 또 투르네를 공격했지만 군사적 손실만 입고 패배했다는 소식이 파리까지 들리기 시작했다.

그 소식을 들은 사람들은 지휘관이나 그 휘하 장교들 또는 전쟁대신이나 왕 가운데 누군가 조국을 배반하지 않았나 의심했다.

국회에서는 그러한 소식의 실상을 5월 1일 화요일에 전쟁대신 그라브의 보고를 통해 알게 되었다. 로샹보는 휘하의 테오발 딜롱Théobald Dillon 장군 과 비롱Armand Louis de Gontaut, duc de Biron, duc de Lauzun 장군에게 적을 공 격하라고 명령을 내렸다. 아일랜드 더블린에서 귀족으로 태어나 프랑스에서 군인의 길을 걸었던 딜롱은 28일 밤에 4,000명의 병력을 이끌고 30킬로미 터 밖의 투르네를 향해 출발했다. 그러나 릴에서 겨우 12킬로미터쯤에서 적 군의 매복에 걸려 250~500명의 사상자를 내고 도주했다. 릴의 병사들과 인 민은 딜롱이 적과 내통했다고 비난하고, 헛간으로 피신한 그를 무참히 살해 했다. 귀족 지휘관과 평민 병사들 사이의 불신이 빚은 참사였다. 그리고 병사 들은 그를 수행했던 참모 쇼몽과 포병장교 베르티에도 처형했으며, 릴의 성 난 민중이 오스트리아 포로(티롤 지방 출신 추격병) 여섯 명과 릴의 비선서 사 제 한 명도 학살했다는 소문까지 돌았다. 그 시점에는 이 소문이 사실인지 아 닌지 정확히 확인하기 어려웠다. 자코뱅 클럽에서도 딜롱 장군이 반역자임 이 밝혀졌다고 생튀뤼주Saint-Huruge가 말했고, 로베스피에르는 제81연대의 무기, 탄약, 군복이 절대적으로 부족한 것은 모두 전쟁대신의 책임이라고 비 난했다. 이튿날에도 자코뱅 클럽에서는 '반역', '변절'에 대해 설전을 벌였다. 특히 로베스피에르는 장군들보다는 민중을 믿어야 한다고 강조했다.

한편 비롱 장군은 1만 명의 병력을 끌고 28일 아침에 발랑시엔에서 43킬 로미터 떨어진 몽스를 향해 출발했다. 그는 오후에 17킬로미터 지점의 키에 브렝Quiévrain을 점령한 뒤 몽스까지 오스트리아군을 추격했다. 29일 오후에 몽스 근처에 도달했을 때, 오스트리아군이 유리한 고지에서 진을 치고 있는 것을 보았다. 비롱은 예상보다 적군이 많아서 놀랐다. 비롱은 적진을 앞에 두고 밤을 보내면서, 로샹보 장군에게 군의 사기가 높다고 보고했다. 전령을 보내고 나서 얼마나 지났을까, 갑자기 병력의 일부였던 '왕비의 연대régiment de la Reine'가 퇴각한다는 소식을 들었다. 그는 혼자서 그 부대를 겨우 따라잡아 다시 데려왔지만, 부대원들이 몹시 동요하고 있는 것을 보았다. 그들은 '왕비의 연대'의 도망자들로부터 비롱 장군이 적군에게 투항했다는 헛소문을 들었기 때문이다.

비롱의 병력이 술렁거리는 틈을 타서 오스트리아 측에서 공격을 했다. 비롱은 간신히 병력을 수습해 퇴각했다. 그들은 키에브렝까지 갔지만 이미 오스트리아 창기병들이 점령하고 있었다. 비롱은 대포를 앞세우고 소수의 병력을 투입해 키에브렝을 다시 빼앗았다. 비롱은 흩어진 병력을 모아 키에브렝의 수비를 강화하려고 직접 길을 나섰다. 그러나 포연이 자욱한 가운데 아군끼리 총격전을 벌이고 그 틈을 타서 적군도 공격했다. 아군끼리 총격전을 벌였다는 말은 병사들이 극심한 공포에 시달렸음을 뜻한다. 우여곡절 끝에 비롱은 겨우 병력을 수습해서 발랑시엔으로 되돌아갔다. 비롱은 마지막 병사보다 늦게 도착했고, 딜롱 장군이 죽었다는 소식을 들었다. 자신은 다치지 않았지만 병사들 가운데 지치고 굶주려 숨진 사람이 있었다. 그럼에도 그는 오스트리아 측에 더 많은 피해를 입혔다고 자부했다.

라파예트는 메스에서 출동명령을 받았다. 4월 25일 수요일에 그는 대포 38문을 동원할 수 있도록 준비를 갖추고 다음 날 약 224킬로미터 떨어진 지베를 향해 출발시켰다. 그는 병력을 30일에 지베에서 로샹보의 병력과 합류시키라는 명령을 받았기 때문에 무더워지는 날씨와 험한 지형에도 하루 40킬로미터 이상 행군하도록 명령했다. 그의 선발대는 29일 오전에 적의 순찰대를 만나 물리치면서 길을 열었다. 30일, 랄르망Lallemand 대령의 제11기마추격병 연대는 릴의 동남쪽 13.7킬로미터, 발랑시엔의 서북쪽 49킬로미터 지점에 있는 부빈Bouvines에 도착했고, 거기서 오스트리아 경기병 두세 명을 죽이고 네 명을 생포했다. 저녁때 라파예트는 로샹보 장군 휘하의 딜롱과 비롱이 공격에 실패하고 퇴각했다는 소식을 들었다.

5월 1일 화요일에 구비옹 준장은 전위부대 3,000명을 데리고 부빈에 거점을 확보했다.* 이날 라파예트는 비롱이 발랑시엔에 돌아가서 쓴 편지를 받고서야 딜롱이 끔찍하게 살해되었다는 사실을 알았다. 라파예트는 적이 아닌 프랑스 병사들이 지휘관을 죽인 것에 분개해 이렇게 말했다. "기껏 싸워서 잡은 적군 포로들의 운명을 비겁한 식인종에게 넘겨야 한다고 생각하면 용감한 병사들은 정말로 싸우기 싫겠다." 라파예트는 북부군의 소식을 듣고, 지베의 정남쪽 3킬로미터 지점의 랑센Rancennes에 머물면서 군수품의 보급을 기다리기로 했다. 랑센과 전위부대가 있는 부빈은 150킬로미터 떨어져 있었다.

랭군 총사령관인 뤼크네 대원수**는 발(바젤) 주교의 영토인 포랑트뢰를 전격 공격했다. 포랑트뢰는 두로 진격하는 길목인 동시에, 반대로 적군이 프랑스의 취약지구로 진격하기 쉬운 지점이기도 했다. 그리고 사르 강 상류 쪽

---

* 구비옹은 파리 국민방위군 총사령관 라파예트의 부관참모였다가 입법의원이 되었지만 4월 15일에 의원직을 사임하고 군에 복귀했다. 그는 6월 11일에 모뵈주 근처에서 전사한다.
** 독일 출신의 장군은 프랑스 말을 우스꽝스럽게 발음했다. 어느 날 그는 느닷없이 "fifre ou mourir"라고 말했다. 곁에서 부관이 "libre(자유)"라고 말하기가 어렵냐고 물었다. 사실상 그는 "사느냐, 죽느냐vivre ou mourir"라고 말하고 싶었고, 부관은 "자유냐, 죽음이냐libre ou mourir"로 알아들었다.

의 켈레르만François-Christophe Kellermann에게 병사 8,000명을 주어 뢱상부르를 꼼짝 못 하게 막으라고 명령했다. 뢱상부르는 오스트리아가 무척 신경 쓰는 곳이었기 때문에, 뤼크네는 오스트리아가 벨기에 지방으로 군대를 빼지 못하도록 막는 작전을 실행했던 것이다. 라파예트도 메스 근처에 있는 병력 가운데 6,000명을 롱위에 집결시킨 뒤 아를롱으로 진격해서 뢱상부르를 위협하는 한편, 뢱상부르와 나뮈르의 통신을 끊으라는 명령을 받았다. 또한 그는 되도록 빨리 나머지 군대를 집결시켜 지베로 이동하고 늦어도 5월 1일이나 2일에는 나뮈르를 공격하러 출발하라는 명령을 받았다. 나뮈르를 점령한다면 뫼즈 강에 유리한 거점을 확보할 수 있기 때문이다.

한편 로샹보 대원수는 비롱에게 1만 명의 선발대를 주어 빨리 몽스로 진격하라고 명령했다. 몽스를 정복한 뒤 브뤼셀을 향해 빠르게 진격한다면 라파예트가 나뮈르를 공격하는 시간에 맞출 수 있을 것이다. 이 두 도시는 71킬로미터 떨어졌으며, 벨기에 지방에서 동북쪽을 향해 진격할 수 있는 요충지였다. 몽스에서 브뤼셀로 진격하는 속도가 빠를수록 오스트리아군은 당황할 것이며, 나뮈르를 공격하는 일도 쉬워진다.

그러나 전쟁은 생각대로 진행되지 않았다. 벨기에의 주민들도 무장하고 저항하면서 프랑스군의 진격 속도를 늦췄다. 전쟁에는 돈이 필요했고 병력도 필요했다. 일반인은 날마다 성금, 금붙이, 은붙이를 국회에 맡겼다. 국회는 아시냐의 가치를 50퍼센트나 평가절하한 지 열흘이 안 되어 4월 30일에는 3억 리브르어치를 새로 발행하기로 결정했다. 5월 2일 수요일에는 국회에 파리 주민들이 들어가 조국을 구하기 위해 형제들이 300명이나 목숨을 잃었다고 슬픔을 전했다.

"그들은 자유를 지키기 위해 테르모필레에서 죽어간 스파르타 용사 300명과 같은 운명이었습니다. 우리는 그들의 죽음을 슬퍼하며 그들의 무덤에 눈물을 뿌립니다. 언제나 대신들의 목소리보다 더 확실한 대중의 목소리를 들으면서 우리는 그들이 반역의 제물이었다고 믿습니다."

5월이 되면서 국회의원들은 한층 바빠졌고 당파성을 더욱 드러냈다. 브리소와 지롱드파가 주도권을 잡고 정국을 이끌었다. 브리소와 가까이 지내는 의원들을 특히 브리소파라 불렀으며, 프랑스 서남쪽 지롱드 도 출신 의원들을 지롱드파라 불렀는데, 브리소는 샤르트르 출신, 콩도르세는 리브몽 출신이었지만 그들과 가까웠다. 2일에 파리 주민들이 몰려들어 "테르모필레 전투에서 죽어간 스파르타 용사 300명"처럼 산화한 병사들이 반역의 제물이라고 주장할 때, 지롱드파 의원들은 쾨이양파의 협조를 얻어 묵살할 수 있었다. 3일에도 그들은 협조해서 마라의 『인민의 친구』 645호와 루아유Royou의 『왕의 친구』가 헌법기관들을 모욕했다는 이유로 고발했다. 5일부터 그들은 군사재판에 대한 법을 마련하는 논의를 시작해서 12일에는 "명령불복종은 국가의 명예와 진정한 자유의 병사들의 영광, 그리고 그들의 성공을 위험에 빠뜨리는 치욕적이고 비겁한 행위로서 엄격히 다스려야 마땅하기 때문에" 제1장 군사법원militaires tribunaux에 대한 4개조, 제2장 군사재판cours martiales 에 대한 7개조, 제3장 치안판사들과 군대의 교정Des juges de paix et de la police correctionnelle militaire에 대한 5개조를 통과시켰다. 이렇게 해서 딜롱 장군을 살해한 병사들 가운데 한 명인 바쇠르Vasseur를 사형시킬 근거를 마련했다.

5월 5일에는 군사위원회를 대표해서 로에가론 의원인 라퀴에가 발의한 '의용국방군 31개 대대 창설법'을 통과시켰다. 원래 184개 대대를 운영하기로 했지만 실제로 169개 대대만 가지고 있었기 때문에, 31개 대대를 창설하면 모두 200개 대대를 가지게 된다. 5월 9일에 왕은 전날 사임한 전쟁대신 그라브의 자리에 세르방Joseph Servan/Joseph Marie Servan de Gerbey을 임명했다. 이 군인 출신의 전쟁대신은 앞으로 한 달 남짓 대외전쟁을 지휘할 것이다.

그동안 군대의 문제도 심각했다. 5월 6일에는 루아얄 알르망 연대régiment du Royal-Allemand, 12일에는 작센Saxe 경기병 부대와 베르슈니Bercheny 경기병 부대가 각각 적에게 투항했다. 그만큼 전쟁의 앞날은 어두웠다. 이러한 상황에서 17일에는 피카르디 보병연대 장교 출신으로 부슈뒤론 의원인 가스파랭Thomas-Augustin Gasparin이 군사위원회에서 마련한 "전시에 군무이탈자나 의무 불이행자에 대한 처벌"안을 상정했다. 탈영해서 적에게 투항하는 자는 계급의 고하를 따지지 않고 사형에 처하며, 탈영하고 국내에 머문 자는 20년간 감금한다는 안을 부랴부랴 상정할 만큼 군기를 확립할 필요가 있었다.

19일에 로샹보 대원수는 행정부와 휘하 장병들에게 몸이 건강하지 못하기 때문에 물러나고 싶다는 편지를 보냈다. 그는 뤼크네 대원수가 자기 후임으로 북부군을 지휘하게 되어 안심이라고 썼다. 프랑스에서는 아직 소식을 듣지 못했지만, 그날은 러시아군이 폴란드를 침공한 날이었다. 러시아는 3월 12일에 프로이센과 제2차 폴란드 분할 협정을 맺었는데, 오스트리아와 프로이센이 프랑스와 전쟁하는 동안 먼저 이득을 취하려고 했던 것이다. 프랑스가 전쟁에서 오래 버틸 수 있었던 것은 러시아가 폴란드를 침공한 덕분이었음을 무시하기 어렵다.

5월 17일에 로베스피에르는 『헌법의 수호자Le Défenseur de la Constitution』라는 주간지 첫 호를 발간했다. 발간취지문Prospectus에서 매주 목요일에 서너 쪽 분량의 신문을 발행하겠다고 했지만, 한 번 말을 시작하면 끝낼 줄 모르는 로베스피에르는 첫 호부터 장황하게 제헌의회 활동을 돌이켜본 뒤, "전쟁을 유용하게 만드는 방법에 대한 고찰Observations sur les moyens de faire utilement la guerre"을 했다. 그에 따르면 전쟁은 무엇보다도 폭정에 대한 인민의 전쟁이며, 인민에 대한 왕, 귀족, 음모가, 투기꾼의 전쟁이어서는 안 된다. 그런데 얼마 전에 시작한 전쟁은 실패했다. 어떻게든 그것을 자유의 승리로 바꿔야 한다. 그렇지 않으면 프랑스인은 모두 이 땅에서 사라질 것이다.

> 우리에게 전쟁을 부추긴 웅변가들은 오스트리아 군대가 전제정의 깃발을 버리고 삼색기 아래로 몰려들 것이며, 브라방 지방le Brabant 전체가 우리의 법 앞으로 달려올 것이라고 말했다. 그래서 우리는 전쟁이 좋은 방향으로 시작되기를 기대했다. 우리는 그들이 이처럼 근사한 예언을 성취하기 위한 조치를 취할 것으로 믿어야 했다.

그런데 현실은? 기대했던 대로 나타나지 않았다. 그렇다면 전쟁을 유리하게 이끌 방법은 무엇인가? 프랑스인들은 처음부터 벨기에 지방의 귀족들보다는 인민을 안심시키기 위해 향후 스스로 헌법을 제정하는 자유를 보장해주겠다고 선언해야 했다. 그리고 프랑스 병사들은 저마다 이러한 선언문을 지니고 다니면서 실천하는 일이 바로 일반의지임을 알아야 한다. 도시를 점령하고 전투에 이기는 것이 전부는 아니다. 진짜로 중요한 것은 전쟁이 프랑스인의 정치적 자유를 보장하는 결과를 가져오는 데 있다. 이 신성한 전쟁에 성공하려면, 병사들에게 자신감을 심어주고 정신을 고양시켜야 한다. 그렇게 하려면 인민의 군대의 지휘관을 특정 당파에서 임명해서는 안 된다.
로베스피에르는 딜롱이 살해당한 데 대해 애석해하는 사람들에게 반대할 의사는 없지만, 몽스와 투르네의 전투에서 학살당한 서민들에 대해 먼저 눈물을 흘린다고 말했다. 그는 전쟁을 유익하게 만들려면 내부의 적들부터 제거해야 한다고 주장한다. 내부의 적은 불의, 귀족주의, 배신, 폭정이다. 공격과 점령에 몰두해서 장군들과 장교들을 우상화하는 어리석은 행동보다는 언제나 조국과 인류애를 생각해야 한다. 언제나 전쟁을 어떻게 끝낼지, 또 어떤 결과가 나올지 생각해야 한다. 전쟁이 언제 끝나고 그것이 자유에 어떤 영향을 미칠지 주목해야 한다. 장군들의 영예를 경계해 그들이 자기 야망과 음모를 펼칠 수 있는 길을 닦지 못하게 해야 한다. 국가의 물리력을 동원할 수 있는 사람들이 큰 영향력을 행사할 수 있다는 사실을 잊지 말아야 한다.

"의심스러운 시민이 어느 날 당신을 자기 마음대로 왕에게 넘기거나 인민과 군주를 한꺼번에 짓누르고 모든 전제정에서 가장 나쁜 형태의 법적 전제정을 실시하지나 않을지 감시해야 한다. 이기고 싶다면 참을성을 기르고 용감해야 한다. 당신 자신을 극복하고 싶다면 사려 깊고 당당하며 조용히 있으면서도 항상 경계해야 한다."

8
튈르리 궁 침입

국회에서 비선서 사제 문제는 5월 초부터 계속 해결해야 할 과제였다. 지난 5월 5일에는 낭트의 비선서 사제들에 대한 보고를 시작으로 11일에는 코레즈Corrèze 의원 샤사냐크Noël Chassagnac가 청원위원회·12인위원회·감시위원회의 합동위원회가 마련한 비선서 사제에 대한 법을 제정하자고 발의했다. 여기서 12인위원회Commission de douze는 6일에 일에빌렌 의원 타르디보가 발의한 대로 청원·농업·상업·감시·군사·입법의 6개 상임위원회에서 두 명씩 참여해 공공안정을 회복하고 유지하는 조치를 마련하는 임무를 띠었고, 9일에 열두 명의 위원을 갖추었다.*

16일에 방데 의원 구피요는 군인들이 외적과 싸우는 동안 국내의 적 가운데 가장 위험한 사제들에게 주목해야 하며, 국내의 혼란에 대해 법을 마련할 때까지 12인위원회가 날마다 보고하도록 하자고 발의했다. 이날 베르니오는 선서 거부 사제들을 강제수용déportation하는 문제에 대해 찬성했다. 18일에는 손에루아르Saône-et-Loire 도 지도부가 비선서 사제들의 음모를 고발하면서 조치를 취해달라고 청원하는 편지를 읽고 12인위원회에 넘겼다. 그곳의 사제들은 인민을 속이고, 징세를 방해하며, 자신들의 나쁜 의도를 간파한 사람들을 위협했다.

5월 24일 목요일에 제르의 이숑Pierre-Louis Ichon은 왕국이 혼란스럽다고 개탄하면서 어떻게 하면 혼란을 멈출 수 있을지 방안을 찾자고 제안했다. 그는 국가안보가 걸린 중대한 문제의 해결책을 마련하려면 원인을 알아야 하며, 자기 생각에 그것은 비선서 사제들의 광신주의 때문이라고 말했다. 루아르앵페리외르의 브누아스통Jean-Marie Benoiston은 질서를 뒤흔드는 사제들을 단속하는 방법으로 유형流刑을 추천하면서 10개조의 법안을 내놓았다. 구체제 시대에는 대개 국내의 특정 지역으로 '추방banissement'의 형태로만 존재했는데, 1791년 1월부터 '유형transportation'이라는 말이 법에 나타났다. 그것은 걸인이 법을 세 번이나 어겼을 경우 해외 식민지로 보내는 형벌이 되었

---

* 입법위원회의 타르디보와 비마르Nicolas Vimar(센앵페리외르), 감시위원회의 포세와 바지르 C. Basire, 군사위원회의 들라크루아와 주노Louis Jounault(되세브르), 청원위원회의 샤사냐크와 고쉬앵Gossuin, 상업위원회의 프랑세Antoine Français(루아르앵페리외르)와 들레지르François Delaizire(코트뒤노르), 농업위원회의 루지에 라 베르주리Jean-Baptiste Rougier-La-Bergerie(이온)와 브루소네P.-M.-A. Broussonnet가 첫 위원들로 활동했다.

다.* 그리고 1792년 1월 30일, 선서 거부 사제를 '유형déportation' 보내는 문제를 논의하기 시작했다. 브누아스통의 유배형 제안이 끝나자, 센에우아즈 의원 르쿠앵트르Laurent Lecointre는 법이 정한 맹세를 거부하는 사제를 '무법자'로 선고해서 '법의 보호를 받지 못하게' 하자고 말했다. 의원들은 결국 브누아스통이 제안한 법안을 한 조씩 토론하면서 수정했다.

마침내 5월 27일에 브누아스통은 축조심의를 거친 법안을 12인위원회가 최종적으로 다듬은 "질서교란 사제에 대한" 19개조 법을 발표했다. 그것은 비선서 사제들이 꾸준히 헌법을 뒤집어엎으려고 노력하는 현실에 대응하기 위한 법이었다. 다음과 같은 경우에 그들을 공공안전과 치안의 조치로써 유형 처분한다. 특정 캉통의 능동시민 20명이 비선서 사제의 유형을 요구하고, 도 지도부 의장이 그 청원이 합당하다고 판단할 때 유형 처분하며(3조), 만일 도 지도부 의장이 청원을 합당하게 생각하지 않을 경우, 도 지도부 위원들이 피고발인을 불러 청원의 정당성을 판단하고 유형을 처분할 수 있다(4조). 비선서 사제가 외부활동으로 혼란을 부추길 때, 능동시민 한 명 이상의 고발을 받으면, 도 지도부 의장은 앞에서 말한 과정을 거쳐 유형을 처분할 수 있다 (5조). 이번에도 왕은 입법부와 충돌할 것인지 두고 볼 일이었다.

5월 29일 화요일에 파리 시장 페티옹은 전날 의원들이 의결한 대로 국회에 나와 파리의 상황을 보고했다. 그만큼 파리의 질서가 우려할 만큼 무너졌기 때문이다. 파리에는 오래전부터 무뢰한, 불평불만자, 공공안녕의 적들이

---

* 구빈위원회Comité de Mendicité의 걸인단속법sur la répression de la mendicité, 제3장 세 번 위반한 걸인의 유형transportation, "그들이 권리를 되찾을 때까지, 이웃나라들과 정치적·도덕적 관계를 고려해서 아주 멀리 있고 왕래가 적은 곳으로 보낸다."

모여들었다. 시정부와 치안당국은 물론 일반인들도 불안했다. 파리는 가장 크고 부유하고 인구가 조밀하며 이름에 걸맞은 수도로 국내에서 가장 영향력 있는 도시였다. 국민의 세습대표(왕)와 선출대표(국회의원)들이 모여 있는 곳이었기 때문에 치안유지에 더욱 힘써야 했다. 파리 주민들은 대부분 질서와 자유와 헌법을 사랑하지만, 여론을 오도하고 공공정신을 타락시켜 왕국 전체를 오염시키려는 사람들이 분명히 존재했다.

페티옹이 의원들에게 각별히 파리의 질서를 지키는 데 힘써달라고 부탁하고 나가자 고블랭 구 주민 1,500명 이상이 창을 들고 북을 치면서 회의장에 들어와 목숨 바쳐 국회를 지키겠다고 맹세한 뒤 한 바퀴 돌았다. 몇 사람은 창끝에 자유의 상징인 프리기아 모자를 씌우고 행진했다. 그들은 행진을 마치고 회의장 한구석에 정렬했다. 그날은 새로운 의장을 뽑는 날이었기 때문에 투표를 끝내고 나서 콩도르세는 계속 의장직을 수행했다. 그는 전날 왕의 근위대에 대해 고발한 바지르에게 발언권을 주었다. 1790년 11월부터 창설하려던 이 부대는 마침내 1791년 9월 30일에 보병연대 1,200명과 기병연대 600명으로 편성되었다. 왕이 주는 봉급을 받기 때문에 "왕이 고용한 근위대la garde soldée du roi"라 부르는데, 1792년 2월 7일에 발의해서 13일에 만든 법에 따라 맹세를 했다. 그리고 3월 18일부터 정위치에 배치되었다. 전쟁대신은 근위대보다 국민방위군을 자신과 더 가까운 곳에 배치하라는 왕의 명령을 받고 그대로 했다고 보고했으며, 의원들은 왕의 처분에 감격해서 박수를 쳤다. 그러나 그동안 이 부대에는 망명객들이나 비선서 사제들이 고용되어 의심스러운 행동을 한다는 혐의를 받았고, 그래서 바지르는 근위대를 해산하자고 제안했다.

제1조. 현재 왕의 봉급을 받는 근위대를 해고하고, 즉시 법에 따라 다시 조직한다.

제2조. 새로운 근위대를 조직할 때까지 파리 국민방위군이 근위대를 조직하기 전부터 했던 임무를 그대로 수행해 왕의 신변을 보호한다.

6월 2일 토요일에 입법위원회의 살라댕은 법무장관을 지낸 뒤포르를 고발했다. 입법권을 찬탈하고, 헌법과 자신이 집행할 법률도 침해하고, 개인의 자유까지 침해하는 한편, 헌법기관에서 으뜸의 지위에 있는 입법부의 품위를 훼손시켰다는 네 가지 혐의였다. 카트르메르 캥시는 고발 내용을 조목조목 반박했다. 오랫동안 그의 연설을 경청한 의원 대다수가 그 연설문을 인쇄해서 배포하자고 의결했다. 그날 내무대신 롤랑은 국회에 나와 프랑스인이 자유를 유지하기 위해 모든 희생을 감내하고, 대신들도 재정부담을 줄이기 위해 봉급을 적게 받는 현실에서 내무부의 부서와 고용자의 수를 조정하게 허락하고 구호기금을 마련해달라고 호소했다.

"국회가 모두 600만 리브르의 기금을 마련하는 명령을 내려주신다면, 400만 리브르를 곡식 구매에 쓰고, 200만 리브르를 각 도에 나눠주어 필요한 곳에 쓰도록 하겠습니다."

6월 4일 월요일에 샤보가 한창 오스트리아위원회를 고발하는 도중 지난 5월 9일에 전쟁대신이 된 세르방이 국회에 나왔다. 의장은 그의 말을 먼저 들어보자고 했다. 세르방은 국회가 국가를 위해 쉬지 않고 일하는 데다 특히 군대문제에 대해 자신이 요구한 사항을 거침없이 처리해주어서 고맙다고 치하한 뒤 이렇게 말했다.

"불순세력이 사방에서 우리를 괴롭힙니다. 그들은 파리에서 생필품의 유통을 막고 식료품 값을 올리기 위해 끊임없이 사람들을 선동하고 시위를 조장합니다. 파리에는 선동자들이 소요사태를 일으키고 거기서 이익을 얻을 틈을 노리고 있습니다. 용감한 파리 국민방위군은 군사력보다 열의에 더 많이 의존합니다. 그들은 명예롭게 복무하고 있지만 모든 상황에 대처하기에는 충분치 않습니다. 우리의 군대는 병력을 증강해야 합니다. 파리나 주변에 있는 병력으로 일부 충당할 수 있습니다. 육군과 목숨 바쳐 자유를 지키는 용감한 시민들이 우리 국경을 지키고 있지만, 우리는 불운한 사태에 대비해야 합니다.”

세르방은 자신의 계획을 설명했다. 법은 7월 14일에 국민방위군들이 조국의 제단에서 맹세하도록 정했다. 그때 파리의 문안에서 애국병사 10만 명이 이제 막 태어난 자유를 보전하겠다고 맹세했다. 그때 우리의 적은 내부에만 있었지만, 현재에는 외부에도 있다. 그러므로 왕국의 모든 캉통에서 국민방위군을 다섯 명씩 뽑아 군복에 무장한 채 7월 14일 파리로 집결시키면 어떻겠는가? 다섯 명 중 한 명은 군마를 타고 올 수도 있다. 이렇게 하면 모두 2만 명을 모을 수 있다. 그들에게 몇 달 동안 군사훈련을 시키고, 필요하다면 파리의 용감한 포병들을 뽑아 그들에게 합류시킬 수 있다. 그들은 먼저 샹드마르스에 군막을 치고 훈련을 받은 뒤 파리 주변으로 이동해 주둔하면서 국회나 왕을 지키는 수비대 역할을 하도록 한다. 파리 주변의 주둔지는 파리와 콩피에뉴의 중간쯤이 될 것이었다. 그곳은 여차하면 파리를 지키거나 전방으로 달려가기 좋은 지점이다. 그들을 4개월 동안 유지하는 비용을 추산하면 300만 리브르를 넘지 않을 것이다. 그러나 그들이 주둔한 효과는 농촌의 질서에도 나타날 것이다. 그렇게 된다면 국회는 이미 제정한 법에 따라 국민방위군 34개 대대를 편성할 시간을 얻을 수 있다.

"만일 의원님들이 이 제안을 채택하신다면, 이번 7월 14일에는 각지에서 오는 용감한 대표들이 자유를 위해 목숨을 바치겠다고 맹세하는 모습을 보실 것입니다."

의원들은 세르방의 제안을 군사위원회에 보내 다음 날 회의록을 읽은 직후에 보고하라고 의결했다. 6월 8일 금요일, 의원들은 토론을 마치고 병력 2만 명 증원법 13개조를 통과시켰다. 모든 도가 인구의 규모에 따라 할당받고, 도 소속의 캉통에서 뽑은 인원으로 2만 명을 증원해서 7월 14일 파리에 모이도록 한다(1~5조). 여비는 1리외(4킬로미터)에 5수씩, 봉급은 의용국방군과 같은 수준으로 지급한다(10~11조). 행정부는 주둔에 필요한 물자를 마련하는 명령을 내리며, 군사위원회는 8일 안으로 병력 증원에 관한 세부지침을 마련한다(12~13조).

이튿날인 9일에 세르방은 국회에 편지를 보내서 군법을 집행하는 어려움을 해결해달라고 부탁했다. 그는 군대의 기강을 확립하기 위해 사형을 집행할 때 새로운 기계(기요틴)를 이용하는 일은 시간과 비용이 너무 많이 든다면서 다른 방식을 허용해달라고 요청했다. 전시에 반역자를 처형하기 위해 사형대를 설치하는 일은 번거롭다는 뜻이다. 국회는 군사·입법의 합동위원회에서 검토하도록 했다.

그날 저녁에는 파리 프티조귀스탱 구의 국민방위군 대표단이 국회에 나와 전날에 통과시킨 병력증원법에 대해 파리 국민방위군 참모부가 반발했다고 고발했다. 참모부는 각 구의 중대장에게 청원서 문안과 함께 보낸 편지에서 시민 병사들의 서명을 받고 자기 이름도 적은 뒤 시청으로 제출해주기 바란다고 썼다. 참모부는 서명받은 청원서를 모아 일요일(10일) 정오까지 국회에 제출할 것이라고 알렸다. "파리 국민방위군의 시민 병사들의 호소Adresse individuelle des citoyens-soldats de la garde nationale parisienne"라는 청원서는 파리 국민방위군의 참담한 심정을 쏟아내면서, 세르방 때문에 헌법이 파리 국민방위군에 준 명예와 권리를 한 방에 날려버렸다고 불평했다. 프티조귀스탱 구의 국민방위군은 이 청원서가 심각한 문제를 가지고 있다고 판단해서 국회에 고발했던 것이다.

오트 가론의 들마J.-F.-B. Delmas 의원은 청원을 반란으로 생각한다고 말했다. 지롱드의 가데 의원은 오래전부터 헌법의 적들에게 팔리는 신문뿐 아니라 애국심의 가면을 쓴 사람들도 자유의 친구들을 더욱 조직적으로 속이려고 국민방위군과 시민들의 사이를 멀어지게 만드는 일에 힘쓰기 시작했다고 말했다. 더욱이 그들이 파리 국민방위군의 애국심을 죽이려고 노력하지만 반드시 실패할 것이라고 가데는 장담했다.

여러 의원이 토론에 참여했다. 의원들은 파리 국민방위군 사령관을 증언대에 출두시켜 청원서를 작성한 경위에 대해 설명하라고 명령했다. 곧 사령관*이 국회에 출두해서, 전쟁대신 세르방이 국회에 병력증원법을 제정해달라고 요청한 이튿날(6월 5일)부터 국민방위군이 몹시 흥분했다고 말했다. 그들은 어느 때보다 열심히 복무하면서 헌법과 국회를 지키려고 노력했건만, 전쟁대신 때문에 자부심에 상처를 입었고 세간의 신뢰를 잃었다면서 몹시 상심했다. 특히 그들은 대포를 차출해간다는 계획에 몹시 불안했다. 그들은 사령관을 면담했고, 그 뒤에는 여러 군데 모여서 회의를 열었다. 그들은 어제 간부들끼리 모이는 정례회의에 나타나 국회에 청원서를 내달라고 요청했다.

---

* 1791년 9월 12일의 법은 국민방위군 총사령관의 기능을 6개 사단장에게 나누어주고, 이들이 한 달씩 돌아가면서 그 일을 하도록 규정했다(제1부 5장 "바이이와 라파예트의 사임과 선거" 참조).

그래서 사령관은 그들에게 파리 국민방위군 전체의 이름으로 낼 수 없으며, 서명자가 청원서의 당사자라는 원칙을 따라야 한다고 대답했다. 그들에게는 생각을 표현하고 서명을 받는 일이 난감했다. 사령관은 국민방위군 전체가 한마음이라고 생각했다. 마침내 그들은 방법을 찾아냈다. 각 중대 부관이 시 정부의 명령을 받아 각 중대에 전달하는 방법이었다. 부관은 청원서를 자기 부대에 전달해 부대원들의 서명을 받아 소속 사단에 제출하라는 명령을 받았다. 청원서를 쓸 임무를 맡은 사람들은 국민방위군 소속 개인들과 능동시민들이 개인적으로 내는 형식의 청원서를 제출하게 허락해달라고 사령관에게 요청했다. 사령관은 이런 과정을 거쳐 서명을 받은 청원서와 서명자 명단을 10일 국회에 제출할 것이라고 설명했다. 그는 국민방위군 전체의 이름이 아니라 개별적으로 제출하는 청원서에 서명한 국민방위군은 국회에 자신들의 두려움, 불안감과 함께 요구사항을 전달하려고 한다고 덧붙였다.

파리 국민방위군의 자존심을 되찾으려는 청원서에 서명을 받는 동안, 프티조귀스탱 구에서 그것에 문제가 있다고 국회에 고발했듯이, 몽마르트르 문밖 구민들도 그 문제를 비판했다. 특히 그들은 파리 국민방위군 참모장이 파리에서 겨우 160킬로미터 밖에서 전쟁이 벌어지는 현실에 파리와 전방 사이에 배치할 병력을 증원하는 일에 동참할 각 지방의 형제들을 이간질시키려 노력했다고 고발했다. 10일에 국회는 이 고발에 대해 자세히 조사하라고 감시위원회에 명령했다. 감시위원회는 서명지에 올린 이름 중에 서명자의 아내와 자식들의 이름을 가려내 불법행위를 밝힐 것이다. 생탕투안 문밖 주민들도 국회에 대표단을 보냈다. 상테르는 대표로 전국 국민방위군의 연맹을 치하한 뒤, 정규군의 연대에서 병사 두 명씩 참여시키자고 제안했다.

회의 중간에 치른 선거에서 국회의장으로 뽑힌 루아르앵페리외르의 낭

트 출신 의원 프랑세Antoine Français가 의사봉을 잡은 뒤 첫 발언자는 병력증
원법에 반대 청원한 사람이었다. 국민방위군 복장을 한 청원자 여섯 명을 대
표해서 바슬랭Joseph Vasselin은 2만 명 증원법에 대해 뒤늦게 무엇이라 할 의
사는 없지만 전쟁대신을 고발하러 왔노라고 말했다. 이 말에 의원들이 술렁
거렸다. 그는 전쟁대신이 며칠 전 수도의 북쪽에 2만 명을 주둔시키자고 제
안하면서 헌법을 위반했다고 주장했다. 세르방은 파리 국민방위군이 열의가
넘치는 데 비해 힘을 소진했기 때문에 다른 도의 전우들의 힘으로 그들을 도
와줄 필요가 있다고 말하면서 파리 시민 전체를 모욕했다는 것이다.

"과연 누가 이 대신에게 파리의 국민방위군이 수도를 지키는 임무를 수
행하려면 원조를 받아야 한다고 말해주었습니까? 파리 국민방위군이 바스티
유를 뒤집겠다고, 아니면 1789년 7월에 파리를 공격한 3만 명을 격퇴하겠다
고 원조를 요구했습니까?"

바슬랭이 조목조목 따지듯이 묻자 우파 의원들이 지지하는 박수를 쳤다.
계속해서 그는 물었다.

"최근 파리 국민방위군이 몇몇 도에서 들끓던 도적떼를 소탕했을 때, 그
리고 왕국의 방방곡곡에서 타오르기 시작한 내란의 불을 불굴의 의지로 꺼
버렸을 때도 지원을 요구했습니까?"

이번에는 좌파 의원들이 박수쳤다. 바슬랭은 그 밖에도 물어볼 내용이 많
지만 단지 전쟁대신에게 국민방위군이 봉사한 내역을 상기시키기 위해 그렇
게 할 이유가 없다고 했다. 그는 모든 프랑스인이 세르방을 유죄로 생각하며,
헌법도 그 근거를 기록하고 있다고 주장했다. 헌법은 군사력의 증강을 제안
할 권한을 전적으로 왕에게 맡기며, 그것을 법으로 제정할 권한과 기능을 입
법부에 맡긴다고 명시했다. 따라서 이번에 입법부가 법을 제정하려면 왕의

공식 제안을 받았어야 한다. 전쟁대신은 이러한 제안을 할 수 있는 권한을 갖지 못한다.

"자유를 위험에 빠뜨리고, 헌법에 치명상을 입히고, 우리를 분열시킨 당파의 맹목적인 도구 노릇을 하고, 온갖 분란의 씨를 뿌린 세르방을 본보기로 처벌해주십시오."

그 뒤에도 바슬랭은 우파와 좌파의 지지를 번갈아 받으면서 연설을 마쳤다. 그러나 대체로 우파 의원들에게 더 많은 지지를 받았다. 그는 구체제 말인 1777년부터 발간된 첫 일간지 『주르날 드 파리(파리 일보)』의 편집인 가운데 한 사람이며, 법무대신에서 물러난 뒤포르 뒤테르트르의 비서였기 때문에 보수 성향이 강했다. 의장은 청원자들에게 의원들의 회의를 참관해도 좋다고 말했지만, 여러 의원이 한꺼번에 반대했다. 그리하여 그들을 참관시키느니 마느니 또 설전이 일어났다.

20만 명 증원법에 반대하는 8,000명의 청원서를 국회에 제출한 이튿날인 11일에는 위오Huot와 라코르드Lacorde가 8,000명 청원서에서 이름을 빼겠다고 선언하고, 국회에 아시냐 25리브르의 기부금을 냈다. 몽모랑시 구의 부베롱Bouveyron은 자격이 없는 사람들, 국민방위군에 복무하지 않는 노동자들이 자기 이름은 물론 다른 사람의 이름으로도 서명했다고 고발했다. 또 튈르리 중대 소속인 데망주Desmanges, 라살Lasalle, 뷩지유Bungille는 바슬랭의 청원서에 서명하지도 않은 자기네 이름이 들어 있어서 놀랐다며 철회의사를 밝혔다. 이처럼 파리 국민방위군 사령부의 참모부에서 조직적으로 2만 명 증원법에 반발해 작성한 청원서에는 편법으로 서명자를 받아냈다는 사실이 속속 드러났다. 그날 하루 종일 청원서의 서명자들이 서명을 철회했다. 참모부가 증원법에 반대한 것은 세르방뿐만 아니라 국회의 의결에 대해서도 반발한 것인데, 각 구의 국민방위군들은 참모부의 뜻을 이해하지 못했거나, 국회를 무조건 믿거나, 아니면 투표할 때마다 나타나는 정치적 무관심 때문이거나, 아무튼 참모부에 크게 호응하지 않았다.*

6월 12일 화요일에 도르도뉴의 들포Guillaume Delfau는 전날 저녁 튈르리 정원에서 어떤 웅변가가 의자 위에 올라서 격한 어조로 『프랑스인들의 우상의 몰락La chute de l'idole des Français』을 읽는 것을 보았다고 말했다. 이 중상비방문은 루이 16세를 옛날의 샤를 9세에 비교하면서 마땅히 살해해야 한다고 주장했다. 샤를 9세는 그의 누이와 앙리 4세의 결혼식에 참석하려고 파리에 모인 개신교 지도자들을 학살한 사건(성 바르톨로메오 축일의 학살)에 책임이 있는 왕이다. 들포의 말을 들은 의원들은 파리 시정부가 질서를 유지하는 데 실패했다고 불평하는 한편, 마라의 『인민의 친구』 같은 신문의 유통을 막을 조치를 취하지 못하는 법무대신을 고발했다.

마라는 법적으로 추적당했지만, 불굴의 투지를 발휘해 장군과 대신, 국회의원들이 왕과 공모해서 애국자 의용군들을 사지로 몰아넣는다고 비난하면서 그들의 머리에 현상금을 걸었다. 보주의 마랑은 무람없는 출판을 규제하는 법을 제정해야 한다고 주장했다. 입소문과 함께 인쇄물이 널리 여론을 펴

---

* 그날에는 재미삼아 이야기해둘 만한 일도 일어났다. 루이 15세 치세 말부터 영국으로 망명해서 여성 옷을 입고 활동했기 때문에 데옹 양Mademoiselle d'Eon으로 알려진 슈발리에 데옹Chevalier d'Eon이 국회에 청원했다. 그는 이제 여성 복장을 좋아하지 않으니 군대에서 자기 계급을 되찾고 군복을 입고 싶다고 말했다. 데옹은 루이 15세에게 밉보여 영국으로 망명한 테브노 드 모랑드 Théveneau de Morande와 함께 첩자활동을 했다. 두 사람은 혁명이 일어난 뒤 망명생활을 접고 귀국했다. 혁명 때문에 자신들에 관한 문서가 빛을 보면 영국에서 한 활동이 들통나서 신변이 위험해질 것을 두려워했기 때문일 것이다.

뜨리는 데 가장 앞선 매체였던 시대에도 여론 조작에 대응하는 일은 언제나 권력을 쥔 사람들에게 악몽 같은 일이었다. 과연 규제법을 만든다고 문제를 해결할 수 있었을까? 오늘날 다양한 방식으로 정보를 생산하고 편집해 전달하는 다중매체 시대에 비하면 원시시대와 같은 당시에도 '가짜뉴스'를 규제하는 일은 거의 불가능했다.

2만 명 증원법에 반대하는 사람들은 청원서에 대한 여론전에 실패한 뒤에도 용기를 잃지 않았다. 그들은 왕에게 법을 승인하지 말아달라고 청원하는 방법을 생각했다. 그들은 특히 7월 14일에 있을 연맹제를 방지하고 싶었다. 연맹제를 통해 전국의 국민방위군이 하나가 되어 혁명의 흐름을 다시 한번 다잡을 경우 그들의 계획은 그만큼 성공하기 어려울 테니까. 오스트리아와 프로이센을 상대로 전쟁을 치르고 있음에도, 병력을 증강하자는 법에 반대하는 이유는 무엇인가? 아마도 루이 16세가 패배하기 바랐던 전쟁을 장기전으로 가져가거나 결국 승리할까봐 두려웠던 것일까? 설마. 그럼에도 20세기 민주국가에서도 선거에서 이기려고 평소 '주적'이라고 비난하던 상대에게 돈을 주면서 '총풍'을 부탁한 보수정당(한나라당이라 쓰고 '차떼기당'이라 읽는 정당)이 있었고, 최근 기발한 방식의 국정농단을 경험한 우리는 모든 가능성을 추측할 수 있으며, 한마디로 전체의 이익보다 자기네 이익만 생각하는 사람들에게는 상식을 깨는 능력이 있음을 깨닫는다. 그래서 조금 안전하게 말하자면, 1792년의 파리에서는 상퀼로트들이 존재감을 드러내고 있었기 때문에 반혁명세력은 더욱 초조해졌음이 분명하다.

반혁명세력은 2만 명 증원법으로 파리 인근에 '도적떼'를 모은다고 비방하는 글을 뿌렸고, 왕의 마음을 움직였다. 오스트리아위원회와 파리 도 지도부의 영향을 받은 왕은 6월 11일에 '비선서 사제 유형법'(5월 27일)과 '2만 명

〈의용군의 출발〉(작자 미상, 카르나발레 박물관 소장)

프랑스군이 라인 강 너머 적군에게 탈영을 권유한다.
"회초리로 100대씩 맞고 지내느니 연금 100리브르를 받는 편이 낫지 않을까?"(작자 미상의 판화)

루이 16세의 마지막 명령(카르나발레 박물관 소장).
"왕은 스위스 병사들에게 즉시 무기를 놓고 병영으로 물러나라고 명령한다."

연맹군, 국민방위군, 상퀼로트가 힘을 합쳐 붉은 제복의 스위스 수비대 병사들과 싸운다.
혁명군은 애국심과 평등에 대한 희망으로 뭉쳤고,
스위스 수비대는 8세기의 수구세력에 대한 충성심으로 뭉쳤다
(스위스 병사들은 용병이었기 때문에 오직 고용인에게만 충성했다).
8월 3일부터 파리의 가난한 주민들이 사는 구에서 먼저 왕의 폐위를 요구했지만 국회는 쉽게 결정하지 않았고,
그 때문에 루이 16세는 국회의 분열을 이용하고
외국 군대의 도움을 받으면 살길이 있으리라는 희망을 버리지 않았다.
그러나 9일부터 10일로 넘어가는 자정에 일제 봉기를 알리는 종소리는 카페 왕조의 조종弔鐘이 되었다
(작자 미상, 카르나발레 박물관 소장).

1792년 8월 10일, 튈르리 궁의 전투.
루이 16세가 가족을 데리고 입법의회 품으로 피신한 뒤,
튈르리 궁을 지키던 스위스 병사들이 먼저 발포해서 전투가 벌어졌다.
용감하게 싸운 혁명군은 스위스 병사들을 철저하게 응징했다.
세 시간의 전투가 끝난 뒤 스위스 병사 600명, 궁에 있던 귀족과 하인들 200명, 혁명군 300여 명이 목숨을 잃었다.
겨우 목숨을 구한 스위스 병사들은 시내로 흩어져 도망치다가 잡히면 살해당했다.
튈르리 궁은 전투 중에 불이 붙어 이튿날에도 계속 탔다(뒤플레시 베르토 그림, 베르사유 궁 소장).

〈라파예트 허수아비 처형식〉(BNF 소장)

그림 위) 귀족과 민주주의자가 힘을 합쳐 라파예트에게 응분의 벌을 준다.
그림 아래) 닭장Poulailler의 곡에 맞춰 / 유명한 장군, 그대는 교수형이다 / 그 이상의 처분은 바라지도 말라.

1792년 8월 10일 오전 10시 반, 튈르리 궁을 공격하는 마르세유 의용군의 모습.
그들은 붉은 옷의 스위스 수비병들이 총을 난사하는 '쿠르 데 프랑스' 마당으로 들어선다.
궁에 있던 귀족과 시종들이 황급히 피신한다(BNF 소장).

증원법'(6월 8일)을 거부했다. 왕은 5월 29일의 '근위대 해산법'의 충격을 받았는데, 파리에 연맹군 2만 명이 모였다가 근처에 주둔한다니 거부감이 들만했다. 시간이 흐르면서 왕과 그 측근은 혁명세력과 대립했다. 더욱이 그는 12일에 내각을 개편하면서 국회의 주류와 맞섰다. 그러나 주류라고는 해도 방청객과 파리 상퀼로트의 지지를 받아야 주도권을 빼앗기지 않았다.

6월 13일에 세르방은 왕의 해임통보와 함께 자기 업무를 외무대신 뒤무리에에게 넘기라는 명령을 받았다고 국회에 알렸다. 좌파 의원들과 우파 의원들이 세르방의 해임을 놓고 부딪쳤다. 좌파 의원들은 애국자 세르방의 업적을 깎아내리고 모함하는 자들이 왕을 설득했다고 하면서 국회가 공식적으로 유감의 뜻을 표현해야 한다고 말했다. 우파 의원들은 지난 3월 중순 전쟁대신 나르본을 해임할 때도 국회가 유감의 뜻을 표현하는 문제를 놓고 토론하다가 결국 유야무야하지 않았느냐고 따졌다. 그러나 세르방은 지롱드파 의원들의 지지를 받았기 때문에 국회는 결국 유감의 뜻을 공식적으로 표현했다. 곧이어 의장은 법무대신 뒤랑통이 왕의 편지를 전했다고 발표했다.

나는 전쟁부·내무부·국세부의 3부 대신을 바꾸었습니다. 전쟁부에 세르방의 후임으로 뒤무리에, 내무부에 롤랑의 후임으로 무르그Jacques Antoine Mourgues를 임명했습니다. 국세부의 클라비에르의 후임은 아직까지 찾지 못했습니다. 뒤무리에가 떠난 외무대신에 되퐁Deux-Ponts* 공국에 파견한 나이야크Naillac를 임명했습니다.

---

* 되퐁은 오늘날 독일 라인란트팔츠 주의 츠바이브뤼켄Zweibrücken이다.

루이 16세가 새 내각을 구성할 때 외무대신 뒤무리에는 롤랑, 클라비에르, 그리고 특히 군인 출신인 세르방을 교체하고 싶었고, 루이 16세가 뒤무리에를 세르방의 자리에 앉히면서 내각의 주도권을 쥘 수 있게 만들어주었다. 『파리의 혁명』은 뒤무리에를 루이 13세 시대의 총리대신 리슐리외 추기경에 비유했다.* 뒤무리에는 외무대신으로 나이야크를 포함한 세 사람을 천거했는데, 루이 16세는 마리 앙투아네트와 친한 나이야크 남작을 임명했다. 뒤무리에는 14일이 되어서야 되퐁으로 편지를 보내 그 사실을 당사자에게 알렸다. 새 내각을 짜는 데 한몫하고 전쟁대신이 된 뒤무리에는 이틀 전인 11일에 벨기에 국경에서 9킬로미터 남쪽에 있는 모뵈주 진지에서 라파예트가 적의 공격을 받아 25명의 인명피해를 입었고, 그때 15년 지기인 구비옹을 잃었다고 보고한 편지를 국회에서 공개했다. 그러고 나서 전쟁대신은 국회가 자신의 말을 주의 깊게 들어주기 바란다고 하면서, 대신들도 국회의원과 같은 시민이므로 부디 똑같이 대접해달라고 부탁했다. 좌파 의원들이 웅성거리는 동안, 가데가 "뒤무리에 선생은 애국자 대신들을 해임하고 나니까 이제는 국회를 가르칠 권위를 얻었다고 믿습니까?"라고 물었다. 불랑제는 가데가 스스로 가면을 벗었다고 빈정댔고, 들라크루아는 잠시 뒤무리에의 말을 더 들어보자고 제안했다. 뒤무리에는 대신들도 의원들만큼 막중한 책임을 지고 있기 때문에 형제처럼 대해달라고 부탁했다.

"현재 아주 위험한 상태이기 때문에 이제 그만 의심을 거두어주기 바랍

---

* 카미유 데물랭이 17일에 자코뱅 클럽에서 자신이 잘 아는 법조인 왕당파가 뒤무리에에게 쓴 편지를 인용했을 때 리슐리외 추기경에 대한 비유가 있었다. "당신은 진정한 의미로 리슐리외라는 사실을 아십니까? 그리고 리슐리외처럼 그릇된 행동을 계속하시렵니까?"

니다. 우리는 그들에 대한 의심으로 말미암아 불행한 현사태가 발생했다고 말할 수 있습니다. 우리는 단결해야만 끊임없는 소요와 불행을 이겨낼 수 있습니다."

6월 16일 토요일에 타른의 라수르스는 외무대신으로 임명한 나이야크가 아직도 파리로 돌아오지 못했으므로 국회가 당분간 외무대신의 업무를 관장해야 옳다고 주장했다. 마침내 18일에 왕은 국회의장에게 그동안 공석이던 외무대신에 샹보나La Garde de Chambonas 준장을, 뒤무리에의 후임으로 전쟁대신에 라자르Pierre Auguste Lajard를, 무르그의 후임으로 내무대신에 쥐라 도 지도부 의장 테리에 드 몽시엘Antoine-Marie-René de Terrier de Monciel을 임명했다고 알려주었다. 샹보나는 라파예트의 친척이며, 구체제의 거물급 귀족 생 플로랑탱 백작Louis Phélypeaux de Saint-Florentin이자 라브릴리에르La Vrillière 공작의 사위였고, 라자르도 역시 라파예트의 지인이었다. 또한 왕은 국세대신에 곡식 투기로 원성을 산 볼리외Jules-Émile-François-Hervé de Beaulieu를 임명했다. 이렇게 해서 왕은 며칠 전에 시작한 개각을 마무리 지었다. 한 달 만에 개각을 했음은 시국이 뒤숭숭하다는 뜻이다. 며칠 전, 대신들과 의원들이 단결해서 국난을 극복하자고 호소하던 뒤무리에는 군인의 본분을 되찾았다. 왕이 『피가로의 결혼』을 쓴 보마르세에게도 한자리를 마련해주려고 했다는 소문이 돌았다. 결국 왕은 지롱드파의 대신들을 모두 해임하고, 좀더 보수적인 성향의 푀이양파 인물들을 임명했던 것이다.

왕이 내각을 개편할 때 라파예트의 의견을 많이 반영했다는 사실을 아는 사람들은 라파예트를 더욱 경계했다. 18일에 파리 도 지도부 의장 라로슈푸코는 하인을 시켜 라파예트의 편지를 국회에 전했다. 그렇게 해서 국회에서는 라파예트가 16일에 모뵈주의 참호 진지에서 쓴 편지를 읽었다. 라파예트는 전쟁대신(세르방)의 음모 때문에 전쟁을 빨리 끝내지 못한다고 불평했다.

"국가가 위험합니다. 프랑스의 운명은 국회의원들에게 달렸습니다. 국민은 국회가 나라를 구해주기를 기대합니다. 그러나 국민은 헌법을 스스로 갖추면서 의원들이 나라를 구할 수 있는 유일한 길을 제시했습니다. (……)

여러분은 어려운 상황에 놓였습니다. 프랑스는 안팎으로 위협받고 있습니다. 열강들이 우리의 주권을 훼손하려는 계획을 발표하면서 프랑스의 적임을 드러낼 때, 국내의 적들은 광신이나 자만심에 도취하고 망상에 젖어 뻔뻔스러운 악의를 가지고 우리를 괴롭힙니다.

여러분, 그들을 진압해야 합니다. 여러분이 헌법을 준수하고 정당하게 행동해야 그만한 힘을 갖출 수 있습니다. (……) 여러분은 모든 무질서를 가져온 자들이 '자코비트파faction Jacobite'*라는 사실을 모른 체하시렵니까? 나는 그 당파를 분명히 고발합니다. 파리에서는 따로 제국을 만들고 수많은 자매협회를 거느립니다. 몇몇 야심가가 맹목적으로 이끄는 이 당파는 분명히 동업자조합 같은 존재로서, 프랑스 인민의 모든 권력을 찬탈하고 대표들과 명령수행자들을 지배합니다. (……)

끝으로 정치클럽들의 지배를 끝내고 법치가 자리 잡게 해주십시오. 그들의 찬탈행위를 끝내고, 헌법기관들의 독립과 확실한 행동을 보장하십시오. 그들의 질서파괴식 좌우명을 타파하고 자유의 진정한 원리를 수립하십시오.

---

* 영국의 제임스 2세는 명예혁명으로 딸과 사위에게 왕위를 빼앗긴 뒤, 아들 에드워드를 데리고 프랑스로 망명했다. 그들과 함께 프리메이슨이 프랑스에 뿌리를 내렸는데, 혁명 직전에는 방방곡곡에 집회소가 생겼다. 파리에서 자코뱅 클럽이 혁명을 주도하는 단체가 되었을 때, 지방의 자매협회는 프리메이슨 집회소를 중심으로 형성되었다. 그래서 '정통 가톨릭'에 비해 '이단'을 뜻하거나, 제임스 2세의 라틴어 이름에서 나온 '야곱파Jacobite'라는 말은 자코뱅 클럽과 쉽게 연결되었다.

그들의 광적인 열정을 억압하고 자신의 권리를 알고 지키는 국민의 차분하고 한결같은 용기를 북돋아주십시오. 그들이 지닌 당파심의 온갖 조합을 억제하고 조국의 진정한 이익을 추구하십시오."

프뤼돔은 『파리의 혁명』 154호(1792년 6월 16~23일자)에서 라파예트의 편지에 대해 이렇게 평가했다.

헝가리 왕은 프랑스 국민과 전쟁을 한다. 선량한 프랑스인은 모두 자코뱅파이기 때문이다. 왕은 비열하게 세르방, 롤랑, 클라비에르를 쫓아냈다. 그들이 자코뱅파이기 때문이다. 파리 도 지도부는 자코뱅 클럽을 해산시키라고 요구하고, 나흘 뒤에 라파예트는 헝가리 왕, 프랑스 왕, 파리 도 지도부의 말을 흉내 내서 자코뱅파를 해산하라고 명령한다.

전선에서 적과 싸우는 데 전념해야 할 라파예트가 3년 전인 1789년 여름에 절정에 올랐던 영향력을 잊지 않으려고 노력했던 것인가? 과연 그는 자코뱅파를 해산하라고 요청하는 대신 한 걸음 더 나아가 명령했던 것인가? 전투에서 지면서도 후방을 걱정하는 그는 사심이 없고 오직 우국충정만 있는 사람이었던가? 수많은 의원이 라파예트의 편지에 박수를 치면서 그의 편지를 인쇄해 83개 도에 보내자고 주장했다. 그러나 가데는 라파예트를 크롬웰로 부르면서 교묘하게 분위기를 바꾸고, 12인위원회로 하여금 반박문을 작성하게 하자는 제안을 받아들이게 만들었다.

그날 저녁 자코뱅 클럽에서는 라파예트를 성토하는 분위기가 무르익었다. 메를랭은 라파예트가 얼마 전에 해임된 세 대신들을 폄훼하는 편지를 국회에 보냈는데, 국회는 그들의 해임에 유감의 뜻을 표명했으므로 결과적으로 라파예트가 주권자의 대표들을 모독했다고 하면서, 국회가 마땅히 그를 고발하는 명령을 발동하자고 제안했다. 어떤 회원은 라파예트의 군대가 시민들로 구성되었기 때문에, 그 부대원들에게 그의 편지를 보여주어 그의 정체를 정확히 알게 하자고 말했다. 이번에는 로베스피에르가 이렇게 말했다.

"라파예트를 쓰러뜨려야 나라를 구합니다. 그를 고발하라는 명령을 발동하면 전 국민이 실행합니다. 라파예트의 편지를 모든 도에 보내야 합니다. 그래야 그들이 그의 진가를 평가하겠지요. 그들에게 그의 계획을 알려야 합니다. 3군에 그의 계획을 알려서 반역자를 제거해야 합니다.

내 생각에 프랑스의 안녕은 라파예트의 운명에 달렸습니다. 우리가 그에게 음모를 성공시킬 시간을 준다면, 자유는 끝장나겠지요. 그러나 만일 그를 당장 쓰러뜨린다면, 인민의 대의명분이 자유와 함께 승리할 것입니다."

로베스피에르는 지난해 왕이 라파예트의 동의를 얻어 도주했으며, 샹드마르스 학살사건도 그가 일으킨 일이라는 점을 상기하자고 말했다. 또한 라파예트는 다시 한번 왕을 도주시키려고 하므로 모두가 눈을 부릅뜨고 지켜봐야 한다. 선량한 시민들은 라파예트가 파리에서 더는 선동할 수 없게 감시해야 한다. 국가의 운명은 국회에 달렸고 국회가 없으면 나라를 구할 수 없다고 강조했다. 당통은 오늘 라파예트가 프랑스 전 국민에게 가면을 벗은 아름다운 날이며, 민낯의 라파예트는 이제 위험인물이 아니라고 말해서 회원들의 호응을 얻었다. 그는 국회가 라파예트에게 어떻게 해야 하는지 검토할 필요가 있다고 강조했다. 그에 따르면 라파예트는 자신이 직접 법을 제정하려고 한다. 그러므로 그를 조심스럽게 공격해야 한다. 우선 그를 국회의 증언대에 세워야 한다. 만일 그가 출석을 거부하면, 그 지지자들은 감히 그를 지키려 하지 못할 것이다. 그렇다면 그는 적에게 넘어갈 것이 분명하다. 만일 그가 지지자를 믿고 파리로 온다면, 그는 국회와 모든 애국자의 눈을 벗어날 수 없다.
『파리의 혁명』154호에서 프뤼돔의 평가를 다시 읽어보자.

로마의 장군들이 자유에 위험한 존재가 될 때, 또한 투표나 의사결정의
독립성을 위협할 때, 원로원은 그들을 소환했고, 호민관들은 그들을 민
회에 소환했다. 우리는 로마의 주민보다 못한 존재가 될 것인가? 우리의
군대가 우리를 길들이게 놔둘 것인가? 국회가 라파예트에게 어떤 태도를
취하느냐에 프랑스의 운명이 결정 난다. 곧 내전이 일어나면 200만 명이
목숨을 잃을 것인데, 라파예트의 편지가 내전을 일으키는 불씨다. 국회
가 약점을 보일수록 라파예트의 힘은 더욱 강해진다. 국회가 그를 때려
눕히지 않으면, 그의 만용과 오만불손함은 하늘을 찌를 것이다.

라파예트는 라로슈푸코를 통해 국회에 전한 편지와 함께 왕에게도 편지
를 써서 "확고한 태도로 정치를 해나가십시오"라고 왕을 격려했다. 왕이 국
회가 신임하는 애국자 대신들을 해임하고 보수 성향의 대신들을 임명한 것
을 지지했던 것이다. 그의 태도와 함께 그의 공모자들이 표면에 드러났다. 오
스트리아위원회, 파리 도 지도부 인사들이 라파예트와 뜻을 같이했다. 프뤼
돔은 이들보다 더 큰 반역자들이 어디 있느냐고 물었다. 특히 "크롬웰 따라
쟁이singe de Cromwell" 라파예트가 가장 큰 죄인이다.

19일 화요일에 국회의 상번병上番兵인 생탕드레데자르Saint-André-des-Arts
중대의 대표가 국회의장의 허락을 받고 회의장에서 발언했다. 그는 국회 입
구에 자유의 나무 한 그루를 심고 붉은 프리기아 모자를 씌운 뒤 회의장을 한
바퀴 행진할 수 있게 해달라고 요청했다. 그는 대표단이 법에 복종하며, 목

숨 바쳐 헌법을 지키겠다고 했던 맹세를 다시 하겠다고 주장하는 한편, 나무 심기 행사에 국회의원들도 참관해달라고 요구했다. 마른의 튀리오는 청원을 받아들여주는 동시에, 행사 참관위원을 네 명 임명하자고 발의해 통과시켰다. 그리고 나서 의원들은 여느 때처럼 의사일정을 처리했다. 이윽고 생탕드 레데자르 중대 대표단이 북을 치고 군악을 연주하면서 회의장에 들어섰다. 그 뒤로 남녀 시민들이 따라 들어와 회의장을 돌았다. 대표단의 한 명이 증언 석에서 국회에 대한 존경심을 표시한 뒤에 이렇게 말했다.

"우리가 이 행사를 위해 준비한 나무는 우리에게 아주 소중한 상징을 안 겨주는 것입니다. 그것은 양버들peuplier d'Italie(이탈리아 포플러)입니다. 이 나 무는 그라쿠스, 코클레스, 스키피오, 발레리우스 푸블리콜라, 카토의 나라에 서 왔습니다."*

그날 공문서 보관소에 있는 모든 귀족증서를 불태우라는 국회의 명령에 따라 방돔 광장에서는 증서를 태웠다. 콩도르세는 "루이 16세 동상 앞에서 2절판 크기의 귀족증서와 족보 600권을 태웠습니다. 허영에 들뜨고 오만한 특권 계급의 문서들이 몽상처럼 연기 속으로 사라졌습니다"라고 보고한 뒤, 모든 도에 이와 비슷한 문서고가 다수 남아 있으므로 모두 태워버리도록 하 자고 제안했다. 그는 2년 전 같은 날(1790년 6월 19일)에 귀족의 세습 칭호, 문 장, 기사단騎士團, 제복, 기타 신분 표시를 모두 없애버렸음을 상기시켰다.

---

* 기원전 2세기 호민관 그라쿠스Gracchus 형제(티베리우스Tiberius와 가이우스Gaius), 기원전 509년 에 외적의 침입을 막은 장군 코클레스Publius Horatius Cocles, 기원전 3세기 카르타고와의 전쟁(포 에니 전쟁)을 승리로 이끈 장군 스키피오Publius Cornelius Scipio Africanus, 기원전 509년 브루투 스와 함께 로마 공화정을 수립한 발레리우스Publius Valerius Publicola, 원로원에서 연설할 때마다 '카르타고를 멸망시켜야 한다Carthago delenda est'라고 외친 카토Marcus Porcius Cato.

혁명이 일어난 1789년 이듬해부터 날마다 기념일이 아닌 날이 드물었다. 그리고 기념일이 돌아와 세상이 많이 바뀐 것을 보면서 놀라기도 했지만, 여전히 바뀌지 않았음에 좌절하고 분노하기도 했다.

이튿날인 6월 20일은 혁명의 짧은 역사에서 두 가지 의미가 있는 날이었다. 1789년에는 죄드폼에서 프랑스 역사상 최초의 성문헌법을 제정하겠다고 결의를 다졌고, 1791년에는 왕이 반혁명세력을 모으기 위해 도주한 날이었다. 1792년 들어서도 전쟁, 식민지 반란, 국내의 종교인 문제와 물가고라는 3중의 시련을 겪는 사람들은 나라를 구해야 한다는 절박한 심정으로 하루하루를 보냈다. 왕은 그런 실정을 모르는지 대신들을 바꾸고, 비선서 사제 유형법과 군대 2만 명 증원법에 대해 승인하지 않았다. 이에 애국자들은 부글부글 끓었고, 떼 지어 국회와 튈르리 궁으로 몰려갈 예정이었다.

19일에 일어난 일을 조금 더 알아보고 20일의 이야기로 넘어가자. 전쟁대신에서 물러난 뒤무리에는 자신이 36년 동안 봉사하고 스물두 번이나 부상당했음을 강조하면서, 얼마 전 장렬히 전사한 구비용과 같은 운명을 기꺼이 맞이하고 싶으니 군대로 복귀하게 허락해달라고 국회에 호소했다. 마른의 샤를리에는 나르본과 그라브도 대신직을 떠난 뒤 군대로 복귀한 사실에 비추어 뒤무리에의 청원을 받아들여야 한다고 말했다. 신임 외무대신 샹보나가 편지로 국회에 취임을 알렸고, 해군대신 라코스트, 법무대신 뒤랑통, 전쟁대신 라자르, 내무대신 테리에, 국세대신 볼리외가 국회에 인사차 들렀다. 그들의 인사가 끝난 뒤, 의원들은 여느 때처럼 계속 법안을 심사하고 의결했다.

6월 19일 국회에서 저녁회의가 한창일 때, 7월 14일의 연맹제에 참가하려고 미리 와 있던 마르세유 연맹군이 대표를 통해 편지를 전했고, 의장 비서인 캉봉이 대신 읽었다.

프랑스의 자유가 위험합니다. 남프랑스의 자유로운 사람들이 자유를 지키려고 모두 일어섰습니다. 인민이 분노를 폭발시키는 날이 왔습니다. (……) 인민의 대표들이시여, 애국심은 조국을 구하고 싶어합니다. 여러분이 수도 파리와 국경을 향해 진군하라고 명령해주시기 바랍니다. 인민은 자신의 안녕과 영광이며 인간 정신의 명예인 혁명을 끝내고 싶습니다. 그리하여 자신을 구하고 여러분을 구하고 싶습니다. 이렇게 숭고한 운동을 방해하시렵니까? 가능하시겠습니까? 입법가들이시여, 목숨 바쳐 혁명을 지키고자 애쓰는 사람들에게 파리와 국경으로 행진하라는 법을 제정해주시기 바랍니다.

내무대신이 파리 도가 공공질서를 유지하는 명령을 내렸음을 국회에 긴급히 알렸다. 지난 16일에 생탕투안 문밖과 생마르셀 문밖의 시민들이 나흘 뒤(20일)에 1789년처럼 옷을 입고 무기를 소지하고 국회와 왕에게 청원서를 제출하고자 하니 허락해달라고 파리 코뮌 당국에 요구했기 때문에, 파리 코뮌 총회는 공권력의 요구가 없음에도 무장하고 모이는 것은 불법임을 상기시켰다. 그리고 파리 도 지도부에서도 똑같은 결론을 내리고, 파리 코뮌에 질서를 유지할 조치를 취하도록 명령했다.

"파리 시장, 시정부, 국민방위군 사령관은 법을 어기는 집회를 막기 위한 모든 조치를 당장 취해야 한다. 공공의 평화를 뒤흔드는 자들을 억제하고 진압하는 데 필요한 공권력을 행사하고, 특히 국민방위군과 군대에 필요한 경우 질서유지를 도와줄 준비를 갖추라고 부탁해둔다."

파리 시장 페티옹은 자정에 국민방위군을 소집해 튈르리 궁 주위의 초소들을 더욱 철저히 경계하라고 명령했다. 페티옹은 마르세유 연맹군의 지지

성명으로 한껏 고무된 시위자들과 대화 통로를 열어놓고 부디 질서를 지키면서 행동해달라고 부탁했다. 여차하면 계엄령이라도 내릴 태세를 갖춘 파리도 지도부는 페티옹이 질서를 유지하는 일에 소극적이라고 생각할 만했다.

6월 20일 수요일이 되었다. 1789년 죄드폼의 맹세와 1791년 왕의 도주를 기념하는 이날, 파리 검찰관 마뉘엘과 검찰관보 당통은 은밀히 비밀봉기위원회를 가동시켰다. 청원자들은 오전에 바스티유 터에 모였다. 파리 코뮌이 명령한 대로 국민방위군이 질서를 유지한 덕인지, 청원자들은 10시부터 질서를 유지하면서 행진하기 시작했다. 생탕투안 문밖의 맥주양조인인 상테르가 이끄는 행렬은 인권선언문을 앞세우고, 또 대포 여러 문을 끌고 갔다. 행렬의 여기저기서 게시문을 읽을 수 있었다.

"국민, 법." "조국이 위험할 때, / 모든 상퀼로트는 일어선다." "국회 만세!" "루이 16세에게 고함. / 인민은 고통에 지겨워 / 완전한 자유를 바란다 / 그렇지 않으면 죽음이다." "우리가 바라는 것은 오직 단결 / 자유다 / 평등 만세!" "자유로운 상퀼로트 / 우리는 상퀼로트의 누더기만이라도 보존하리라."* "민중, 국민방위군, 우리는 하나일 뿐 / 우리는 오직 하나로 단결하고 싶다."

생토노레 거리까지 가는 동안 생탕투안 문밖과 생마르셀 문밖의 상퀼로트들의 행렬에 모든 계층의 시민이 합세했다. 그들은 근엄하고 엄숙하게 걸었다. 그들은 1789년 7월처럼 손에 잡히는 대로 무기와 낫 같은 도구를 들고 걸었다. 여성도 긴 칼을 들고 참여했다. 행렬은 일사불란하지 않았지만, 공공질서를 해치지는 않았다. 프뤼돔은 그들이 오합지졸이 아니라 세계 제1의 도

---

* 긴 바지(상퀼로트)가 너덜너덜해지더라도 그것을 계속 입겠다는 뜻으로 생각할 수 있다.

시민답게 자유의 감정으로 충만하고, 스스로 만든 법을 존중하는 모임이라고 칭찬했다. 그들은 감동적인 우애와 평등을 구현했다. 제복을 입었거나 입지 않은 국민방위군 병사들, 100세 이상의 퇴역군인 200명 이상, 남녀노소가 뒤섞여 걸었다. 중앙도매시장의 하역부와 석탄인부들 모두 붉은 모자를 썼다. 남자들은 대부분 초록색 나뭇가지, 꽃다발, 밀 이삭으로 장식했다. 그들은 옛 쾨이양 수도원 마당에 거의 1시 반에 도착했다. 상테르는 국회의장에게 입장을 허락해달라고 공식적으로 요청했다.

"국회의장님, 생탕투안 문밖 주민들은 오늘 '죄드폼의 맹세'를 기념하려합니다. 우리는 국회에 존경의 뜻을 전하고 싶습니다. 어떤 사람들은 우리의의도를 비방했습니다. 그러나 우리에게 국회에 입장하는 영광을 베풀어주신다면, 비겁한 비방자들을 꼼짝 못 하게 만들고 우리가 자유의 친구들이자7월 14일의 용사들임을 증명하려 합니다."

왕의 지지자들이 그들을 들여보내지 말라고 고함쳤다. 물리학자이며 지질학자 출신인 파리 의원 라몽Louis-François-Elisabeth Ramond은 밖에 있는8,000명처럼 전국의 2,500만 명도 국회의 결정을 기다린다고 말하면서, 청원자들을 안으로 들이려면 먼저 무장을 해제시키라고 거듭해서 주장했다. 그러나 지롱드파 의원인 베르니오와 가데는 무장하고 들어오도록 허용하자고 맞섰다. 마침내 청원자 대표들에게 국회 입장을 허용했다. 좌파 의원들과방청객들의 열렬한 환영을 받고 입장한 대표 상테르는 준비해간 청원서를읽었다.

"의원님들, 프랑스 인민은 오늘 두려움과 불안을 말씀드리러 여기 왔습니다. 여러분에게 근심을 털어놓고, 불행의 치유책을 찾고 싶습니다. 오늘은인민의 대표들이 6월 20일 죄드폼에 모여 대의명분을 저버리지 않고 목숨 바쳐 지키겠다고 맹세한 날입니다. 오늘 그 신성한 맹세를 상기해주시고, 번민하는 인민이 여러분에게 그것을 저버리시려는지 여쭙는 것을 허락해주시기 바랍니다."

상테르는 파리를 주목하고 있는 국민의 이름으로 인민이 분연히 일어나서 온갖 모욕을 당한 국민의 존엄성을 되찾기 위한 중요한 방법을 찾을 준비가 있음을 알리려고 왔으며, 그 방법이란 인권선언의 제2조에서 정당성을 부여한 "압제에 대한 저항"이라고 주장했다. 국회의원들에게 모든 권한을 넘겨준 자유민들이 손에 음모자들의 피를 적셔야 하는 처지에 놓인 것은 큰 불행이다. 이제 음모자들의 계획을 알게 된 이상 더는 참을 수 없다. 피를 흘리며 싸워야 평화를 얻을 수 있고 자유의 나무에 꽃이 필 것이다. 좌파 의원들과 방청객들이 천장이 들썩일 정도로 호응했고, 일부 의원은 "조용히 하시오!"라고 외쳤다. 상테르는 자신들이 어떤 당파의 이익과도 얽혀 있지 않다는 사실을 강조하면서 오직 헌법을 지키는 일에 매진하겠다고 다짐했다.

"여러분, 인권선언의 제2조를 실행할 시간이 왔습니다. 키케로와 데모스테네스처럼 행동하시고, 원로원에서 카틸리나Lucius Sergius Catilina의 배신행위를 완전히 밝혀내십시오.* 여러분은 신성한 애국심에 불타는 사람들입니다. 부디 명령만 내리시면 우리가 움직이겠습니다."

상테르는 국회가 나라를 구하는 일에 주축이 되어야 한다고 생각했다. 그리고 인민은 기꺼이 국회와 단결해서 국난을 극복할 의지가 있다고 천명했다. 청원자들은 국회가 헌법을 수호하는 데 앞장서주기 바라면서, 군대의 무

---

* 기원전 1세기, 원로원 의원인 카틸리나는 귀족주의자로서 로마 공화정을 뒤집어엎으려는 음모를 꾸몄다.

능에 대해서도 우려했다.

"우리는 군대가 무기력하기 때문에 걱정입니다. 여러분이 그 이유를 밝혀 주십시오. 행정부 때문이라면, 행정부를 없애야 합니다. 튈르리 궁의 오만과 야망을 채우기 위해서 애국자들이 피를 흘려야 하는 일이 없도록 해주십시오."

청원자들은 오를레앙에 설치한 고등법원이 일을 너무 늦게 처리한다고 불평했다. 죄를 저지르기는 쉽지만, 법으로 단죄하는 일은 언제나 답답할 정도로 더디다. 16세기와 17세기의 문턱에서 "법은 우물쭈물하고, 공직자는 오만불손하다"고 했던 햄릿의 말은 18세기 말의 상퀼로트뿐 아니라 21세기 대한민국의 일반인도 충분히 공감할 수 있다.

"우리는 여러분에게 큰 슬픔을 쏟아냈습니다. 오랫동안 너덜너덜해진 속마음을 털어놓으니 시원합니다. 우리의 마지막 외침이 여러분의 가슴에 닿기를 바랍니다. 인민은 일어섰으며, 이제 주권자로서 마땅히 들어야 할 대답을 조용히 기다리고 있습니다. 입법가님들께 바라옵나니 헌법을 시행할 때까지 우리가 무기를 내려놓지 않게 해주소서."

상테르는 자신들의 청원이 생탕투안 문밖 주민뿐 아니라 파리의 모든 구와 파리 주변 지역 주민들이 동참해 작성한 것이라고 말하고 나서 대표단의 이름으로 깃발을 국회에 전달했다. 의장인 프랑세Antoine Français가 대답했다.

"시민들이여, 국회와 인민은 하나입니다. 우리는 여러분의 이익, 행복, 자유를 원하지만 법과 헌법도 아울러 원합니다. 2,500만 명의 대표들은 여러분에게 분명히 다짐합니다. 모든 음모를 분쇄하겠습니다. 음모가들에게 법의 칼날을 내리겠습니다. 오직 법만이 국민의 복수를 할 수 있기 때문입니다."

의장의 연설이 끝난 뒤 밖에 있던 청원자들이 좌파 의원들과 방청객들의 열렬한 박수를 받으면서 회의장에 들어섰다. 그들이 회의장을 한 바퀴 돌도록 허락하겠느냐고 의장이 의원들에게 물었을 때 너도나도 한마디씩 했지만, 결국 허용하자고 의결했다. 일부 의원이 불만을 표출했지만, 다수가 결정한 대로 청원자들은 회의장을 돌고 나갔다. 그들이 다음에 들를 곳은 군대를 무력하게 만드는 음모의 온상인 튈르리 궁이었다.

청원자들은 〈아, 잘될 거야!〉를 부르면서 튈르리 정원을 가로질러 카루젤 광장에 도착했다. 이 광장은 루이 15세 광장(오늘날의 콩코르드 광장)과 함께 마치 전쟁터 같았다. 붉은 모자를 쓴 8,000명의 청원자들이 저마다 형편에 맞는 무기를 들고 음모자들의 소굴로 향했다. 그들의 앞에는 기마헌병대가 이중으로 서 있고, 국민방위군의 여러 중대가 대포를 진열한 채 궁의 입구를 지켰다. 금세 충돌할 것 같은 살벌한 분위기였다. 헌병대 대위 라쉬스Lassus 는 시위대가 오후 3시 반쯤 도착했다고 기억했다. 양측은 대치하면서 몇 차례 위협적인 행동을 하거나 서로 대변인을 내세워 대화를 시도했다. 그러나 일사불란한 군인들과 달리 상퀼로트가 주축인 청원자들은 참을 만큼 참다가 혁명의 첫 단추를 꿴 죄드폼의 선서 기념일을 택했으므로 조급하게 굴었다.

파리 도는 전날 밤에 명령한 대로 질서유지를 위해 지난해에 발동했던 것처럼 계엄령까지 고려했다. 궁 앞으로 진입하는 문 뒤에는 헌병 200명과 스위스 수비대 100여 명이 파리 도의 정규군 사령관의 명령을 받으면서 대기했다. 사령관은 병사들에게 총기에 장전하라고 명령하고, 스위스 병사들에게도 임무를 다하라고 명령했다. 그러나 스위스 병사들은 대부분 뇌관을 던졌고, 사령관은 그들에게 물러가라고 명령했다. 대치상태가 깨지는 순간이 생기기 마련이다. 진압군 병사들에게 청원자들을 무력으로 진압하라는 명령을 내리지 않고 대기하게 하는 한, 주도권은 청원자들에게 있었다. 상테르와 르장드르는 대포 2문을 입구에 놓고 위협했다. 수비대가 문을 열고 물러났다. 8,000명이 큰 파도처럼 궁을 향해 밀려갔다. 물론 그들이 모두 들어가지는 못했지만, 수비병력은 두려워 뒤로 물러날 수밖에 없었다. 궁 앞마당으로 옷차림과 무기가 각양각색인 민중이 궁을 향해 몰려들었다. 그들은 현관의 철책 앞까지 대포도 끌어다놓았다.

궁전으로 들어가는 문들을 지키는 병사들이 버텼지만, 상퀼로트들이 어깨에 대포를 얹고 문을 향해 나아가니 더는 버티지 못했다. 시위대는 왕의 처소 문을 도끼로 내리쳤다. 그때 루이 16세는 가족, 새로 임명한 대신들인 라자르, 테리에 드 몽시엘, 볼리외, 파리 국민방위군 사령관 아클로크André-Arnoult Aclocque,* 사제들, 그리고 생탕투안 문밖과 생마르셀 문밖의 주민들이 몰려온다는 소식을 듣고 미리 와 있던 단도의 기사들,** 파리 수비대 장교들과 함께 겸상으로 간단히 음식을 먹고 있었다. 밖이 소란스러워지자 왕은 직접 문을 열어주라고 명령했다. 시위대는 "국민 만세!"를 외치고 모자를 흔들면서 환호했다. 웬만한 사람은 6개월 전부터 루이 16세가 헌법을 폄훼하는 말을 해도 사면해주겠다는 교황의 칙서를 지니고 있다는 사실을 알았다. 그러므로 그는 비선서 사제들에 대한 유형에 반대하고, 조금도 괘념치 않고 그들과 친하게 지내면서 애국자들을 화나게 만들었다. 흰옷을 입은 사제들은 민중을 보자 슬그머니 왕의 곁을 떠나 자취를 감추었다. 왕은 높은 의자에 앉았고, 그 곁에서 국민방위군 대여섯 명이 지켰다. 저마다 창, 낫, 삼지창, 자루가 긴 낫, 곤봉, 칼, 톱을 든 민중 앞에 대여섯 명이 무슨 힘을 발휘할

---

* 아클로크는 양조인이었으며, 무시 원수maréchal de Mouchy의 보호를 받았다. 무시 원수는 노아유 백작Philippe de Noailles으로 라파예트 장군의 처삼촌이었다.
** 제5권 제1부 14장 "단도의 기사들" 참조.

수 있으랴! 청원자들은 들고 간 인권선언의 서판들을 왕 앞에 놓았다. 계속해서 사람들이 밀려들었다. 그들은 왕에게 외쳤다.

"국회가 제정한 법을 승인하시오." "해임한 애국자 대신들을 다시 부르시오." "사제들을 쫓아내시오." "코블렌츠와 파리에서 한 곳을 고르시오."

왕은 청원자들을 향해 한 팔을 뻗고, 다른 손으로 모자를 흔들었다. 그가 무슨 말을 꺼내려 했지만, 방을 가득 메운 청원자들이 웅성거리는 소리 때문에 그의 말이 들리지 않았다. 그는 자신을 둘러싼 사람들의 손에서 붉은 모자를 보더니 달라고 한 뒤 머리에 썼다. 상퀼로트가 포도주병을 건넸다. 그때 마리 앙투아네트는 데므리Joseph d'Hémery에게 검식관이 되어 중간에서 포도주를 먼저 시음하도록 부탁했다. 일종의 안전검사였다. 데므리는 1750년대부터 도서감찰관으로 온갖 불온서적 추적에 이름을 날린 경찰 출신이었다.* 포도주 안전검사를 두고 프뤼돔은 『파리의 혁명』에서 시민들에 대한 근거 없는 모욕이라고 비판했다. 왕은 검사를 마친 포도주병을 받아 마시고 나서 "국민 만세!"라고 외쳤다. 그날 이후 유럽 전역에 붉은 모자를 쓴 루이 16세가 뚱뚱한 배를 내밀고 포도주를 마시는 우스꽝스러운 그림(33쪽 도판 참조)이 퍼졌다.

청원자들이 튈르리 궁에 들어갔다는 소식을 들은 국회는 24명의 대표단을 보내기로 했다. 의원들은 왕의 신변을 보호하도록 국민방위군에 명령하고, 사태를 완전히 수습할 때까지 산회하지 않기로 결정했다. 국회 대표단에 뽑혀 튈르리 궁으로 달려간 이스나르와 베르니오는 민중에게 물러가라고 권

---

* 구체제 수호자라 부를 만한 그는 부하와 끄나풀들의 도움을 받아 문필가들을 사찰해 500여 명의 보고서를 작성했다. 예를 들어 볼테르를 못생기고 '독수리' 같은 사람이라고 묘사했다. 때로는 특정 문필가가 만난 사람과 대화한 내용까지 옮기고 "더는 들을 수 없었음"이라고 현장감을 전했다.

유하는 한편, 왕에게도 국회를 대신해 안부를 물었다. 왕은 민중에 둘러싸였어도 평온하다고 대답했다. 왕은 어떤 척탄병의 손을 잡아 자기 가슴에 대더니 자신이 두려워 떨고 있느냐고 물었다(169쪽 하단 도판 참조). 그는 선량한 사람이 두려워할 이유란 없다고 말했다. 그래서 브리소는 『파트리오트 프랑세』에서 청원자들이 참을 만큼 참다가 왕 앞에 나타났다 할지라도 불손하게 대하지 않았다고 말하면서, 민중을 비방하는 자들에게 내란을 부추기지 말라고 경고했다. 파리 시장 페티옹이 도착해서 민중을 향해 일장연설을 했다. 평화롭게 물러나달라는 말이었다. 왕은 자기 처소의 모든 문을 열더니 자기 앞에서 행진하라고 허락했다. 민중은 질서를 유지하면서 한 바퀴 돈 뒤 궁을 나갔다. 밤 10시에야 비로소 튈르리 궁이 조용해졌다. 모두 집으로 돌아가고 거리도 텅 비었다.

귀족주의자들과 퓨이양파는 국민의 세습대표가 심하게 모욕당했으며, 따라서 국민도 함께 모욕당했다고 생각했다. 그들은 그날을 슬픔과 혐오의 날로 규정했다. 그들은 튈르리 궁에 들어간 민중을 프랑스인도 아니라고 규탄하면서, 국민방위군이 시위대에게 무기를 휘둘러야 한다고 주장했다. 그들은 파리 시장과 시정부가 민중을 막지 않았다고 비난했다. 자칭 헌법 수호를 표방하는 신문들은 벌써부터 페티옹을 강도로 묘사하면서 내전을 부추기려고 애썼다.

21일 저녁에 시정부 관리인 세르장Antoine Sergent은 시장과 함께 왕을 방문하러 가다가 왕당파 병사들의 공격을 받고 살해 위협을 받았다. 그만큼 귀족주의자들은 시장과 시정부를 몹시 증오했다. 그들이 바라던 대로 중상비방문도 난무했다. 그들의 뜻을 받아 적었는지 아니면 왕실비의 지원을 받고 썼는지 21일부터 보수 언론은 일제히 상퀼로트를 비난했다. 그러나 프랑스 안팎에서는 루이 16세가 조금도 위협을 당하거나 강요당하지 않았음을 알았다. 실제로 루이 16세는 두 시간 이상이나 청원자들에게 둘러싸여 있으면서도 어떠한 문서에 강제로 서명하거나 약속하지 않았다. 청원자들은 며칠 전에 왕이 거부한 두 가지 법을 승인해달라고 간청하다가 물러났던 것이다. 파리의 소식을 들은 베르사유, 마르세유, 브르타뉴의 브레스트에서는 파리 상퀼로트와 국회를 지지하는 글을 보냈다.

1792년 6월 20일, 상퀼로트는 왕궁에 들어가 왕을 만나 붉은 프리기아 모자를 씌우고 자신들이 마시던 포도주를 나눠주면서 왕과 형제애를 나눴지만 기대했던 결과를 얻지는 못했다. 그럼에도 그들이 무기를 들고 궁으로 들어갔다는 사실은 굉장히 큰 의미를 가진다. 평소 경멸하고 욕하던 권력자를 막상 마주하게 될 때, 연습했던 말을 제대로 하지 못하는 것은 보통사람의 속성이다. 그럼에도 그렇게 자주 마주치게 되면 점점 거친 말까지 내뱉게 된다. 결과적으로 6월 20일은 앞으로 한 달 반쯤 뒤에 헌정을 중단시킬 사건을 향한 서막이었다.

9
"조국이 위험하다"

6월 21일, 국회는 설전을 벌인 끝에 앞으로 국회나 그 어떤 헌법기관도 무장 시민들의 청원이나 연설을 받아들일 수 없다고 의결했다. 루이 16세는 국회에 편지를 보내 그 전날 헌법을 유지하기 위해 필요한 조치를 취해주고, 프랑스의 세습대표가 누리는 헌법상의 신성 불가침성과 자유를 보장해주어서 고맙다고 치하했다.

"언제 어떤 상황에서도 내가 받아들인 헌법이 부과한 의무와 프랑스 국민의 진정한 이익을 위한 일을 하는 데 아무도 방해하지 못할 것입니다."

퓌드돔 의원 쿠통은 왕의 치하가 무색하게 그의 거부권을 문제 삼았다.

"왕은 인민을 소중히 아끼고 그들의 행복을 원한다고 말했습니다. 왕은 모든 권한, 힘, 진심을 다해 헌법을 정상적으로 움직이게 만들고 모든 곳에서 사랑받고 존경받도록 만들겠다고 말했습니다. 그럼에도 왕은 국가가 처한 상황에 대처하기 위해 만든 두 법에 거부권을 행사했습니다. 왕은 그렇게 인민에 대한 애착과 그들의 행복을 진지하게 바라는 마음을 증명했습니다."

여러 의원이 왜 그런 말을 하느냐고 묻자, 쿠통은 국회가 만든 두 법이 왕의 승인을 받아야 할 대상인지 아닌지 이 자리에서 다투자는 뜻임을 밝혔다. 우파 의원들이 몹시 술렁댔다. 보수적인 라몽은 쿠통을 징계하라고 외쳤다. 사방에서 쿠통을 비판하는 목소리가 터졌다. 어떤 의원은 "그가 어제 일을 꾸민 장본인이다"라고 외치기도 했다. 한참 설전을 벌인 끝에 의원들은 쿠통의 안을 심의할 이유가 없다고 의결했다. 우파와 중도파 그리고 방청객이 환영했다. 좌파 의원들이 쿠통을 지지했지만 초라하게 보였다. 20일의 주역은 파리 문밖의 상퀼로트 계층이었기 때문에 부르주아 계층은 그들의 거친 행동에 찬성할 수 없었고, 그 결과 국회에서 중도파와 우파가 좌파를 압도적으로 눌렀던 것이다.

22일에 왕은 "지난 20일 사태에 관한 포고문Proclamation du roi, sur les événements du 20 juin"을 냈다.

프랑스인들은 몇몇 당파의 유혹에 넘어간 다중이 무장한 채 대포까지 끌고 왕의 근위대 숙소까지 와서 도끼로 왕의 처소 문을 부수었다는 말을 듣고 필시 고통을 느꼈을 것이다. 그들은 감히 국민의 이름을 들먹이면서 왕이 헌법의 권한으로 거부한 두 법을 승인하라고 위협했다.

왕은 오직 국민의 행복을 사랑하는 마음과 양심에 비추어 모든 당파의 위협과 모욕에 반대할 뿐이었다.

왕은 그들이 위협과 모욕을 거둘 날이 언제인지 모른다. 그러나 왕은 공공의 이익에 부합하지 않는다고 믿는 한 그 어떠한 폭력에도 동의하지 않는다는 사실을 프랑스 국민에게 확인한다. 왕은 자신의 평화와 안전을 위협받아도 절대 후회하지 않는다. 왕은 모든 사람에게 속한 권리, 모든 시민처럼 마땅히 법으로 존중받을 권리를 희생할 용의가 있다. 그러나 프랑스 국민의 세습대표인 그는 마땅히 이행할 의무를 가지고 있다. 비록 자신의 안식을 희생해야 한다 해도 결코 의무를 희생하지 않을 것이다.

만일 군주정을 폐지하려는 사람들이 더욱 큰 범죄를 저지를 필요가 있다면, 그들은 그렇게 할 수 있다. 군주정이 처한 위기의 상황에서 왕은 마지막 순간까지 용기와 확고한 신념만이 제국을 구할 수 있음을 명심하면서 헌법기관들을 지킬 것이다. 따라서 왕은 모든 행정기관과 시정부가 인민의 신체와 재산을 안전하게 지킬 것을 명한다.

인민의 신체와 재산을 안전하게 지키라는 명령은 다름 아니라 자신이 모든 공권력을 지켜주겠으니 그 대신 자신을 지켜달라는 호소였다. 그러나 이미 권위를 잃을 만큼 잃은 종이호랑이가 아무리 큰소리를 친들 무슨 소용이랴.

라파예트의 파리 출현

한편, 6월 19일에 라파예트는 오스트리아군과 싸우는 뤼크네 대원수를 지원하기 위해 적군의 오른쪽으로 갔다. 작센테셴 공작Albert-Casimir de Saxe-Teschen과 클레르페트 대원수François Sébastien de Croix de Clerfayt가 지휘하는 적군을 만나 가끔 총격전을 벌이고 몇 명을 포로로 잡았다. 이처럼 전쟁은 4월 말부터 지지부진한 채 끝나지 않은 상태였다. 그럼에도 라파예트는 6월 26일에 부하들을 모뵈주 참호 진지에 남겨두고 부관 한 명과 파리로 향했다. 전시가 아니라도 지휘관이 자기 위치를 이탈할 경우 전쟁대신의 허락을 받아야 했지만, 한창 전쟁 중인데도 그는 무단이탈했던 것이다. 그는 수아송을 거쳐 이틀 뒤인 27일에 파리에 도착했다. 센 강 왼쪽 생제르맹 문밖의 센 거리에 있는 파리 도 지도부 의장 라로슈푸코의 집에 여장을 풀었다. 28일에 그는 국회의장에게 편지를 보내 증언대에서 발언할 수 있게 허락해달라고 했다. 어떤 의원은 저녁회의에서 듣자고 제안했지만, 여러 의원이 이구동성으로 당장 듣자고 외쳤다. 바르의 이스나르Isnard가 말했다.

"라파예트 장군이 근무지를 이탈할 만한 강력한 이유가 무엇인지 설명하는 동안 부디 조용히 들어주시기 바랍니다."

우파 의원들이 술렁거리는 가운데 라파예트가 회의장에 들어서자 대다수 의원과 방청객이 박수를 치면서 환영의 뜻을 거듭 나타냈다. 되세브르의 르쿠앵트 퓌라보M.-M. Lecointe-Puyraveau가 의장에게 방청객의 박수를 금지하는 명령이 존재하니 정숙하게 해달라고 요청했다. 여러 의원이 웅성거리지 말라는 명령도 있다고 덧붙였다. 라파예트는 자신과 뤼크네 대원수의 원활한 협조 덕택에 근무지를 비우고 파리에 왔기 때문에 군의 성패와 안전에 조금도 영향을 끼치지 않는다고 말문을 열었다. 그는 국회에 보낸 16일자 편지가 자신이 아닌 다른 사람의 것이라는 소문, 또 전쟁 중에 한가하게 편지나 보냈다고 자신을 비난한다는 소문을 들었다. 그러던 차에 20일 튈르리 궁에서 벌어진 '폭력사태'에 대해 들었다. 그 사태는 선량한 시민뿐 아니라 군대를 놀라게 하고 화나게 만들었다. 그는 여느 애국자처럼 헌법을 사랑하고, 어느 때보다 더 헌법, 국회의 자유, 그리고 왕의 자유와 독립과 위신을 보호해야 한다고 생각했다. 특히 외세에 기대어 평화를 회복하겠다고 나대는 사람들의 희망을 꺾어야 할 때라고 강조했다. 그들이 말하는 평화란 자유인에게 치욕이며 견디기 어려운 노예상태이기 때문이다.

"국회에 간청하오니, 6월 20일 튈르리 궁에서 폭력과 범죄를 자행한 자들을 반역죄로 처벌해주십시오. 주권을 침탈하고 시민들을 폭압한 도당을 분쇄해주십시오. (……) 끝으로 내 이름과 왕국의 모든 정직한 이의 이름으로 간청합니다. 부디 헌법기관, 특히 국회와 왕의 권위를 존중하게 만들 효과적인 조치를 취해주십시오. 그리고 용감한 프랑스인들이 전방을 지키기 위해 고귀한 피를 흘릴 때, 그들에게 헌법이 국내에서 어떤 공격도 받지 않는다는 확신을 심어주십시오."

우아즈 출신의 의장 제라르댕Louis-Stanislas-Xavier Gérardin은 라파예트에게 국회가 이미 헌법을 보전하겠다는 맹세를 충실히 이행하고 있고, 실제로 어떤 식의 공격에도 헌법을 안전하게 지킬 것이며, 그의 청원을 검토하겠으니 회의를 참관하라고 말했다. 라파예트는 의원들의 박수를 받으며 청원자의 자리에 가서 앉았다. 어떤 회원이 그의 청원을 12인위원회에서 검토하게 하자고 제안했다. 가데가 발언권을 얻었다.

"라파예트 장군이 파리에 왔다는 소식을 들었을 때, 나는 아주 기분 좋게 받아들였습니다. 아마 외적은 이제 없나 보다고 여겼습니다. 오스트리아군을 무찔렀다고 생각했습니다. 그러나 여러분, 곧 환상이 깨졌습니다. 우리의 적은 아직도 멀쩡합니다. 우리의 대외 상황은 변하지 않았습니다. 그런데 우리 군대를 지휘하는 장군이 지금 파리에 와 있습니다. 어떤 강력한 동기 때문에 그가 왔을까요? 국내의 혼란 때문입니다. 그는 과연 국회 혼자 힘으로 혼란을 수습할 수 있을까 하는 두려움에 사로잡혔습니다. 그는 자기 군대와 왕국의 모든 정직한 이의 대변인을 자처하면서 헌법을 보전해달라고 부탁하러 왔습니다."

지롱드파 의원 가데는 라파예트를 매섭게 비판했다. 라파예트는 헌법의 원칙을 잊어버렸다. 그는 전쟁대신의 명령이나 허가를 받지 않고 근무지를 이탈했다. 그러므로 국회의장은 당장 전쟁대신에게 라파예트 장군의 파리 여행을 허가했는지 물어야 한다. 한편 라몽은 인간 정신의 약점 때문에 상황에 따라서 법을 해석하는 방법이 달라지며, 그러한 예를 종교 복음서에서 많이 찾을 수 있다고 말해서 좌파 의원들의 비웃음을 샀다. 보수파가 대체로 논리보다는 감성을 동원하며 궤변에 가까운 주장을 하는 사례는 복음서보다 현실정치에 수두룩하다. 라몽은 라파예트의 청원을 12인위원회에서 검토하게 하자고 제안했다. 그리고 의원들은 설전을 계속했다.

하도 여러 의원이 중구난방으로 달려드니까 의장이 나서서 교통정리를 했다. 라파예트가 청원한 뒤 가데가 발언권을 요청했고, 의원들의 의견을 물어 발언권을 주었다. 라몽이 뒤를 이었고, 토론을 종결시켰다. 그러므로 전쟁대신에게 라파예트의 여행허가를 내주었는지 묻자는 가데의 발의, 12인위원회가 라파예트의 청원을 검토하게 하자는 라몽의 발의만이 유효하다. 의장이 두 안 가운데 어떤 것을 먼저 상정할까 물었다. 의원들은 라몽의 안을 선택하고 통과시켰다. 의장은 라몽의 안이 통과되었음을 공식 선언했다.

코트도르의 기통 모르보Louis-Bernard Guyton-Morveau가 발언권을 얻어 의장이 회의를 잘 진행하지 못했다고 지적했다. 가데의 안과 라몽의 안은 상반

되지 않기 때문에 차례로 의견을 물어도 되었을 텐데 의장은 라몽의 안을 선택하게 만들어 통과시켰으니 문제가 있다. 그러므로 라몽의 안도 통과되지 않았다는 뜻이다. 의원들은 논란 끝에 두 안을 차례로 묻기로 의결했다. 의장이 다시 한번 두 안을 정리했다.

가데의 안: 1. 전쟁대신에게 라파예트 장군의 여행을 허가했는지 알아본다.
2. 라파예트의 청원뿐 아니라 그가 전에 쓴 편지를 12인위원회가 검토해서 29일에 보고한다.
라몽의 안: 라파예트의 청원을 특별위원회가 검토해서 다음 월요일(7월 2일)에 보고한다.

또다시 설왕설래. 특히 우파 의원들은 가데의 민감한 발의를 무력화시키려고 무진 애썼다. 거의 6시가 되어서야 가데의 안을 호명투표에 부쳤다. 의원들은 찬성 234표, 반대 339표, 무려 105표 차로 가데의 안을 부결했다. 그리고 라파예트의 청원을 12인위원회가 검토해서 계속 보고하는 안은 무난히 통과시켰다. 중도파부터 우파까지 다수 의원이 라파예트에게 전시의 근무지 이탈죄를 물어야 한다는 안을 어떻게든 부결시켰다. 보수세력이 국가와 국민의 안보를 얘기해도 사실상 정권안보를 뜻한다는 사실을 계속 확인할 수 있다. 애국이라 말하고 자기 이익이라 읽는 논리와 맥이 통한다. 구국의 일념으로 전방의 군대까지 끌고 와서 쿠데타를 일으킨 전두환과 노태우가 떠오른다. 얍삽한 재판부가 성공한 쿠데타라 처벌할 수 없다는 궤변을 늘어놓았다가 결국 민주화 시대에는 반란의 두목으로 처벌한 사례가 생각난다. 그날 저녁 자코뱅 클럽에서 브리소는 이렇게 말했다.

"라파예트는 마침내 가면을 벗었습니다. 그러나 너무 일찍 벗었습니다. 눈먼 욕심에 휩싸인 그는 중재자 노릇을 했습니다. 지나친 만용 때문에 그는 중재자가 되기도 전에 파멸할 것입니다. 아니, 그는 이미 패했습니다. 크롬웰이 영국 의회의 지배자 노릇을 하면서 의원들을 가르치려 들 때, 주변에는 단 한 사람에게 충성하는 광적인 군대가 있었으며 그 덕에 몇 번 승리했습니다. 그러나 라파예트는 아직 월계관을 쓰지도 못했습니다. 그의 병사들은 바스티유 정복자들에게 총부리를 돌리지 않을 것임을 감히 확신합니다."

로베스피에르는 라파예트를 원색적으로 비난했다.

"나는 오늘의 의제인 조국의 적 라파예트에 대해 말하겠습니다. 나는 이처럼 중대한 범죄를 본 적이 없습니다. 나는 라파예트가 혼자 힘으로 헌법의 기초를 파괴하고 좀먹는 벌레라고 믿습니다. 자유의 성실한 친구들은 그가 국회에 편지를 보낸 행위를 헌법에 대한 공격행위로 생각합니다. 그것은 가장 심각한 범죄입니다. 인민의 대표들에게 편지를 쓰면서 그는 국민주권을 심하게 모욕했습니다. (……)

이 중대한 테러행위를 벌하려면 어떤 방법을 써야 할까요? 아주 간단합니다. 헌법에 그 방법이 있습니다. 고소에 대한 법은 그가 지지하던 모든 음모와 함께 유일한 희망을 법의 칼날로 처단할 것입니다. 라파예트가 헌법에 반대하는 기치를 들 때, 우리는 그를 막대한 힘으로 짓눌러야 합니다. 그러나 국회는 아주 유약한 조치를 취해서 자칫하면 자유를 잃어버릴 지경입니다. 그를 고소하는 법을 적용하는 방법 이외에는 모두 부적절합니다. 라파예트가 국회에 전쟁을 선포할 때, 국회가 할 수 있는 일은 두 가지입니다. 이 음모가를 향해 전력을 다해 국민의 대표로 남든지, 아니면 라파예트의 손아귀에서 그의 지배를 공고히 할 하수인이 되든지."

로베스피에르는 국회가 라파예트와 맞서는 일이 위험하다 할지라도 겁먹지 말고 대차게 나가야 한다고 주장했다. 국회는 헌법을 근거로 설립한 기관이며, 라파예트에 맞서 헌법을 지키는 의원들은 언제나 국회다. 국회는 인민 주권의 수호자다. 나중(7월 11일)에 로베스피에르는 "라파예트가 군대의 우두머리로 있는 한 자유가 위험하다"고 말한다. 라수르스는 라파예트가 파리에 왔다 간 이유를 자기 나름대로 해석했다.

"그는 국민방위군을 자기편으로 만들고, 반혁명분자들에게 자신을 믿게 하며, 국회를 무시하고, 내전을 일으키려고 왔습니다. 그는 국민방위군을 방황하게 만들어 민중을 향해 총을 쏘게 하고, 국회와 가장 든든한 지지자인 인민을 이간질시키려고 왔습니다. 그는 반혁명분자들로 하여금 자기만이 튈르리 궁, 군대, 국회를 이끌 수 있다고 믿게 만들고 용기를 북돋우기 위해 왔습니다. (……)

그는 무엇을 했습니까? 그는 파리에 오기 전 뤼크네 대원수에게 모든 일을 부탁하고 자리를 비웠기 때문에 국가에 아무런 해를 입히지 않았다고 우리를 안심시켰습니다. 그러나 그는 오스트리아군과 똑같은 일을 했습니다. 그들과 휴전을 하지 않았을까요? (……)

그렇습니다, 라파예트는 역적이며 음모가입니다. 라파예트는 흉악범입니다. 오늘 국회의 오전회의에서 대다수의 의견과 내 의견이 비록 다르다고 해서, 또 호명투표에 실패했다고 해서 두려워할 필요는 없습니다. (……)

이제부터 진짜 혁명을 시작한다고 생각합시다. 그러므로 헌법을 중심으로 단결합시다. 이 기회를 빌려 나는 헌법을 잠시도 멀리하지 않고 끝까지 지키겠다고 맹세합니다."

'진짜 혁명'이라는 말이 나오기 시작할 때, 왕비는 페르센에게 비밀편지를 쓰고 자신들의 처지를 호소하는 한편, 루이 16세에게 라파예트 장군이 자신들을 구해줄 것이라는 희망을 전했지만, 라파예트는 점점 궁지에 몰렸다. 국회에서 보수 성향의 의원들이 군법을 적용받지 않도록 보호해주었지만, 자코뱅 클럽에서는 라파예트가 적과 내통한 역적이라는 말을 아무렇지 않게 주고받았다. 그럼에도 라파예트는 국회에서 아무런 제재도 받지 않았으므로 신나서 조금 더 욕심을 부리기로 했다. 그는 장인의 보호를 받는 아클로크 사령관의 도움을 받아 파리 국민방위군을 검열할 계획을 세웠다. 그러나 페티옹이 그 사실을 알고 검열을 취소했다. 라파예트는 파리 여행에서 일종의 막판 승부를 걸었다. 그리고 비록 군법으로 처벌받지는 않았지만, 민중운동이 드세지는 현실에 실망한 채 모뵈주 참호 진지로 돌아갔다. 그가 파리를 떠난 뒤, 팔레 루아얄에서는 사람들이 모여 그의 허수아비를 불태우면서 적개심을 표현했다(240쪽 상단 도판 참조).

조국이 위험하다 1

6월 30일 토요일에 파리 의원 파스토레는 12인의 비상위원회*가 연구한 "프랑스의 현 상황에 대한 보고서"를 읽었다. 프랑스가 겪는 불행과 폐단을 진단하고 해결책을 찾아보자는 취지였다. 불행과 폐단의 원인은 주로 혁명 때문에 발생했고, 일부는 거기서 파생했다. 한편으로 헌법기관과 또 한편으로 그들에게 복종하겠다고 맹세한 시민들과 관련이 있다. 헌법을 제정

---

* 보주 출신 마랑은 6월 17일에 프랑스의 전반적 현황을 검토하고 헌법·자유·나라를 구할 방안을 마련할 위원회를 설치하자고 제안했고, 이튿날 국회는 '12인비상위원회'를 임명했다. 기존의 12인 위원회와 혼동하지 말 것.

한 뒤에 왕부터 모든 시민이 거기에 복종하겠다고 맹세하고 혁명은 끝났다
고 외쳤다. 그러나 나라 안팎에서 적들이 혁명을 망치려고 노린다. 파스토레
는 프랑스의 불행이 어떻게 발전했는지 역사를 짚고 나서 헌법기관들이 처
한 상태를 분석했다. 7월 1일 일요일에 노르 도의 법학교수 출신 르존Etienne-
Phillippe-Marie Lejosne이 발의한 대로 "공개성은 인민의 이익을 지키는 중요한
일이므로" 모든 행정권의 회의를 공개한다고 의결했다. 7월 3일 화요일에 왕
은 뒤랑통을 해임하고 드졸리Etienne Dejoly를 신임 법무대신으로 임명했다.
국회의장 제라르댕은 국가안보에 관한 제반조치에 대해 토론을 시작한다고
선언하면서 베르니오에게 발언권을 주었다. 3일 동안 의원들은 꼬박 그 문제
에 매달린 뒤 격론을 거쳐 마침내 7월 5일에 법을 통과시켰다.

국민이 자유를 유지하려고 대외전쟁에 전력을 다하고 있을 때, 질서의
적들은 국내 방방곡곡에서 온갖 종류의 혼란을 부추기면서 나라를 위험
하게 만들고, 정치적 쇄신의 성공을 불확실하게 만들고 있다.
국회는 자유와 시민들을 괴롭히면서 국가를 위험에 빠뜨리는 혼란에 단
호하고 슬기롭고 균형 잡힌 조치로써 대처할 의무를 수행해야 마땅하다
고 생각한다.
우리는 전체를 두루 경계하고 더욱 능동적으로 대처해야 한다. 특히 가
증스러운 태만과 믿을 수 없는 계획, 또는 대담한 범죄행위로써 국가의
조화를 흐트러뜨리려 드는 자들을 거침없이 법의 칼로 응징해야 한다.
국회는 국가비상사태를 선언할 권한을 가지고 있으며, 그 권한을 발동해
위험을 일순간에 벗어나고, 선량한 시민들에게 정신적 평화를 되찾아주
어야 한다.

"자유가 아니면 죽음이다", "헌법을 보전하자"라는 맹세로 무장한 국회는 군건한 책임감 위에서 인민의 염원을 수행하는 것이 존재이유임을 확신하고 긴급 공포한다.

제1조는 "시민들이여, 조국이 위험합니다"라는 국가비상사태 선언이었다. 나라 안팎의 안보가 위협을 받을 경우, 입법부가 비상조치를 취할 수 있는 권한을 가졌음을 확인한 선언이다. 이제부터 모든 도와 디스트릭트 그리고 코뮌은 감시체제로 들어가고, 모든 공직자는 정위치를 벗어나지 않는다. 무기를 소지할 권한이 있는 시민과 국민방위군에 복무한 경력자도 상시근무 체제를 유지한다. 모든 시민은 거주지 관청에 자기가 소유한 무기의 종류와 탄약에 대해 신고한다. 신고를 거부하거나 거짓 신고한 자를 고발해서 벌한다. 미신고자는 2개월 이상 1년 미만의 금고형, 허위신고자는 1년 이상 2년 미만의 금고형에 처한다. 국회는 각 도의 국민방위군 병력을 확정하고 도 지도부, 디스트릭트, 캉통은 차례로 국민방위군 수에 비례해서 할당받은 의용군volontaires 병력을 뽑아야 한다. 도 지도부가 명령을 내리면 3일 안으로 캉통별로 의용군이 모이고, 그들 중에서 할당받은 수를 뽑는다. 그렇게 뽑힌 의용군은 3일 안으로 디스트릭트에 집결한 뒤 군인의 신분으로 숙소를 할당받고, 항상 출동할 준비를 갖춘다. 중대장들은 디스트릭트 중심지에 모인 의용군을 일주일씩 돌아가면서 지휘한다. 각 도에서 새로 조직한 의용군 중대가 대대를 구성할 만큼 충분할 때, 그들은 도 지도부가 지정해준 장소에 집결해서 대대를 구성한 뒤 직접 참모부를 뽑는다. 봉급은 여느 의용국방군 수준이며, 캉통의 집결지에 모인 날부터 산정한다.

의용군 대대를 새로 구성하기 위해 캉통의 중심지에서 뽑힌 국민방위군

270

에게 국가가 무기를 지급한다. 국회는 비상시 시민들이 자발적으로 자기가 소유한 무기를 제출해 의용군에게 공급할 수 있도록 조치한다. 각 도 지도부는 탄창과 포탄을 각 1,000개씩 준비해서 필요할 때 의용군에게 지급한다. 행정부는 탄창 제조에 필요한 물건을 각 도에 조달해주는 명령을 내린다.

의용군은 국민복을 입지 않고 복무할 수 있다. 국내 거주자나 여행자는 삼색 표식을 달아야 한다. 단 외국의 대사나 관리는 예외다. 반란의 표식을 단 사람은 재판에 부치고, 특별한 목적을 가진 것으로 판단할 때 사형에 처한다. 시민은 그를 현장에서 붙잡거나 고발해야 하며, 그렇지 않을 때 공모자로 취급한다. 삼색 표식만 허용하고, 다른 것은 반란의 표식으로 간주한다.

국가비상사태 선포를 제안한 경우, 선포하기 전에 왕국의 상황에 대해 내무대신의 보고를 들어야 한다. 조국이 더는 위험하지 않을 경우, 국회는 "시민들이여, 조국은 이제 위험하지 않습니다"라고 선언한다.

국가안보에 관한 제반조치법은 이렇게 제19조에서 국가비상사태를 해제하는 방식까지 정해놓았지만, 아직 끝이 아니었다. 의원들은 그날, 다음 날 그리고 그다음 날에도 계속해서 비상사태에 관한 논의를 해나갔다.

라무레트의 포옹

7월 7일 국회의장 제라르댕이 국가안보에 관한 제반조치에 대해 브리소가 발언하겠다고 선언하자, 론에루아르 주교이며 의원인 라무레트Adrien Lamourette가 긴급히 말을 자르고 들어왔다.

"여러분, 지금까지 온갖 불행, 분열, 혼란이 제국을 갈가리 찢어놓았고, 우리를 위협하는 외국 군대에 우리가 극도로 쇠약해져 노예상태로 급격히 떨어진다는 신호를 보내는 현실에서 벗어나기 위해 여러 사람이 극단적이고 가혹한 조치를 취하자고 제안했습니다.

　이러한 조치는 기대했던 목표를 이루지 못할 것입니다. 어떤 조치도 프랑스가 앓고 있는 질병의 근원에 정확히 다가서지 못하기 때문입니다.

　우리는 어떤 대가를 치르더라도 그 근원을 파괴해야 합니다. 국회의 불화가 근원입니다. 입법부의 상황은 국가의 상태를 정확히 재는 온도계입니다. 프랑스인들의 정치와 정신의 상황을 정확히 파악하려면, 그들의 대표들이 모이는 장소를 드나들어야 합니다. 그렇습니다. 바로 이곳은 국가라는 커다란 기계를 통일과 조화의 방향으로 움직이게 합니다. 그러나 만일 반대 방향으로 작동시키면 그 부품들을 뒤엉키게 만들고 기계 자체를 파괴하기도 합니다.

　여러분이 값지고 바람직한, 또한 위대하고 영광스러운 목적이라 할 국민 대표의 단결을 실천하라는 부름을 받았을 때, 여러분은 동료 시민들의 진정한 후원자, 조국의 진정한 해방자, 그리고 모든 폭군의 음모의 진정한 파괴자, 오스트리아와 코블렌츠의 진정한 정복자 노릇을 했습니다.”

　주교 라무레트 의원의 연설에 감동한 의원들이 박수로써 고마운 뜻을 돌려주었다. 주교는 국회의원이 나라를 구원할 수 있는 열쇠를 쥐고 있다고 말했다. 그럼에도 국회의원은 아주 오랫동안 힘들게 기다리던 국가안보라는 목표를 이루려고 열심히 법을 제정했으나, 언제나 불확실한 법을 제정하고 말았다. 또한 인민이 평화와 통일의 즐거움을 그토록 소중하게 여기건만 베풀어주지 못했다. 혹자는 현 상황에서 반목하는 의원들이 서로 화합하는 것이 불가능하다고 말하면서 그들을 모욕한다. 그러나 주교가 조로아스터교의 선신과 악신만이 화해할 수 없다고 강조하자 의원들이 크게 호응했다. 선량한 사람들은 아무리 서로 반목하려 해도 그럴 수 없으며, 제국의 번영과 자유를 추구하는 일을 놓고 서로 다른 의견으로 다툴 일이 없다. 일시적으로 이견을 보여준다 해도 그들의 목적은 하나이며, 상대방의 올바르고 정직한 성품을 믿기 때문에 결코 증오로 발전하지 않는다. 주교는 가장 소중한 사건은 한순간에 끊어버릴 수 있는 실 한 가닥에 달려 있으며, 가장 불행한 분열은 가장 끔찍한 오해에서 나올 뿐이라고 강조하면서, 국회를 다시 한번 통일해달라고 호소했다.

"어떤 의원은 다른 의원이 군주정을 뒤집고 공화국을 세우려는 선동적인 계획을 세웠다고 주장하며, 또 어떤 의원은 다른 의원이 헌법에서 보장한 평등을 부정하고 양원제를 도입하려는 범죄를 저질렀다고 비난합니다. 그렇게 해서 국회는 방방곡곡에 분열의 씨앗을 뿌리는 중심지가 되었습니다. 그리고 국회의 분열은 반혁명을 획책하는 자들이 비난받아 마땅한 범죄를 저지를 원인을 제공합니다. 여러분, 모두 함께 공화국과 양원제를 배격하자고 마지막이자 되돌릴 수 없는 맹세를 합시다. 영원한 우정을 맹세합시다. 우리 모두 자유로운 인간으로서 혼연일체가 되어 무정부주의와 봉건주의를 타파합시다. 나라 안팎의 모든 적에게 우리가 바라는 것이 정확히 무엇인지, 얼마나 한결같이 그것을 바라는지 확신시켜주는 순간, 자유가 승리하고 프랑스를 구할 수 있습니다."

조로아스터교의 아후라 마즈다와 아리만이 화해할 수 없는 것은 극단의 선과 악이기 때문이지만, 국회의원들은 모두 나라를 위한다는 한마음에서 출발했기 때문에 일시적인 의견 차이가 있다 할지라도 상대방의 선의를 믿는 데서 출발해 화합해야 국난을 극복할 수 있다. 라무레트 주교 의원의 연설은 그동안의 분열을 잊게 만들기에 충분했다. 국회의 분열이 반혁명을 꾀하는 자들에게 희망을 준다는 연설에 의원들과 방청객 모두가 감동했다. 박수 소리가 끊이지 않는 가운데 여러 의원이 "인쇄합시다!"라고 외쳤고, 의원들은 만장일치로 라무레트의 연설문을 인쇄해서 배포하기로 의결했다. 그러나 의원은 단순히 연설만 하지 말고 무엇이든 안건으로 만들어 상정해야 한다. 누군가 "라무레트 의원, 발의하시오"라고 외쳤다.

"나는 의장께서 '공화국과 양원제 둘 다 거부하고 싫어하는 의원들은 일어서시오'라고 말씀하실 것을 제안합니다."

제헌의원들이 힘들게 만들어낸 헌법을 지키는 것이 모든 의원의 바람인지 당장 확인하자는 라무레트의 제안대로 의장이 말하자마자, 의원들이 자발적으로 자리에서 일어섰다. 방청석에서 일제히 환호와 박수가 터지고, 의원들이 서로 격려하며 공중에 모자를 흔들면서 라무레트의 연설에 열광적으로 공감했다. "네, 우리는 그렇게 맹세합니다!"라는 함성이 지붕을 들썩이게 했다. 곧 우파와 좌파가 서로 뒤엉켜 얼싸안았다. 공공의 행복이라는 유일한 목표를 가지고 진정한 뜻의 통일을 이루는 감동적인 장면이었다. 방금 전까지 철천지원수처럼 굴던 의원들은 한순간에 사라졌다. 마티외 뒤마, 뒤부아 드 벨가르드, 메를랭, 포세, 에므리가 각각 알비트, 비에노 보블랑, 조쿠르, 라몽, 셰롱 라브뤼예르를 얼싸안았다. 방청객들도 의원들을 따라 자리에서 일어나 똑같이 맹세하고 서로 얼싸안았다. 한순간일지언정 진정한 화합과 평화의 순간, 사람들은 이 순간을 '라무레트의 포옹·baiser d'amourette'이라 부른다.*

어떤 의원이 "조국은 구원받았다!"라고 외쳤다. 노르의 르존은 방금 자

---

* 역사학자 로버트 단턴R. Danton은 원어Baiser Lamourette를 영어로 옮겨 『라무레트의 키스·Kiss of Lamourette』(1990)를 썼다. 그러나 실제로 의원들이 입을 맞추지 않고 껴안았기 때문에 '입맞춤(키스)'보다 '포옹'이 정확하다.

유를 구하는 방법을 알았으니 토론을 끝내자고 제안했다. 앵드르에루아르의 카르티에 두이노Joseph-Pierre-Sylvain Cartier-Douineau는 라무레트의 연설문을 인쇄해서 군대와 83개 도에 보내자고 제안했다. 의원들은 만장일치로 제안을 가결했다. 노르 의원 에므리는 이제 국회가 하나로 뭉쳤으니 모든 권력이 하나로 뭉쳐야 하므로 회의 중에라도 왕에게 회의록을 보내자고 제안해서 동의를 얻었다. 의장은 왕에게 회의록을 가져갈 대표단에 라무레트 의원을 앞장세우자고 제안했고, 의원들은 그 또한 만장일치로 가결했다. 라무레트가 왕을 알현하고 돌아와 보고했다.

"우리가 보고서를 읽은 뒤, 전하께서는 가장 마음에 들고 가장 감동적인 소식을 들었다고 대답했습니다. 그리고 곧 이곳에 납시어 기쁜 마음을 표현하겠다고 말씀하셨습니다."

왕이 대신들을 거느리고 국회에 들어섰다. 의원들과 방청객들이 "왕 만세! 자유 만세!"를 외치면서 환영했다.

"여러분, 내게 가장 좋은 일은 조국의 안보를 위해 모든 사람이 의지를 하나로 모으는 것입니다. 나는 오래전부터 이처럼 행복한 순간을 기다렸습니다. 내 소원을 이루었습니다. 나는 국민과 왕이 하나임을 직접 말해드리려고 이 자리에 왔습니다. 우리가 같은 목적을 가지고 나아간다면, 힘을 합쳐서 프랑스를 구할 수 있습니다. 헌법에 대한 충성은 모든 프랑스인을 단결시킬 것입니다. 왕이 솔선수범하겠습니다."

'라무레트의 포옹'은 의원들뿐만 아니라 왕과 국민의 화합을 가져왔다. 그런데 언제까지 만장일치의 효과를 가질 것인가? 프뤼돔은 『파리의 혁명』(157호)에서 의원들에게 '라무레트의 포옹'을 '유다의 포옹baiser de Judas', '교활한 화해réconciliation normande'라고 비꼬면서 현실로 돌아가라고 권고한다.

한시라도 빨리 전쟁의 작은 간계, 믿을 수 없는 휴전을 바로잡으시오. 자칫하면 흉악한 범죄자들의 죄를 사면해줄지 모르니까. 애국심을 가진 입법가들이여, 원래 자리로 돌아가시오. 원래 태도를 지키고, 사람들이 라무레트의 포옹이라고 부르는 어리석은 포옹-sots embrassemens을 공식적으로 포기하시오. 그것은 집요하고 능란한 적들의 습격이니까요. 그들은 조금도 바뀌지 않았습니다. 그들은 항상 자신의 이익을 악착같이 지킬 것입니다. 그들과 맞먹는 용기를 가지고 조국의 대의명분을 지키시오. 선인과 악인 사이에 평화나 휴전은 절대로 없습니다. 오직 최후의 승자만이 평화를 누릴 것입니다.

자코뱅 클럽에서는 '진짜 혁명'을 시작하자는 말이 나오는데, 국회에서는 '호헌'의 맹세와 포옹을 했다. 혁명을 지키고 한 번 더 도약시켜야 한다고 생각하는 사람들은 국회도 믿을 수 없게 되었다.

페티옹의 직무정지
이러한 상황에서 파리 도와 파리 시의 균열이 더욱 두드러졌다. 프뤼돔이 새로운 체제를 만든 헌법에 모든 불행의 원인이 있다고 지적했듯이, 파리 도 지도부는 파리 시의 상급기관이었으며, 도 지도부 의장 라로슈푸코와 시장 페티옹의 정치적 성향이 차이를 드러내는 한, 두 기관의 불화는 불을 보듯 뻔했다. 혁명과 함께 정치적 중심지가 된 파리 시는 최초의 성문헌법으로 민주시장을 뽑았다. 페티옹은 공화주의를 기꺼이 선택할 인물로서 되도록 민중의 편에 서려고 노력했다. 그러나 라로슈푸코는 귀족 출신으로 왕과 라파예트를 지지하고 지원했다. 6월 20일에 민중이 국회로, 또 튈르리 궁으로 갈

때, 페티옹은 라로슈푸코가 바라는 대로 행동하지 않았다.

『파리의 혁명』에서 프뤼돔은 6월 20일에 민중이 피를 흘리지 않게 막은 사람이 페티옹이었다고 칭찬했다. 만일 지난해의 바이이와 라파예트 같았으면 샹드마르스 학살사건 같은 살육이 일어났을 텐데, 페티옹이 그날을 안전하게 관리했다는 뜻이다. 그래서 페티옹은 수많은 애국자의 축복과 감사를 받았다. 그러나 그의 행동을 비난하는 사람도 많았다. 특히 왕은 21일에 페티옹을 불러 질책했다. 파리 도 지도부 의장인 라로슈푸코는 라파예트가 민중협회들을 폐지하라고 촉구하기 전부터 그런 주장을 했던 사람이다. 그는 1791년 7월 17일 샹드마르스에 계엄령의 붉은 깃발을 휘날리도록 촉구했고, 그보다 세 달 전인 4월 18일에도 왕이 생클루 궁으로 행차하려는 길을 막은 국민방위군과 민중도 여차하면 탄압할 방법을 모색했다. 그래서 그가 이끄는 도 지도부 회의는 7월 6일에 페티옹과 함께 파리 검찰관 마뉘엘의 권한을 정지하는 명령을 내렸다. 그리고 보리Philibert Borie를 파리 시장 권한대행으로 임명했다. 보리는 생리학과 병리학 교수 출신으로 파리 코뮌 의회에서 활동하다 시정부 관리가 된 사람이다. 이 소식을 들은 파리 주민들은 모두 도 지도부의 처사에 화가 났다. 그들은 꼭 복수하겠다고 다짐했다. 페티옹은 시민들에게 드리는 말을 써서 방을 붙였다.

> 파리 도는 6월 20일에 대해 방금 내 권한을 정지시켰습니다. 나 자신이 이 결정에 승복하듯이, 시민들도 부디 조용하고 냉정하게 이 명령을 받아들이시기 바랍니다. 곧 도 지도부보다 상위의 권위가 나의 결백을 밝혀줄 것을 희망합니다. 내 결백을 밝혀줄 유일한 방법은 법이라고 생각합니다.

파리 도 지도부는 자신의 명령을 벽보로 알리려 했지만 허사였다. 벽보 부착인들 가운데 그 누구도 이 두 행정관의 권한을 정지하는 일을 정당하게 생각하지 않았고, 벽보를 붙이려 들지도 않았다. 이로써 가장 하층민도 시장 페티옹을 존경하고 따랐음을 증명했다. 파리의 모든 구가 일제히 시장을 돌려달라고 요구했다. 국회에도 청원자들이 몰려가 도 지도부의 처사를 바로 잡아달라고 부탁했다. 왕도 이러한 여론에 적잖이 당황했고, 곧 국회가 페티옹과 마뉘엘을 복권시켜주리라고 예측할 수 있었다. 그러나 왕은 연맹제가 끝난 뒤에 어떻게든 복수하려고 결심했다. 샹드마르스에서 연맹제가 끝나고 국회의원들과 연맹군들이 뒤섞일 때, 시장 권한대행 보리가 신호를 하면 학살을 할 계획도 검토했다고 한다. 7월 7일, 라무레트가 헌법을 준수하고 더는 반목하지 말고 화해하자는 포옹을 제안하고, 최초 일간지인 『주르날 드 파리』(105호)에서는 프로이센군 10만 명이 곧 파리로 들어올 것이라고 보도했던 날, 페티옹과 마뉘엘은 상급기관인 도 지도부의 징계를 받았던 것이다. 이로써 왕, 파리 도 지도부와 특히 의장 라로슈푸코, 라파예트, 전방의 최고 지휘관들과 애국자들은 이제 화해할 수 없는 길로 들어섰음을 알 수 있다.

조국이 위험하다 2

7월 10일에도 의원들은 국가안보에 관한 제반조치를 추가로 논의했다. 토론 중간에 파리 시민 800명이 국회에 들렀다. 그들을 대표해서 콜로 데르부아가 연설했다.

"의원 여러분, 가장 다급한 일은 조국이 위험하다고 선언하는 것입니다. 언제부터 이 제국이 끔찍한 혼란에 휩싸였습니까? 그 점을 말씀드리겠습니다. 군 장성 하나가 자신이 법 위에 있다고 생각하고, 우리를 군사독재의 지배를 받게 하려고 희망할 때부터였습니다. 공공관리 하나가 마치 헌법이 여러분의 손에서 사라질 것처럼 호들갑을 떨면서 자신이 지킴이로 나설 때부터였습니다. 선동적인 병사 하나가 국회에 나타나 파렴치한 청원을 하고, 국회를 폐지할 음모를 꾸미는 폭군들, 특히 오스트리아인들의 염원을 설명했을 때부터였습니다. 이 모든 범죄의 주인공은 단 한 사람입니다. 바로 라파예트를 여러분에게 고발합니다. 우리는 토론에 참가할 수 없습니다. 국회의원님들이 조국을 구할 유일한 방법은 그를 고발하는 일임을 증명해주십시오."

좌파 의원들과 방청객들의 박수 때문에 콜로 데르부아는 말을 중간에 두어 번 멈췄다. 라파예트는 군대에 가장 많은 인원을 충원해준 유익하고 존경할 만한 사람들인 장인 계급을 비방했다. 그들은 국회의 찬사를 받을 자격이 있는 파리 국민방위군에서도 크게 활약한다. 라파예트가 파리에 와서 헛된 청원을 하는 동안, 그들이 적을 무찔렀다. 라파예트는 군대를 선동할 수 없었기 때문에 비방하는 쉬운 길을 택했다. 국가의 안보와 위신은 여러분이 모욕을 받을 때 함께 떨어졌다. 그래서 라파예트를 벌해달라고 모두 간청한다. 그가 벌을 받지 않는 한, 전국연맹제를 슬픈 분위기로 맞이할 것이다. 7월 14일에 사람들은 이렇게 말할 것이다.

"그래, 오늘이 자유의 축일이다. 하지만 아마 3일 안으로 라파예트는 살육의 기념일을 준비하겠지."

콜로 데르부아는 7월 14일이 즐거운 전국연맹제가 되지 못하면 7월 17일에 샹드마르스 학살사건 기념일로 바뀔 것이라고 말했고, 좌파 의원들과 방청객들이 일제히 호응했다. 의장은 청원을 심의하겠으니 회의를 지켜보라고 말했다.

이튿날인 11일 화요일에 파리 의원 에로 드 세셸은 12인비상위원회, 군사위원회, 외교위원회가 합동으로 연구한 내용을 발표하면서 "1. 과연 지금 이 조국의 비상사태를 선포할 시점인가? 2. 비상사태를 선포하건 말건, 우리가 처한 상황에 가장 어울리는 조치는 무엇인가?"라는 두 가지 문제를 검토했다. 오후가 되어 파리의 라세페드는 에로 드 세셸의 뒤를 이어 3개 합동위원회의 대변인으로 연단에 올라 국가비상사태 선포의 사유를 밝히는 전문 considérant과 법령을 읽었다.

국회는 대신들의 의견을 참고하고, 이달 4일과 5일의 법에서 적시한 형식에 맞춰 다음과 같이 입법부의 명령을 발동한다.

입법부의 명령

사방에서 수많은 병력이 우리의 국경으로 진격한다. 자유를 혐오하는 자들이 우리의 헌법을 파괴하려고 무기를 들었다.

시민들이여, 조국이 위험하다.

언제나 자유로운 프랑스인임을 기억하는 사람은 가장 소중한 것을 지키려고 가장 먼저 달려오는 명예를 지키기 바란다. 그들 덕에 동료 시민들은 가정에서 가족과 재산을 지킬 수 있다. 관리들은 인민의 안전을 주의 깊게 보살피기 바란다. 모든 사람은 진정한 힘의 속성인 차분한 용기를 가지고 법의 신호가 떨어지면 일제히 행동하기 바라며, 그렇게 해서 나라를 구하기 바란다.

여러 의원이 당장 표결하자고 떠들었지만, 들라크루아는 이 명령을 통과시키기 전에 먼저 비상사태인지 아닌지를 결정해야 한다고 이의를 제기했다. 여러 의원이 토론을 끝내자고 외쳤지만, 센에마른의 조쿠르는 이제까지 비상사태를 인정하는 의견만 들었으니 반대 의견도 들어보자고 주장했다. 어떤 의원은 실제로 비상사태라고 생각하는 의원들을 호명투표로 파악하자고 제안했다. 우아즈의 제라르댕은 국회가 국가비상사태를 선언할 때는 국가를 구하기 위해서임을 명심하자고 말했다. 그리고 조국을 구하려면 인민에게 그 방법을 일러줘야 한다. 그 방법은 이미 위원회가 제안한 전문에 나왔듯이 군대와 인민에게 드리는 호소문에 담겨 있어야 한다고 덧붙인 뒤 이렇게 말했다. "단지 '조국이 위험하다'라고만 선언하면 조국은 혼란에 빠지게 될 것입니다."

그의 말을 들은 방청객들이 술렁거리자 그는 방청석을 가리키면서 말했다.

"바로 저기에 조국의 위험이 있습니다. 이 자리에서 정신력이 약한 사람들에게 영향을 끼치려고 노력할 때 조국은 위험합니다. 그러나 정신력이 강한 사람은 남들이 쑤군댄다고 해서 두려워하지 않습니다. 그의 양심은 자신이 공공의 안전을 위해 일한다고 말하기 때문입니다. 나는 오직 내 가슴이 해주는 말만 들으면서 위원회가 마련한 전문을 채택할 것인지 표결하자고 요구합니다. 동시에 나는 들라크루아 의원이 일단 조국이 위험한지 선언하자고 발의한 데 대해 반대합니다."

장소네는 조국이 위험하다고 선언하면서 동시에 전문을 수용하는 일이 모순되지 않는다는 절충안을 내놓았다. 의원들은 재청했고, 이제르 출신의 의장 오베르 뒤베예는 의원들의 의견을 물었다. 의원들은 조국이 위험하다는 안과 함께 합동위원회가 제시한 전문을 함께 채택했다. 투표가 끝난 뒤, 회의장은 침묵에 휩싸였다. 의장이 선언했다.

"시민들이여, 조국이 위험합니다!"

의원들은 여전히 숙연했다. 이제 라세페드가 예고했듯이, 합동위원회가 급히 마련한 "프랑스 인민에게 드리는 글"을 베르니오가 읽었고 의원들은 열렬히 환호한 다음 만장일치로 채택했다.

시민들이여, 우리 헌법은 영원한 정의의 원칙 위에 서 있습니다. 여러 나라 왕들이 그것을 파괴하려고 동맹을 맺었습니다. 그들의 군대가 진격하고 있습니다. 그들의 수는 많고 군기도 엄격합니다. 오랫동안 군사훈련을 받았습니다. 여러분의 고상한 투지가 불타오르지 않습니까? 여러분이 가만히 있으면, 외국인이 홍수처럼 밀려와 여러분의 들판을 휩쓸어버리고, 여러분이 심은 곡식을 유린하며, 마구 불을 지르고 잔인하게 행동하면서 조국을 황폐하게 만들 것입니다. 한마디로 그들은 여러분에게 가장 소중한 것을 피 묻은 사슬로 묶고 짓누를 것입니다.

우리의 군대는 아직 완전히 조직을 갖추지 못했습니다. 경솔하게 안전을 추구하다가 애국심의 폭발을 너무 일찍부터 제한했습니다. 여러분의 대표들이 바랐던 만큼 충분히 충원하지 못했습니다. 국내의 혼란 때문에 더욱 어려운 실정이며, 적들은 여러분을 모욕하려는 미친 희망에 들떠 있습니다.

시민들이여, 서둘러 자유를 구하고 명예를 회복하시오.

국회는 조국이 위험하다고 선언합니다.

그러나 이 선언이 국회와 여러분에게 걸맞지 않은 두려움 때문에 나왔다고 믿지 말아주십시오. 여러분은 "자유가 아니면 죽음이다"라고 맹세했습니다. 우리 국회는 여러분이 맹세를 지킬 것임을 잘 알고 있으며, 우리 나름대로 여러분에게 본보기가 되겠다고 맹세합니다. 그렇다고 해서 목숨을 가볍게 버리지 마십시오. 승리해야 합니다. 여러분이 증오심을 버린다면, 정치적 분열을 잊는다면, 모두 한마음으로 대의명분에 동참한다면, 눈을 부릅뜨고 국내의 적을 감시한다면, 무질서를 낳는 개별적인 폭력을 신고한다면, 우리는 승리할 수 있습니다. 왕국 안에서 법치주의를 확립하고, 조국이 여러분을 부를 때, 자유의 열정과 병사 시민들의 의무감을 가지고 한달음에 전방의 진지로 달려간다면 반드시 승리합니다.

그다음에는 "군대에 드리는 글"을 채택했다.

국회가 프랑스 군대에

용감한 전사들이여, 국회는 방금 조국이 위험하다고 선포했습니다. 그것은 제국의 힘을 널리 선포하는 동시에 곧 젊은 프랑스가 자유의 깃발을 든다는 뜻입니다. 여러분은 프랑스에 승리를 가르쳐주십시오. 여러분은 프랑스에 영광의 길을 보여주십시오. 조국이 위험하다는 신호가 떨어지자마자 여러분의 열의가 더욱 드높아짐을 느낄 것입니다. 전사들이여, 모든 행동에 엄정한 군기를 지키십시오. 군기만이 승리를 가져옵니다. 여러분은 힘을 느낄 때 차분하고 냉정한 용기를 가질 수 있습니다. 진정한 군대는 단일한 머리가 명령을 내리면 거기에 따르는 거대한 몸체입니다. 병사부터 장군까지 모든 계급이 명령에 무조건 복종하지 않으면 아무것도 이룰 수 없는 집단입니다. 전사들이여, 아사스Nicolas Assas/chevalier d'Assas의 헌신과 피Pie의 용기를 본받으시오.* 조국은 자기를 위해 싸운 사람들에게 명예를 안겨줍니다. 명예는 조국과 여러분에게 걸맞은 것입니다.
그들이 여러분의 헌법을 공격한다는 사실을 잊지 마십시오. 그들은 자유민들이 누리는 영광스러운 지위에서 여러분을 끌어내리려고 노력합니다. 용감한 전사들이여, 헌법이 승리하지 못하면, 프랑스 국민은 지울 수 없는 치욕에 휩싸입니다. 여러분의 동료 시민들은 모든 분야에서 여러분을 지원하고 있습니다. 의심하지 마십시오, 만일 저울질한다면 프랑스인이 아닙니다. 위험하고도 영광스러운 요즘 비겁하고 수치스럽게 몸을 사리는 불명예를 감수할 사람은 아무도 없습니다. 훗날 자식이나 동료 시민에게 이렇게 말하지 못하면 불행한 사람입니다.

"우리의 자유가 공격받을 때, 나도 싸웠다. 프랑스군이 적군을 무찌르던 날, 나도 거기에 있었다. 나는 도시의 방벽을 지켜 그들의 공격을 막아냈다. 나는 그날 조국·자유·평등을 위해 피를 흘렸다."

조국patrie은 조상이 물려주고, 후손에게 물려줄 나라이며, 모든 애국자의 마음속에 있는 나라다. 나라를 뜻하는 다른 말(Etat, Nation)이 있어도, 조국은 좀더 정신적·도덕적인 의무감을 불러일으키는 말이다. 자유와 평등을 추구하는 민주주의 혁명을 시작한 프랑스가 대외전쟁으로 나라 안팎에서 시련을 겪을 때, 국회는 시민과 군인들에게 애국심으로 국난을 극복하자고 호소했다.

---

* 아사스는 오베르뉴 연대의 대위였다. 그는 1760년 10월 15일 밤 겔드르Gueldre 근처에서 수비대를 지휘하다 적군의 매복에 걸렸다. 적의 척탄병들이 그를 잡고 입을 막으면서 소리를 내면 당장 죽이겠다고 위협했지만, 그는 아군을 위험에 빠뜨리지 않기 위해 큰 소리로 "적군이 여기 있다!"고 외치다 살해당했다. 피는 74연대 척탄병으로 1792년 5월 초 오스트리아군에 심한 부상을 입었지만, "장교님, 저는 소총을 끼고 죽어갑니다. 더는 소총을 들 수 없다니 참으로 한탄스럽습니다"라고 말했다. 그는 발랑시엔의 병원으로 호송되어 목숨을 건졌다.

페티옹의 복권

7월 12일 목요일 오전부터 페티옹의 문제를 논의하던 국회는 저녁회의에서 왕의 통보를 받았다. 왕은 도 지도부가 내린 파리 시장 직무정지 처분에 대해 검토한 뒤 추인했고, 그렇게 함으로써 페티옹과 그 지지자들을 한꺼번에 적으로 만들었다. 국회는 페티옹을 불렀다. 페티옹이 들어서자 좌파 의원들과 방청객들이 힘찬 박수로 환영했다.

"여러분, 도 지도부의 결정으로 나는 수많은 위기를 겪으면서 지켜온 시장직에서 멀어졌습니다. 나는 동료 시민들에게 최선을 다해 그 직책을 수행했습니다. 나는 여러분이 나를 위해, 또 나를 박해한 사람들에게도 엄정한 정의를 실현해주시기 바랍니다."

페티옹은 파리 도 지도부가 파리 시정부에 전쟁을 선포한 것은 어제오늘의 일이 아니라고 강조했다. 그들은 파리 시정부를 완전히 통제하려고 원했으며, 자기네 행동만을 시민들에게 각인시키면서 존재감을 과시한다고 비판했다. 그러나 그는 지나친 지배욕을 가진 도 지도부가 시정부를 지지하는 여론의 힘을 이겨낼 수 없을 것이라고 강조했다. 13일 금요일에 의원들은 파리 도 검찰총장 뢰데레Pierre-Louis Roederer의 보고서, 파리 검찰관 마뉘엘의 편지를 차례로 읽었다. 특히 마뉘엘은 그동안 몸살을 앓았으며, 왕이 도 지도부의 결정을 추인했다는 소식을 듣고 양심과 생각을 밝히지 않을 수 없었다고 강조했다. 그는 몸이 회복되면 즉시 자신과 더 나아가서 인민을 모독한 사악하고 비겁한 적들을 꼼짝 못 하게 만들겠다고 장담했다.

전쟁대신 라자르가 전선에서 속속 도착한 비관적인 소식을 전해 들은 뒤, 바르 출신으로 12인비상위원회 소속인 뮈레르Honoré Muraire는 파리 시장 직무정지 명령의 취소문제에 대해 페티옹에게 우호적으로 발의했다. 뮈레르는 페티옹이 20일 아침 6시에 생탕투안 문밖과 생마르셀 문밖에 관리들과 치안관들을 보내 시민들에게 법을 지켜달라고 호소했으며, 파리 시청에 오후 2시 이후까지 머물면서 상황을 통제하려 애썼다고 설명했다. 도 지도부는 파리 시장이 국민방위군 사령관에게 집회를 막으라는 명령을 내리지 않았다고 했지만, 실제로 19일 밤부터 시장은 사령관에게 글로써 명령을 전달했다. 뷔레르는 12인비상위원회가 준비한 법안을 상정했다. 의원들은 상당한 논란을 거친 끝에 원안에 제4조를 추가해서 통과시켰다.

> 제1조. 파리 도 지도부가 7월 6일에 내리고 왕이 11일에 추인한 파리 시장에 대한 명령을 취소한다.
> 제2조. 파리 코뮌 검찰관의 경우 그의 소명을 들을 때까지 판결을 유예한다.
> 제3조. 시장과 시정부 관리들의 직무에 관한 사항을 법원에 이송하는 일을 무효라고 선고한다.
> 제4조. 행정부는 국회가 가결한 이 명령을 오늘 안으로 파리 도와 파리 시에 한 부씩 발송한다.

제3회 전국연맹제

7월 7일, 파리 도 지도부가 시장과 검찰관의 직무를 정지시켰을 때, 국회에서는 스당 시장이며 아르덴에서 뽑힌 보댕Pierre-Charles-Louis Baudin이 공교육위원회 이름으로 "1792년 7월 14일에 거행할 연맹제에서 국회와 왕이 지켜야 할 의전에 관한 법"을 상정했다. 의원들은 이 법안을 위원회가 새로 검토하고 다듬어서 제출하라고 의결했다. 12일 목요일에 공교육위원회는 캉탈의 베롱Pierre Vayron에게 그동안 새로 다듬은 안을 긴급 발의하게 했다. 의원들은 모두 6개조 법안을 심의하면서 대폭 수정을 거쳐 최종적으로 가결했다. 국회의원들과 왕이 모두 연맹의 장에 나간다. 국회의장이 헌법에서 정한 대로 맹세를 하고 나면, 국회의원들이 선 채로 오른손을 들고 "나는 맹세합니다!"라고 외친다. 곧이어 왕도 헌법에서 정한 대로 맹세를 한다. 마지막으로 시민들 차례다. 파리 국민방위군 사령관이 먼저 맹세를 하면, 시민들은 "나는 맹세합니다!"라고 외친다. 연맹제가 열리는 동안, 왕은 국회의장 바로 왼쪽에 앉는다. 그리고 두 사람의 좌우로 의원들이 앉는다. 연맹제에 대한 나머지 사항은 행정부가 정한다.

7월 14일 토요일은 성문헌법을 제정하고 처음 맞이하는 기념일이다. 왕은 5월 말에 근위대 해산법으로 1,800명의 근위대를 잃은 대신 국민방위군 5,000~6,000명의 호위를 받는다. 대신들은 마치 수행하인들처럼 왕의 마차를 호위한다. 왕은 군사학교에서 맹세를 할 시간을 기다린다. 당시 사람들은 그가 튈르리 궁에서 나와 마네주의 국회의원들과 나란히 연맹의 장으로 가는 모습을 보고 싶었지만, 왕이 그러한 장면을 보여주기 싫어했다고 판단했다. 왕이 국회의장의 왼쪽에서 나란히 행사장을 향해 가는 것은 내키지 않을 뿐 아니라 측근들도 말릴 것이 분명하다.

행사를 준비하는 파리 시민들은 그날을 화합의 날로 기리고 싶었으며, 은근히 왕에게 곤혹스러운 일을 연출하려는 계획을 세웠다. 그들은 행사장 북쪽 끝 센 강변에 양버들을 심은 뒤 귀족 가문의 휘장으로 뒤덮었으며, 가지마다 백작이나 남작의 관冠을 씌우고 성령기사단 리본, 황금 줄, 흰 담비 가죽을 두른 외투, 양피지 귀족증서, 그 밖에도 폐지된 귀족제도를 상징하는 온갖 잡동사니를 걸어놓았다. 그들이 왕관을 장식으로 쓰지 않은 것으로 보아, 입헌군주정을 인정하면서 귀족제도를 과거의 유물로 생각했음을 추측할 수 있다. 이러한 추측을 더욱 확실하게 뒷받침해주는 것은 나무 꼭대기에 라파예트 후작의 문장, 라로슈푸코 공작의 문장을 장식했다는 사실이다. 이 족보의 나무l'arbre généalogique 밑에는 장작을 쌓아놓았는데, 연맹제를 진행하는 동안 국회의장과 왕이 거기에 불을 붙일 예정이었다.

또한 시민들은 행사장 남단의 군사학교부터 중앙에 설치한 조국의 제단까지 가는 중간에 "전방에서 죽은 시민들을 기리는" 금자탑을 쌓아놓았다. 그들은 행사에 참여한 모든 이가 그 글을 읽을 때, 나라를 위해 숨진 사람들이 "왕의 배신 때문에" 죽었다는 말을 덧붙여 읽어주기 바랐다. 금자탑의 네 면은 각각 혁명을 위해 죽은 사람들에게 바쳤다. 특히 부이예 장군의 명령 때문에 낭시에서 학살당한 시민들, 그리고 바로 그곳, 연맹의 장에서 바이이와 라파예트가 명령을 내려 학살한 시민들에게 바쳤다. 그리고 "폭군들이여, 두려워하라. 우리가 그들의 복수를 하리니"라고 새겼다.

행사장은 지난해와 달리 새롭게 꾸몄지만 평범하고 활기도 없었다. 특이한 점은 북단에 족보의 나무를 심었고, 행사장을 둘러싼 둑 위에는 83개 도를 나타내는 천막을 쳤으며, 앞에는 5월의 나무를 한 그루씩 심은 뒤 도 이름을 삼색 등불로 밝혀놓았다는 것이다. 결국 연맹제는 파리 주민과 연맹군을 위한 잔치였다. 그들은 국가비상사태에 이러한 행사를 통해 형제애를 나누면서 반혁명세력에 대해 경고하는 효과를 노렸다. 실제 구호에서 나와 너, 우리와 그들이 분명히 갈렸다. 브리소는 『파트리오트 프랑세』에서 이렇게 말했다.

사방에서 사람들은 외치고 또 외쳤다. 국민 만세! 국회의 좌파 의원들 만세! 훌륭한 의원들 만세! 페티옹 만세! 자코뱅 만세! 파리 도를 무너뜨려라! 거부권veto(왕)을 쓰러뜨리자! 그들은 라파예트에 대해서도 계속 욕했다.

브리소는 국회 방청석에 앉아 있던 민중을 단순한 반도인가 아니면 거지 떼인가 의심하던 의원들이 이제는 민중을 확실히 반도로 생각하게 되었을 것이라고 말했다. 그들은 거리를 가득 메운 민중이 계속 왕, 라파예트, 라로 슈푸코를 적대시하는 구호를 외치는 것을 직접 들었기 때문이다.

왕과 그 지지자들의 눈으로 볼 때 '반도'인 파리 주민들은 행사장에 5시에 도착해서 연맹의 장에 튼튼한 사슬을 두른 것처럼 서로 팔짱을 끼고 걸었다. 그들은 자유, 조국, 성실한 대표들, 청렴한 관리들을 기리는 노래를 불렀다. 그들은 작은 인쇄기를 들고 다니면서 가끔 시민의 노래를 인쇄해서 뿌렸다. 인쇄물의 쪽마다 머리말로 '최후수단Ultima ratio'을 넣었다. 이전에는 왕들이 대포에 새기는 문구였지만, 그들은 물리력보다는 평화적인 힘에 의존했다. 프뤼돔은 이렇게 평가했다.

민중은 자신들이 치르는 의식에서 중시하는 물건 가운데 특히 인쇄기를 가져갈 생각을 처음으로 했다. 그들은 쟁기를 가져가지 않았다. 쟁기, 인쇄기, 창! 이 얼마나 큰 교훈인가! 제아무리 모든 폭군이 연합해서 인민을 노예로 만들려고 한들 농사짓고 교육하고 무장하는 인민은 자유롭다.

왕은 총검과 군도가 3중으로 도열한 가운데를 걸어서 행사장에 들어섰다. 1790년 첫 전국연맹제에서 그는 제단까지 가지 않고 단지 의자에서 일어나 맹세를 했지만, 이번에는 중앙에 있는 조국의 제단까지 걸어갈 예정이었다. 그를 보호하기 위해 정규군으로만 편성한 수비대를 도열시켰다. 파리 도와 시의 의용군들은 일반인이 왕의 근처에 가지 못하게 배려했지만, 그들은 이 근거 없는 모욕을 당하고도 별로 기분 나빠하지 않았다. 왕이 제단으로 향하는 동안, 국회의원 중에서도 구체제의 귀족들이 그와 가까이 걸었고, 애국파 의원들은 어느 정도 거리를 두고 따라갔다. 혁명의 주역들, 이른바 7월 14일, 10월 5일, 6월 20일의 주역들과 왕의 사이는 멀었다. 이 주역들 가운데 연맹 군이라는 적절치 못한 이름으로 등장한 사람들이 있었는데, 그들은 각 도에서 소수 집단으로 이 잔치에 참가하려고 파리에 온 상퀼로트였다. 그들이 들고 있는 창은 정규군이 들고 있는 총검과 수적으로 대등했다. 누군가 가마를 타고 행사장에 들어오자, 사방에서 "마뉘엘 만세!", "페티옹 만세!", "라파예트를 오를레앙 감옥으로!", "파리 도 지도부를 오를레앙 감옥으로!"라고 외쳤다. 그러나 피에르 마뉘엘은 아직 국회에서 복권이 되지 않은 상태였고, 페티옹이 가마를 타고 등장할 리도 없었다. 가마에는 사지가 마비된 쿠통 의원이 타고 있었다. 그를 알아본 사람들이 일제히 "쿠통 만세!", "의원들 만세!"라고 연호했다. 그러고 나서 세 번째 연맹제는 절차에 맞춰 착착 진행되었다.

1790년 7월 14일의 전국연맹제(제3권 제3부 8장 참조)는 전 국민의 화합의 장이었으며, 가장 행복한 날이었다. 그러나 이듬해 1791년의 기념일은 달랐다. 왕이 도주하다 잡혀온 뒤에 국회는 왕에 대해 미지근한 태도를 보여주었다. 국회는 서둘러 사태를 봉인하려고 노력했기 때문에 수많은 사람이 실망한 가운데 행사를 치렀다. 이제 1792년 7월 14일의 기념일은 의미가 완전히 달랐다. 대외전쟁, 식민지 생도맹그의 독립투쟁을 겪으면서 국가비상사태를 선포한 상황에서 치른 행사였으니, 과연 다음 해의 기념식을 어떻게 맞이할 것인가? "자유 아니면 죽음"이라는 각오로 반혁명세력과 싸워야 하는 사람들은 절박한 심정을 어떤 식으로 표출할 것인가? 삶의 질이 향상되었다는 사실을 하나도 체감할 수 없었던 그들은 나라를 위험하게 만든 왕과 국회의원들이 기념식에 참석한 모습을 보면서 희망찬 미래를 볼 수 있었을까?

1792년 7월 14일을 모두 기다렸고, 평화롭게 우의를 다지면서 보내기는 했다. 그러나 1790년의 전국연맹제에서 보여준 대대적인 화합의 모습은 찾아보기 어려웠고, 국내외 자유의 적들에게 어떠한 두려움도 불러일으키지 못할 만큼 국론의 분열을 노출한 행사였다.

10
'제2의 혁명'

7월 10일, 왕은 대신들이 사표를 제출했기 때문에 내각을 다시 짜야겠지만 당분간 새로운 대신을 임명할 때까지 그들에게 계속 일하도록 조치했다고 국회에 알렸다. 17일에는 내무대신 테리에 드 몽시엘이 사표를 받아달라고 계속 간청하기 때문에 법무대신 드졸리에게 내무대신을 임시로 겸직시켰다고 알렸다. 21일에는 베르니오의 발의에 따라 의원들이 왕에게 내각을 개편하라고 권유하는 안을 채택하고 난 뒤, 왕은 해군대신으로 뒤부샤주François Joseph de Gratet, vicomte du Bouchage와 내무대신으로 샹피옹Clément Felix Champion de Villeneuve을 임명했다고 국회에 통보했다. 러시아군이 폴란드를 점령한 23일에는 전쟁대신으로 아방쿠르Charles-Xavier Joseph de Francqueville d'Abancourt를 임명하고 해군대신 뒤부샤주에게 외무대신 겸무를 명령했다. 그리고 30일에는 르루 들라빌René Le Roulx de La Ville을 국세대신에 임명하고, 8월 1일에야 외무대신으로 비고 드 생트 크루아Claude Bigot de Sainte-Croix를 임명해 조각을 겨우 마쳤다. 5월부터 더욱 엄중하고 급박하게 위기가 가중되는 현실을 여러 번의 내각 개편으로 이해할 수 있다.

포병들의 잔치

바르바라 성인La Sainte-Barbe은 전함의 포대장의 방, 포탄과 화약을 두는 장소를 가리키는 이름이 되었다. 민중은 바르바라 성인이 하느님에게 가장 가까이 있는 존재라고 말한다. 그럼에도 그가 어떻게 해서 대포와 연결되기 시작했는지는 분명하지 않다. 아무튼 아주 옛날부터 프랑스 포병들은 그를 수호성인으로 삼았다. 피유 생토마 포병대 대원들은 12월 4일인 바르바라 성인의 축일을 혁명이 촉발된 7월 11일로 바꾸겠다고 했다. 1789년 7월 11일은 정규군 포병들이 전제주의에 등을 돌리고 시민들을 지원하기로 결심했으며, 왕은 재무총재 네케르를 해임해 그를 지지하던 사람들이 파리에서 시위를 일으키는 동기를 제공한 날이다.

그날이 되면 아침부터 모든 대포의 구멍에 참나무 잎을 장식한 뒤 코뮌의 집 앞으로 끌고 간다. 정규군 포병들이 선두에 서서 코뮌의 집 앞에 도착하면 대포를 한 방 쏜다. 그러고 나서 대포를 끌고 자유의 광장(바스티유 터)으로 가서 기념탑 주변으로 빙 둘러 정렬한 뒤 바스티유를 정복한 시간이 되기를 기다린다. 오후 4시부터 5시 사이에 모든 대포를 발사한다. 이 소리는 파리 전역에 가장 영광스러운 순간이 왔음을 알리고, 모든 남녀 시민이 자유의 상을 중심으로 빙 둘러선 대포의 울타리 안에서 춤을 춘다. 참나무 잎으로 머리를 장식한 정규군 포병들은 의용 포병들과 우애를 다진다.

모든 대포의 포신에는 '왕들의 최후수단Ultima ratio regum'이라는 명문이 있었는데, 오만하고 사리에 어긋나는 문구 대신 '폭군들에 대한 인민의 최후수단Ultima ratio populi contra tyrannos'이라고 바꾸고 싶었다. 왜냐하면 폭군들은 대포소리를 들어야 정신이 번쩍 들고 항복하기 때문이다. 그러나 1792년의 상황이 좋지 않은 데다 문구도 너무 급작스럽게 정했기 때문에, 이번만큼은 7월 22일에 거행하기로 결정했다. 파리의 포병들은 전국의 동료들에게 회람을 돌려 매년 7월 11일을 포병 축제의 날로 정하는 것이 어떠냐고 물었다.

전방 소식

7월 15일에는 사를루이Sarrelouis에서 트리어(트레브)에 프로이센군이 들어와 프랑스인을 적대시한다는 보고가 국회에 들어왔다. 칼바도스 도의 주교 의원인 포셰는 파리에 있는 정규군이 왜 전방으로 떠나지 않는지 묻고, 빨리 내보내자고 발의했다. 의원들은 멘에루아르의 슈디외Pierre-René Choudieu가 만든 긴급법안을 처리해 정규군을 파리에서 전방으로 내보내기로 했다. 그리고 라파예트를 벌하라는 의원들과 청원자들의 제안은 당분간 심의하지 않기로 했다. 연맹제 참가자들이 국회에서 행정부의 권한을 정지시키라고 청원했다. 의원들은 전방에 있어야 할 뤼크네 대원수가 왕의 명령을 받고 파리에 왔다는 소식도 들었다. 자코뱅 클럽에서 비요 바렌은 왕을 유형에 처하고, 모든 행정부를 인민이 지명하고, 능동시민과 수동시민이 모두 참가하는 기초의회를 열어 국민공회를 만드는 준비를 하도록 요구했다.* 이튿날인 16일에 전쟁대신 라자르는 제헌의원으로 활동하다가 군대에 복귀해서 라파예트의 휘하에서 복무한 뒤 동남부 전선에서 복무하던 몽테스키우 장군에게 오랭과 바랭에 보낼 병력과 망명장교들의 명부에 대해 조사하라는 명령을 내렸다는 사실을 국회에 통보하면서 뤼크네 대원수가 파리에 온 경위에 대해서도 설명했다. 의원들은 대원수를 국회에 출석시켜 군사작전에 대해 청

---

* Discours de M. Billaud-Varenne sur les mesures à prendre pour sauver la patrie, prononcé à la séance du 15 juillet 1792, l'an IV de la liberté.

문하기로 했다.

뤼크네 대원수는 17일에 국회에 답장을 보내 군대의 상황에 대해 말했다. 프랑스 군대는 아직 조직을 완전히 갖추지 못했다. 적군의 병력과 균형을 맞추기에는 턱없이 부족하다. 전방의 주둔지와 참호 진지에 배치된 병력은 6만 명이 안 된다. 국회에서도 헌법이 허용하는 방법을 찾아 군대를 보강해주기 바란다. 대원수는 어떠한 음모에 가담한 적이 없으며, 헌법과 왕에게 한결같이 충성하고 목숨을 바쳐 지키겠다고 강조했다. 그는 훌륭한 시민들의 단결만이 프랑스를 구한다고 덧붙였다. 그는 왕으로부터 중부군과 랭군을 함께 지휘하라는 명령을 받았다고 했다. 왕은 비롱 장군이 그를 도와주도록 조처했다. 기껏해야 4만 명이 넘지 않는 2개 군을 지휘해서 오스트리아와 프로이센 연합군 20만 명과 망명자 군대 2만 2,000명에 맞서야 했다. 대원수는 한마디로 전방을 지키는 일이 거의 불가능하다고 말했다. 또한 그는 정규군이 충원되기는커녕 날마다 줄어든다고 하소연했다. 충원하려고 백방으로 노력했지만, 두 달 동안 20명도 모집하지 못했다. 국민방위군 부대도 조직을 완전히 갖추지 못했다. 군기도 약했다. 의원들은 뤼크네의 답장과 동봉한 문서들을 읽으면서 침통해졌다. 그러나 18일 수요일에 센에우아즈 의원인 르쿠앵트르는 뤼크네가 12인비상위원회에서 진술할 때 국회에 보낸 편지 내용과 전혀 다른 말을 했다고 하니, 비상위원회로 하여금 19일에 조사 결과를 보고하도록 하자고 주문했다. 뒤몰라르는 거짓말하지 말라고 반발했고, 다른 의원들은 르쿠앵트르를 지지했다.

국회에는 뒤무리에 장군이 보낸 소식도 들어왔다. 그는 뤼크네 대원수 밑에서 임시로 지휘관 노릇을 한 과정, 오스트리아군에 빼앗겼던 오르시Orchies를 탈환한 결과를 보고했다. 20일에 가데는 12인비상위원회의 보고자로 나서 뤼크네 대원수 청문 결과를 보고했다. 비상위원회에서 그는 전선의 주둔지와 참호 진지에 배치된 3군을 모두 합쳐도 6만 명을 넘지 못한다고 대답했다. 그리고 각 부대의 전쟁위원회 위원들은 권위를 인정받지 못해서 그들의 명령이 제대로 통하지 않는 상태였다. 대원수는 국회가 군대를 통솔할 위원들을 파견해달라고 부탁했다. 대원수는 국회가 마련한 방법대로 병력을 충원하되 시간을 늦춰서는 안 된다고 강조했다. 또한 왕국의 모든 자치행정부가 세 명씩 무장을 갖춰 보내도록 해달라고 요구했다.

파리 시정부가 국가비상사태를 선포하다

7월 21일 토요일에 의원들은 라파예트를 처벌해달라는 청원을 주제로 토론했다. 뒤몰라르는 라파예트가 영웅이라고 강조하면서 그의 문제를 더는 거론하지 말자고 호소했다. 좌파 의원들은 그의 연설을 들으면서 빈정거리듯이 웃음을 터뜨렸고, 방청객들도 야유를 보냈다. 우파 의원들은 의장에게 방청객들을 정숙하게 해달라고 항의했지만, 방청객들은 아랑곳하지 않고 뒤몰라르의 연설을 방해했다. 뒤몰라르는 라파예트가 얼마나 혁명에 이바지했는지 똑똑히 기억하자고 말했다. 그러자 방청석의 어느 여인이 "샹드마르스에서 한 일"을 기억하라고 외쳤다. 어떤 의원은 그 여성이 그날 자식을 잃었다고 말했다. 뒤몰라르가 긴 발언을 끝내자, 이번에는 세르의 주교 의원인 토르네Pierre-Anastase Torné가 뒤몰라르 의원 못지않게 장황한 연설로 라파예트의 죄상을 밝히면서 좌파 의원들의 지지를 받았다.

첫째, 그는 자기 휘하의 군대에 명령을 내려 국회에 왕국의 운영에 관해 청원하게 만들었습니다. 둘째, 하수인들을 동원해서 청원서에 부하들의 서명을 구걸했습니다. 셋째, 자신이 직접 또는 하수인들을 동원해 국내에서 다른 파벌들과 싸워야 할 때 부하들로 하여금 자신을 따르라고 제안했습니다. 넷째, 자기 부대가 위험에 처했고 공격받을 수 있는 상황이었음에도 근무지를 무단이탈했으며, 실제로 그의 전위부대가 피해를 입었습니다. 다섯째, 군대를 지휘해야 할 때임에도 국회 증언대에 나타나 국내 행정에 대해 청원했습니다. 여섯째, 자신의 바람과 일치하는 부하들의 바람을 입법부에 제출했습니다. 일곱째, 자코뱅 클럽이라고 알려진 민중협회들을 해산하라는 위헌적인 바람을 표명했습니다. 그렇게 해서 결국 적국들과 똑같이 생각한다는 사실을 드러냈습니다. 이 모든 이유로 나는 국회가 라파예트 장군을 고소하는 명령을 내려야 한다고 생각합니다.

또다시 의원들이 양편으로 갈려 설전을 벌였다. 방청객들이 웅성거리고 아우성치고 휘파람까지 불어 분위기를 엉망으로 만들었다. 어떤 연맹제 참가자가 눈에 띌 만큼 큰 야유의 몸짓으로 시선을 끌었다. 우파 의원들이 일제히 일어나 의장에게 그를 체포하라고 다그쳤다. 의장은 수비대장에게 체포명령을 내렸다. 방청객들이 이 명령에 저항하는 뜻으로 자리에서 일어나 더 큰 소리를 질렀다. 의장이 모자를 쓰니 조금씩 질서를 회복했다. 연맹제 참가자를 퇴장시키려고 하자, 그는 격하게 반발하면서 다시 소리를 질렀다. 의장이 다시 모자를 쓰고 질서를 회복했다. 파리 시민들 가운데 라파예트를 지지하는 축보다 증오하는 축이 더 많았음에도 국회에서는 여전히 그를 보호하려는 사람들이 많은 것에 방청객들도 분노했음을 이 사건으로 알 수 있다.

7월 22일 일요일, 아침부터 대포소리가 한 시간 간격으로 하루 종일 울렸다. 시정부 관리들은 10시에 코뮌의 집을 나섰다. 그들은 말을 타고 두 패로 나뉘어 행진했고, 한가운데에는 국민방위군이 "시민들이여, 조국이 위험하다"라는 구절을 써넣은 대형 삼색 깃발을 들고 있었다. 그리고 자유, 평등, 공개성publicité, 책임감responsabilité이라고 쓴 향도기guidon가 이 대형기를 호위했다. 행렬의 앞뒤로 대포 여러 문을 배치했다. 국민방위군 병력이 여러 부대로 나뉘어 그들 뒤를 따라갔다. 시정부 관리들 앞에서 그날의 상황에 맞게 편곡한 음악을 연주했다. 그러나 길에서 그들을 보는 구경꾼들은 별다른 재미를 느끼지 못했고, 행사에 참가한 국민방위군들도 싫증을 느꼈다. 하기야 국민방위군들은 지난 3년 동안 온갖 행사를 물리도록 치렀으니 어지간한 행사가 아니고서는 감흥이 일어날 리 없었다. 그들의 행렬은 하루 종일 파리 곳곳을 돌았다.

그날은 시내에 있는 광장마다 층계식 무대를 설치하고 그 위에 천막을 쳤다. 천막의 지붕에는 참나무 잎을 다발로 엮어서 장식하고, 양쪽에 창 하나씩 세우고 자유의 모자를 씌웠다. 천막 앞에는 구의 깃발을 놓았다. 거기서 행정관이 현장懸章을 두른 채 조국을 구하러 전방으로 달려가려는 시민들의 이름을 적었다. 무대로 올라가는 층계와 난간이 있고, 무대 앞에는 대포 2문을 설치해놓았다. 광장에는 의용군이 되려는 젊은이들로 북적거렸다. 혁명기에서 가장 감동적인 광경이라고 말하는 사람이 있었지만, 좀더 냉소적인 사람은 이렇게 물었다. 도대체 어떤 장교의 지휘를 받으면서 적과 싸우는지 아는가? 더 나아가 그는 장교란 거의 모두 귀족 출신이며, 라파예트 같은 사람이 병사들을 도살장으로 끌고 간다고 한탄했다. "젊은이들이 앞다투어 전방으로 달려가는 모습을 튈르리 궁의 덧창 뒤에서 보며 잔인하게 웃는 소리가 들리지 않는가?" 그러나 젊은이들은 22일부터 연일 의용군 명부에 이름을 올렸다.

이런 식으로 젊은이들을 전장으로 달려가게 만든다면 전국에서 20만 명 이상을 새로 뽑을 수 있었다.

모든 계급의 시민이 등록했으며, 특히 상퀼로트 계층도 열심히 참여했다. 플라스 루아얄(왕립광장, 나중에 플라스 데 보주로 개칭)에서는 성나자로회의 젊은 수도사 세 명도 참여했다. 기혼자, 외아들도 참여하고 싶어했다. 22일부터 매일 저녁에 행정관들은 그날 받은 명단을 정리해서 코뮌의 집으로 돌아갔다. 청소년부터 성인 남성까지 즐겁게 노래 부르고 춤추면서 행정관의 뒤를 따라 그레브 광장까지 행진했다. 행정관은 코뮌의 집에 도착해서 명부를 내려놓고 "오늘 수확입니다"라고 말하면서 어깨를 으쓱했다. 젊은이들은 무기를 달라고 재촉했으며, 한시라도 빨리 출발하자고 성화였다. 실제로 23일 이후에는 젊은이들의 행렬이 큰 길을 따라 이동하는 모습을 볼 수 있었다. 그들은 자기가 종사하던 직업을 나타내는 옷을 입은 채 등짐을 지고 걸었다. 그들을 배웅하는 부모와 연인들이 눈물을 흘리면서 뒤를 따랐다. 다시는 만날 수 없으리라는 불길한 예감 때문에 더욱 힘들었으리라. 그러나 의용군은 애써 슬픔을 감추려는 듯 더욱 힘차게 "국민 만세!"라고 외쳤고, 근처에 있는 사람들도 함께 외쳐달라는 것처럼 목청을 뽑았다.

루이 16세를 폐위하라

7월 25일 수요일에 크루아 루주 구의 시민들이 국회에 찾아왔다. 그들의 대표는 나라가 엄중한 상황에 처했기 때문에 한 가지 제안을 하겠다고 말했다.

"우리는 살인을 권장하지 않습니다. 프랑스 시민에게 어울리지 않기 때문입니다. 우리는 행정권의 정지를 제안하지 않습니다. 이 조치는 위헌이기 때문입니다.

의원 여러분, 조국이 위험합니다. 단순하고 손쉽게 집행할 수 있는 조치를 취하십시오. 행정권의 자격을 박탈한다고 선언하십시오. 여러분은 그렇게 할 수 있습니다. 헌법을 가지고 있기 때문입니다."

그날 저녁에 모콩세이Mauconseil 구의 대표단도 국회에서 청원했다. 그들의 대표는 행정부의 권한을 박탈하는 것만이 프랑스를 구하고 라파예트를 벌하는 유일한 조치라고 강조했다. 바스티유 터에서 연맹제 참가자들을 위한 연회를 벌인 26일에도 국회에는 청원이 잇달았다. 뤽상부르 구의 대표단은 왕을 폐위시키고, 라파예트를 고소하고, 파리 도와 디스트릭트 지도부 판사들을 다시 뽑는 동시에 군 참모부를 해임해달라고 요구했다. 이어서 카트르 나시옹Quatre-Nations 구 대표단이 들어왔다.

인민의 대표들이시여, 조국이 위험합니다. 하나로 뭉치자고 외치는 소리가 방방곡곡에 퍼지고 있습니다. 조국이 위험합니다. 그렇다면 헌법이 위험한 것인가요? 우리의 자유도 위험한가요? 따라서 우리는 또다시 끔찍한 노예로 전락할까봐 두려워해야 합니까?

조국을 위험에 빠뜨린 자, 누구입니까? 입법가 여러분입니까? 프랑스 시민들입니까? 헌법입니까? 헌법기관들입니까? 조국을 구하려면 어떻게 해야 합니까? 인민은 조국을 구해야 한다고 생각하고 구하기를 원합니다. 인민은 진정한 주권자로서 그들의 의지만이 법을 만듭니다. 인민이 원하면 조국을 구할 수 있습니다.

조국을 위험에 빠뜨린 자, 여러분이 아닙니다. (……) 프랑스 시민들도 아닙니다. 지난 4년 동안 우리는 온갖 희생과 피로와 감시와 인내심으로 탈진했습니다만, 조국이 위험하다는 목소리를 듣자마자 의연함, 힘, 단

결의 3중 갑옷으로 무장했습니다. 복수의 날이 다가오니 모든 폭군이 부들부들 떨고 있습니다. 우리는 죄인들을 알고 있습니다. 역적, 반도, 폭군의 숨통을 한 방에 끊어버리겠습니다.

대표는 헌법이 가장 높은 곳에서 모든 법과 인민의 안전을 굽어보고 있기 때문에 헌법이 무장하면 인민이 조국을 안전하게 구할 수 있다고 말했다. 헌법이 조국의 안보와 직결된다. 헌법과 조국을 구하는 방법이 헌법 속에 모두 들어 있다. 헌법을 구하는 권리는 신성하다. 조국이 위험하니 시민들은 무기를 들자. 국회의원들도 국민이 맡긴 무기를 들어야 한다. 인민이 명령하면 모두가 그 명령을 따라야 한다.

조국을 위험하게 만든 자는 헌법기관들입니까? 그렇습니다. 왕, 대신들, 그들과 연합한 도 지도부들, 행정부의 나쁜 하수인들, 인민이 위임해준 권한을 악용하는 역적들, 왕실비를 받는 노예들, 이들이야말로 조국을 위험에 빠뜨린 공모자들입니다.

대표는 국회의원들에게 그들을 벌하기가 두려워서 가만히 침묵하고 있는지 매섭게 쏘아붙였다. 조국이 위험하다고 선언했으면서 왜 누가 위험하게 만들었는지 말하지 않는가? 빨리 말하라! 대표자는 140명이 서명한 청원서의 마지막 단락을 읽었다.

인민은 여러분이 했던 국가비상사태 선언을 완성하기를 기다립니다. 인민이 힘과 권능을 부여해주었는데, 여러분은 도대체 무엇을 기다립니까? 조국을 구하시오, 아니면 조국에게 스스로 목숨을 구하라고 말하시오. 7월 14일의 주인공들은 준비를 갖췄습니다. 자유가 아니면 죽음입니다. 시민들이여, 무기를 듭시다. 조국을 절대로 위험한 상태로 놓아둘 수는 없습니다.

이른바 '애국자들'은 날마다 왕의 자격정지, 더 나아가 폐위를 주장했다. 그들은 내전을 두려워했다. 심지어 오스트리아와 프로이센 연합군을 지휘하는 브룬스비크 공*에게 프랑스 왕관을 씌워주는 편이 낫겠다고 말하는 사람도 있었다. 외국 군대가 위협하고, 국내의 혼란이 나라를 갈가리 찢고, 대신들이 편파적으로 법을 집행하고, 장성들이 국민을 배반하고, 군인들이 무기와 보급품을 제대로 지급받지 못하며, 거의 모든 헌법기관이 왕과 공모하고, 왕실비를 가지고 국회의원들을 매수하고, 튈르리 궁의 내각은 노골적으로 비엔나와 베를린의 내각과 내통하고, 망명객들이 왕과 이해관계로 얽혀 있고, 프랑스 귀족, 성직자, 외국의 폭군들과 루이 16세가 한통속이고, 국민의 적인 사람들과 공모자를 수장으로 받드는 상황을 끝내려면, 왕을 폐위하고 새 헌법을 만들 국민공회Convention nationale를 설립해야 한다는 여론이 형성되고 있었다. 파리의 48개 구는 원활히 소통하기 위해 7월 27일에 '중앙통신국bureau central de correspondance'을 설치하고 급변하는 정세에 긴밀하게 대응해나갔다.

---

* Charles-Guillaume-Ferdinand de Brunswick-Wolfenbüttel, 독일 이름은 Karl Wilhelm Ferdinand von Braunschweig-Wolfenbüttel이다.

샹젤리제 사건

7월 30일 월요일에 국회에서는 군사위원회가 수동시민도 능동시민처럼 국민방위군에 복무하도록 하자는 법을 통과시켰다. 그날, 혁명을 구하려고 이웃 아를*로, 또 전방으로 달려가던 용감한 사람들이 파리에 도착했다. 그들은 남프랑스의 항구도시 마르세유에서 출발했다. 모두 516명이 대포 3문을 끌고 샤랑통에서 자고 생탕투안 문밖에 도착한 뒤 파리 문안으로 이동했다. 파리 시장은 마르세유 의용군이 묵을 숙소를 샹젤리제 근처에 마련해주었다. 그들은 상테르가 생탕투안 문밖 주민들과 함께 샹젤리제의 왕립 정원에 있는 음식점에 마련한 형제애의 잔칫상과 함께 해방자로 환영받았다.

마침 근처 식당에는 피유 드 생토마, 프티 페르의 척탄병들, 국민방위군 복을 입고 신분을 위장한 수비대 병사들, 생루이 기병들, 스위스인 부대 부사관들, 튈르리 궁 소속의 인사들과 하인들이 어울리고 있었다. 그들은 어떤 참석자가 제공한 로타Rota 포도주를 신나게 마시다가 "국민 만세!", "연맹군 형제들 만세!", "용감한 마르세유 형제들 만세!"라고 외치는 소리를 들었다. 그들은 아니꼽다는 듯이 "왕 만세!", "왕비 만세!", "라파예트 만세!"라고 도발했다. 음식점 밖에 있던 시민들은 야유와 욕을 퍼부었다. 척탄병들이 발끈해서 바깥으로 뛰쳐나가며 칼을 뽑았다. 시민들은 마르세유 의용군에게 도와달라고 했다. 젊은 용사가 혼자 바깥으로 뛰쳐나갔지만, 곧 군복을 입은 왕의 친구들에게 둘러싸여 폭행을 당했다. 그가 매 맞는 소리를 들은 동료들이 재빨리 뛰어나갔다. 그들은 숙소에 짐을 두고 나왔기 때문에 대부

---

* 제2부 1장 "민중협회들의 활동" 참조.

분 맨손이었지만 왕의 친구들에게 마구 덤벼 도망치게 만들었다. 왕의 친구들은 160명이었으니, 수적으로 열세인 그들이 현장에서 도주하는 것이 최선이었다.

도주하는 척탄병 가운데 권총을 가진 사람은 뒤따르는 사람을 향해 발사하기도 했다. 뒤아멜Duhamel은 마르세유 용사에게 총을 쐈지만 맞히지 못했다. 그는 도주해서 어떤 카페로 들어갔다가 뒤를 쫓던 사람들에게 붙잡혀 죽고 말았다. 튈르리 궁에서는 도주하는 척탄병들이 몰려들자 도개교를 내려주어 그들을 받아준 뒤 얼른 다시 올려 추격자를 막았다. 파리 국민방위군 사령관과 부관들이 파리에 큰불이라도 난 것처럼 황급히 파리 시청에 모였다. 시장은 그때 시내 이곳저곳을 바쁘게 돌아다녔지만, 사건은 이미 끝나고 아무도 만나지 못했다. 그는 마르세유 의용군의 숙소로 찾아갔다. 상테르와 생탕투안 문밖의 사람들과 함께 있던 의용군은 그를 환영했다. 그들은 아주 신경이 날카로운 것 같았지만, 시장에게 더는 그 일을 생각하지 않겠다고 약속했다. 그들은 도주하던 척탄병 두 명을 잡았는데, 시장 앞에서 풀어주었다.

국민방위군 사령관 아클로크는 튈르리 궁의 마음에 들기 위해 이 사건을 특별하게 꾸몄다. 국민방위군 대대들에 북을 치면서 대포를 끌고 거리마다 행진하고, 튈르리 궁의 마당마다 모이도록 했다. 그러나 그는 별다른 명령을 내리지 않아서, 결국 파리 전역을 경계태세로 몰아넣었다고 심한 질책을 받았다. 한편, 피유 생토마 척탄병들은 도주한 행위를 부끄럽게 여기고 복수를 결심했다. 그들은 부대원들과 국민방위군도 끌어들인 뒤, 대포를 여러 문 동원해서 마르세유 의용군이 지나갈 코메디 이탈리엔 극장 앞에 설치했다. 그러나 다행스럽게도 그 이상의 불행한 일은 일어나지 않았다. 왕은 30일에 일어난 사건을 보고받은 뒤, 법무대신에게 사건에 관련된 범죄자를 형사법원에 고발하라고 명령했다. 또한 31일에는 파리 도, 시정부, 모든 민간과 군대의 공무원들에게도 헌법에 의거해 질서와 평화를 회복할 수 있는 방안을 찾으라고 명령했다. 그리고 시민들은 삼색 표식을 달고 법을 잘 준수해달라고 호소했다. 프뤼돔은 『파리의 혁명』(160호)에서 원래 29일에 척탄병들의 회식자리를 마련하려고 했다가 30일로 연기했는데, 그것은 과연 우연이었을까 하고 물었다.

브룬스비크 공의 선언

7월 28일부터 프랑스인을 협박하는 문서가 시중에 나돌았다. 이른바 브룬스비크 공의 선언문*이었다. 이 성명서는 7월 25일, 코블렌츠에서 발표한 것으로 알려졌지만, 대부분의 사람은 왕실비를 받는 하수인들이 튈르리 궁에서 작성해서 다량으로 퍼뜨린 풍자문이라고 생각하면서 일종의 심리전을 노리는 문서로 치부했다. 그러나 며칠 후 그 문서가 실제로 외국의 연합군 총사령관이 직접 작성하고 서명한 것임을 확인할 수 있었다.

> 황제와 프로이센 왕은 내게 프랑스 국경에 집결한 연합군 총사령관직을
> 맡기셨다. 나는 프랑스 왕국의 주민들에게 두 분의 지배자들이 어떤 동
> 기와 의도에서 연합군을 진격시킨 조치를 취하셨는지 알리고자 한다.

---

* 「황제와 프로이센 왕의 연합군 총사령관 브룬스비크 공작이 프랑스 주민들에게 고함Déclaration de S.A.S. le duc régnant de Brunswick-Lunebourg, commandant les armées combinées de LL. MM. l'empereur et le roi de Prusse, adressée aux habitans de la France」.

이렇게 시작하는 선언문은 한마디로 프랑스인의 생명을 노골적으로 위협하는 내용이었기 때문에 민심은 크게 동요했다. 첫마디부터 프랑스가 알자스와 로렌의 독일계 군주들의 권리와 소유물을 마음대로 처분하고, 국내에서는 합법적 정부를 뒤집어엎으면서 왕과 가족에게 폭력과 위해를 가했다고 비난했다. 그래서 황제와 프로이센 왕은 프랑스의 무정부상태, 왕과 종교에 대한 공격을 멈추게 하고 합법적 정권을 회복해 왕에게 자유와 안전을 되찾아주는 동시에 그가 합당한 정통 권위를 행사할 수 있도록 만들고자 결심했다. 브룬스비크는 프랑스인을 둘로 나누어, 지금까지 소수 당파의 과격하고 과도한 행위에 숨죽이고 살던 대다수 선량한 사람은 압제자들의 역겨운 행위에 대해 공개적으로 자기 의견을 말할 수 있을 날을 애타게 기다렸다고 강조했다. 그래서 그들을 도와주는 것이 정의를 실천하는 길임을 천명했다.

이러한 관점에서 아래와 같이 서명한 나는 연합군 총사령관으로서 다음과 같이 선언한다.

1. 두 연합국은 어쩔 수 없는 사정으로 이번 전쟁에 휘말렸다. 따라서 오직 프랑스의 행복만 위해서 싸우겠으며, 정복에 따른 어떠한 이익도 취할 생각이 없다.

2. 두 나라는 프랑스 내정에 간섭할 의사가 전혀 없다. 오직 왕, 왕비, 가족을 구출하고, 왕이 위험과 장애가 없는 상태에서 신민의 행복을 위해 적절하다고 판단하는 모든 조치를 취할 수 있게 만들어주고자 한다.

3. 두 나라는 왕에게 복종할 모든 사람의 신체와 재산, 모든 도시, 읍, 마을을 보호할 것이며, 프랑스 전역에 질서와 치안을 즉시 회복할 것이다.

4. 두 나라 연합군이 프랑스에 도착할 때까지, 또는 달리 명령을 내릴 때까지, 국민방위군이 임시로 도시와 농촌의 질서, 모든 프랑스인의 신체와 재산의 안전을 책임지도록 한다. 만일 이 명령을 거역하면 개인적인 책임을 묻겠다. 그러나 두 나라 연합군과 맞서 싸우거나 무기를 드는 국민방위군에 대해서는 적대시할 것이며, 왕에 대한 반역자인 동시에 공공질서의 파괴자로 엄벌할 것이다.

5. 프랑스 정규군의 장성, 장교, 부사관, 병사들도 정통 군주인 왕에게 옛 날처럼 충성심을 회복하고 당장 복종하라.

6. 도, 디스트릭트, 시정부의 관리들도 자기가 관리하는 영역에서 모든 종류의 범죄, 방화, 살인, 약탈 등 범죄행위를 막으려고 노력하지 않거나 방관할 때 신체상·재산상의 책임을 져야 한다. 또한 독실한 기독교도인 왕(루이 16세)이 완전히 자유로운 상태에서 업무에 복귀하거나, 그의 이름으로 명령을 내릴 때까지 임시로 그들의 임무를 계속 수행할 것이다.

7. 도시, 읍, 마을 주민으로서 연합군을 향해 평원이나 창문 또는 문에서 총격을 가하고 저항하면, 전쟁에 관한 법을 엄격히 적용해 당장 벌할 것이며, 그들의 집을 철거하거나 태울 것이다. 그러나 연합군에게 문을 열어주면서 왕에게 복종할 의사를 밝히는 주민은 즉시 안전하게 보호할 것이다. 그들 모두와 각자의 신체, 동산과 부동산을 법으로 안전하게 보호해줄 것이다.

8. 파리 시와 모든 주민은 당장 왕에게 복종하고, 왕을 완전한 자유의 상태로 돌려놓고 그와 가족 전원의 절대안전을 보장하라. 또한 자연과 인간의 법에 따라 신민으로서 존경의 예를 갖추라. 황제와 프로이센 왕은 이 모든 사건에 대한 책임이 모든 국회의원, 도, 디스트릭트, 시정부,

파리 국민방위군, 치안판사들에게 있다고 생각하며, 그들을 사면하지 않고 군사재판에 부치겠다고 말씀하셨다. 만일 튈르리 궁을 침입하거나 모욕하는 경우, 조금이라도 폭력을 행사하는 경우, 왕, 왕비, 가족의 존엄성을 조금이라도 훼손하는 경우, 그들의 안전, 신체의 보전, 자유를 즉시 회복시키지 않을 경우, 두 군주는 영원히 잊지 못할 보복의 군사작전을 실시하겠다고 약속하셨다. 파리를 군사적으로 처단하여 완전히 파괴할 것이며, 모든 반란자에게 응분의 형벌을 내리겠지만, 파리 주민 가운데 독실한 기독교도인 왕을 도와주는 사람에게는 그동안의 잘못과 실수를 용서해주고, 위에서 내린 명령에 즉각적으로 정확하게 복종한다면 신체와 재산도 확실히 보호해주겠다고 약속하셨다.

끝으로 두 군주는 완전히 자유로운 왕이 반포하는 법만이 프랑스 법으로 인정할 수 있다고 생각하면서 왕, 왕비, 가족이 실제로 안전하지 못한 상태에서 독실한 기독교도 왕의 이름으로 나오는 모든 종류의 선언의 진실성에 대해 이의를 부르짖는다고 말씀하셨다. 이에 따라 두 군주는 독실한 기독교도 왕이 왕국의 국경에서 가장 가까운 도시 가운데 왕비와 가족이 지낼 만한 곳을 지정해달라고 권유하셨다. 두 군주는 독실한 기독교도 왕을 그곳으로 안전하게 호송해 그가 안전한 상태에서 주위에 대신들과 자문위원들을 불러 국내 질서를 회복하고 행정을 통제할 수 있도록 배려하겠다고 약속하셨다.

마지막으로 나는 앞에서 말한 총사령관의 자격으로 내 이름을 걸고 말한다. 나는 내가 지휘하는 연합군을 항상 엄정한 규율로 다스리겠으며, 평화롭고 잘 복종하는 선량한 신민들을 온화하고 온건하게 다루겠으며, 저항하거나 나쁜 의지를 드러내는 범죄자들을 무력으로 응징하겠다고 선언한다.

바로 이러한 이유에서 왕국의 모든 주민에게 내가 지휘하는 군대의 행진과 작전에 맞서는 대신 그들을 자유롭게 들어가도록 호의를 보여주는 동시에 필요한 경우 돕고 지원해달라고 가장 강력하고 즉각적으로 권고한다.

1792년 7월 25일, 코블렌츠 총사령부에서
샤를 기욤 페르디낭 브룬스비크 뤼네부르크 공작 씀.

브룬스비크 공은 27일에 추가성명을 발표했다. 그는 25일의 성명에서 "파리와 주민들에게 루이 16세와 가족을 조금이라도 모욕하거나 건드리면 가장 끔찍한 벌을 주겠다"고 경고했음을 다시 한번 강조함으로써, 자기가 프랑스인에게 고한다고 했지만, 사실상 파리와 그 주민에게 모든 책임을 지우고 있음을 설명했다. 그의 주목적은 25일자 성명의 제8항에 있었다. 그러나 그는 파리로 가는 길목에 있는 주민들을 먼저 복종시킬 필요가 있었기 때문에 "모든 프랑스인에게 알리는 글"로 만들어야 했다.

파리에는 벨기에와 맞닿은 국경도시를 침공당했다가 탈환하는 소식과 함께 이 성명서가 큰 혼란을 부추겼다. 국회에는 날마다 왕을 폐위하라는 청원이 들어왔고, 엎친 데 덮친 격으로 마르세유 의용군과 튈르리 궁을 지키는 척탄병들의 충돌사건이 일어나 왕은 더욱 곤혹스러운 상태였다. 그는 가만히 있을 수 없었다. 8월 3일 금요일에 루이 16세는 국회에 보낸 편지에서 며칠 전부터 파리에는 이른바 브룬스비크 공의 선언문이 돌아다니는데, 과연 그가 쓴 성명서가 맞는지 잘 모르겠다고 말했다. 프랑스 국경에서 가까운 독일 지방의 여러 궁전에 나가 있는 대사들 가운데 그 누구도 그 글을 보내지 않았지만, 그 글이 공개된 이상 자신의 심경과 원칙을 담은 성명서를 발표하겠다고 말했다.

프랑스는 연합세력의 위협을 받고 있습니다. 우리는 하나로 뭉쳐야 합니다. 현재 분열을 보고 앞으로 닥칠 불행을 생각하면 가슴이 미어집니다. 그러나 내가 인민의 피와 운명을 소중히 여긴다는 사실을 아는 사람들은 내 불안과 슬픔을 잘 아실 것입니다.

인민에게 가장 필요한 것이 평화이며 왕들의 첫 의무이므로, 나는 즉위할 때부터 평화를 사랑했습니다. 그러나 국민 대다수와 국회가 여러 번 분명히 밝힌 바람에 따라 나는 내각이 한마음으로 내린 결정을 따르기로 결심했습니다.

전쟁을 선포한 이상, 나는 성공을 위해 어떤 수단도 무시한 적이 없습니다. 대신들에게 국회의 관련 위원회들과 군 장성들과 협조하라고 명령했습니다. 지금까지는 국민이 바라는 대로 성취하지 못했지만, 국내의 분열, 당파정신의 발전, 특히 충분히 전투를 치를 능력을 갖추지 못한 군대를 원망해서는 안 되겠습니다. 그러나 앞으로 내가 적국의 노력보다 훨씬 더 많은 노력을 쏟아붓는 모습을 보여드리겠습니다. 나는 국회와 협력해서 전쟁의 불가피한 불행을 자유와 영광으로 뒤바꿀 수단을 동원하겠습니다.

나는 헌법을 받아들였습니다. 대다수 국민이 헌법을 원했습니다. 나는 헌법이 행복을 정착시켰고, 이 행복이 내 생활에서 가장 전념하는 것이 되었습니다.

나는 오직 국민에 대한 의무를 다할 뿐입니다. 오직 국민을 위한 의무만

이행합니다. 어떤 이익에도 한눈을 팔지 않겠습니다. 오직 국민의 소리만 들겠습니다. 죽을 때까지 국가의 독립을 유지하겠습니다. 개인의 위험은 공공의 불행에 비하면 아무것도 아닙니다. 인민의 사랑을 잃은 왕에게 개인적 위험은 아무것도 아닙니다! 내 마음속의 진정한 상처는 바로 거기에 있습니다. 아마 어느 날인가 인민은 내가 그들의 행복을 얼마나 소중히 여겼는지 알겠지요. 또 내 유일한 이익과 가장 먼저 필요하게 여긴 존재가 인민이라는 사실도 아실 날이 오겠지요. 인민의 사랑을 다시 받게 되었다는 가장 작은 징후만으로도 내 모든 슬픔이 사라지는 날이 어서 오기만 바라고 있습니다!

이 문서에는 왕이 서명하고, 8월 1일에 외무대신이 된 비고 드 생트크루아가 부서했다. 왕의 성명서를 읽는 동안 지롱드의 뒤코, 모젤의 메를랭, 바르의 이스나르 의원들이 루이 16세가 사기꾼이라고 외쳤다. 의원들은 왕의 편지를 12인비상위원회에 넘겼다. 그 뒤에 파리 시장이 들어와 48개 구의 이름으로 루이 16세를 고발하며 폐위를 요구했다. 그는 파리 48개 구의 뜻이 곧 국민의 뜻이라고 말하고, 죄인이 선처를 요구하더라도 용서해서는 안 된다고 강조했다.

라파예트 혐의 없음

7월 31일 화요일, 모콩세이 구의회에는 시민 600여 명이 모여 국가비상사태가 왕과 행정부 때문에 더욱 심화하고 있고, 헌법에 의해 자유를 구하는 방법이 전혀 없으며, 헌법을 일반의지의 표현으로 인정하기도 어려운 상태인 동시에 루이 16세가 국민의 신뢰를 저버렸다고 선언했다. 그래서 모든 시민의 신성한 의무를 다해 루이 16세를 프랑스인의 왕으로 인정하지 않겠으며, 자유롭게 살지 못하면 죽겠다고 한 맹세에 따라 돌아오는 일요일인 8월 5일에 함께 국회에 가서 결의를 전달하고 나라를 구할 의지가 있는지 물어보자고 선언했다. 일요일에 튈르리 궁에서 가까운 구역들이 먼저 들썩였다. 파리의 모든 구 대표가 국회 근처로 몰려들었고, 마르세유 의용군과 포수들이 무장하고 행진하는 모습만 봐도 심상치 않은 일이 일어나고 있음을 알게 했다. 파리의 모든 구민도 계속 모여들어 국회로 향했다. 모콩세이 구가 계획한 봉기는 일어나지 않았지만, 튈르리 궁 안팎의 모든 사람이 조마조마하게 기다렸다. 사실 튈르리 궁에서는 전날 밤에 아무도 밤잠을 제대로 자지 못했다. 법무대신 드졸리와 해군대신 뒤부샤주는 퇴근하지 않고 궁을 지켰다. 그들은 궁이 공격받을 때를 대비해서 파시의 관리 두 명에게 현장을 두르고 와달라고 편지를 썼다. 그러나 편지는 수취인에게 가지 못했다. 샹젤리제의 순찰대가 편지를 빼앗아 파리 코뮌에 가져다주었고, 곧 주요 신문은 그 내용을 세상에 밝혔다. 수많은 논평이 쏟아졌다. 왕의 도주계획의 증거가 드러났다고 말하는 이도 있었다.

그날의 소동에 신문이 한 역할은 거의 없었다. 신문은 이튿날(월요일)이 되어서야 사건을 보도했을 뿐이다. 왜 신문은 침묵했을까? 애국자들이 소요를 준비했다. 브리소와 친구들은 조심스럽게 처신해서 더 큰 소동이 일어나지 않게 하려고 노력했다. 그들은 대중이 전방에서 일어난 사소한 성공에 관심을 가지도록 노력했다. 그들은 오스트리아군으로부터 바베Babay를 탈환했고, 기습작전으로 티롤 추격병 부대를 제거했으며, 단 하루 만에 오스트리아 탈영병 700명 이상이 프랑스로 투항했다고 말했다. 신문보다 정치클럽과 구민회의의 목소리가 더 컸다. 왕당파는 『뒤센 영감Père Duchêne』, 『파수꾼

Sentinelle』을 짝퉁으로 발행해서 팔도록 했다. 『주르날 드 파리』의 호외에는 팡주François de Pange가 자코뱅 클럽을 비방하는 글과 함께 브룬스비크 공의 선언을 실었다.

"곧 독자는 헌우회가 애국파 살인자에게 비공식적인 수호자들을 임명하는 데 전념하는 모습을 볼 것이다. 로베스피에르는 형제와 친구들에게 라파예트를 죽이는 일이 얼마나 기분 좋은 일인지 털어놓을 것이다. 어떤 회원은 이 당파의 관습에 따라 자기 적들을 음모자들로 지칭하면서 말할 것이다. 왕이 음모를 꾸민다, 장군들이 음모를 꾸민다, 도 지도부가 음모를 꾸민다, 법원들이 음모를 꾸민다, 모든 것이 음모다."

6일에 내무대신 샹피옹은 파리 도 검찰총장 뢰데레에게 시국에 대한 편지를 썼다. "파리 코뮌이 국회에 드리는 청원Pétition de la commune de Paris à l'assemblée nationale"이 파리 시내에 다량으로 퍼졌는데, 거기에 실린 내용은 다음과 같다.

오늘 아침 새벽 2시, 왕은 농민으로 변장하고 궁을 나섰다. 그는 정원의 큰 길을 따라 선개교旋開橋를 향했다. 누구라도 그를 보기만 하면, 금세 그의 정체를 알아볼 수 있다. 보초는 그가 다가오는 것을 보고 경보를 발령했다. 몰래 궁을 나간 군주는 한달음에 궁으로 되돌아갔다. 그는 시장에게 편지를 쓰다가 마침 그때 튈르리 궁에 들른 시장에게 방금 일어난 일을 꾸며서 말했다. 그는 단지 산책하러 나갔다고 주장했다. 그러나 사람들은 도 의장인 라로슈푸코가 샤이오Chaillot에서 기다리고 있었으며, 왕을 안전한 장소로 데려갈 예정이었다고 말한다.

상피옹은 뢰데레에게 대책을 마련하라고 지시하는 편지에 다음과 같은 자신의 견해도 덧붙였다. 평상시라면 이러한 내용이 별 문제를 일으키지 않겠지만, 어제는 민중이 왕의 도주를 막는다는 핑계로 떠들썩했으므로 이렇게 무책임한 이야기를 공식적으로 반박할 필요가 있다. 왕은 지난 4일부터 5일 사이 밤에, 또 어제부터 오늘 사이의 밤에 처소를 떠나지 않았으며, 그의 곁에 있던 모든 대신, 그리고 모든 수비병과 보초들도 한결같이 그 사실을 증명할 수 있다고 적극 해명해야 한다.

7월 31일 화요일 저녁에 지롱드의 라퐁 라드바André-Daniel Lafon-Ladebat가 개회선언을 하자마자 한 청원자가 들어와 전방에 나간 자식들 곁으로 달려가 함께 싸우게 해달라고 간청했다. 그는 60대임에도 조국을 위해 싸울 수 있으며 아무런 대가를 바라지 않는다고 말했다. 의장은 전쟁부에 문의해 조치하겠다고 대답했다. 이어서 오텔드빌 구의 여성들이 허락을 받고 들어왔다. 한 명이 자유의 모자를 씌운 창을 회의장에 놓으며 자기 일행이 파리를 지키도록 무장하게 해달라고 요구했다. 다른 청원자가 들어왔다. 그는 라파예트 장군이 적장인 작센테센 공과 포로를 교환하는 협약을 맺었다고 불평했다. 그러한 일은 아무런 이익도 없으므로 앞으로 모든 장군이 그런 협약을 맺지 못하게 할 것이며, 라파예트의 행위는 비난받아 마땅하므로 국회에서 과연 그에게 그럴 권리가 있는지 검토해달라고 요구했다. 그리고 8월 8일 수요일이 되었다. 멘에루아르 출신인 의장 메를레Jean-François-Honoré Merlet가 지난 7월 21일 회의에서 라수르스 의원이 발의한 라파예트 고발 건을 토론하자고 제안했다. 그날 라수르스는 자신도 훌륭한 인물인 줄 알고 우상처럼 섬겼던 라파예트가 전혀 믿을 수 없는 사람이라는 사실을 깨달았다고 말했다.

"단 한마디만 덧붙이겠습니다. 군사정부가 여러분을 기다립니다. 오래전부터 여러분이 알아채지 못하는 사이에 이러한 종류의 전제주의를 향해 가고 있습니다. 오늘 우리가 반역자 장군을 처단하지 않으면, 내일은 우리에게 폭군이 군림합니다. 만일 라파예트가 법의 칼날을 피한다면, 국회는 임무를 수행할 자격이 없으며, 자유의 운명을 위험에 빠뜨릴 소심하고 나약하고 비겁한 존재라는 불명예를 안을 것입니다."

엔 출신 드브리가 보고자로 나서서 라파예트의 잘못을 한참 설명한 뒤 "라파예트를 고소할 이유가 충분하다"라는 법안을 상정했다. 수많은 의원이 또다시 격돌했다. 마침내 호명투표를 거쳐 의장이 모두 630명이 투표했으며 반대가 406명, 찬성이 224명으로서 다음과 같이 의결했다고 발표했다.

국회는 라파예트에 대한 고발을 검토한 비상위원회의 보고를 들은 뒤 고소할 이유가 없다고 의결한다.

또다시 좌파 의원들과 방청객들이 볼멘소리로 항의하는 가운데, 중도파와 우파 의원들은 승리를 자축하는 박수를 쳤다. 라파예트에게 무혐의 처분을 내렸다는 소문을 들은 사람들이 현장에 있던 방청객들과 함께 회의장을 빠져나가는 의원들을 심하게 모욕했다.

최초의 성문헌법을 제정한 뒤 정식으로 치른 입법의원 선거로 뽑은 의원들 가운데 다수는 가장 급진적인 세력이 자신들을 다그치는데도 소신껏 혁명의 앞날을 불투명하게 만들고 있었다. 애국자들은 혁명을 안전하게 이끌고 나갈 원동력이 국회에서 나오지 않는다는 사실을 다시 한번 뼈저리게 느꼈다. 그날 저녁 자코뱅 클럽의 회원들은 라파예트가 법망을 빠져나간 데 대해 격분했다. 어떤 연사는 당장 모든 애국자가 파리 울타리로 달려가 파리를 포위하고, 9일에는 모든 인민이 지난 일주일간 했던 것처럼 국회로 갔다가 튈르리 궁으로 가야 하며, 국회를 멋대로 놔두어 스스로 불명예를 안게 하든지 아니면 리본의 울타리를 둘러주어 입법가들이 원하는 것을 자유롭게 의결하게 만들어주자고 제안했다. 방데 출신 구피요는 오랫동안 국가안보에 대해 의심했지만, "오늘만큼 절망한 적은 없었다"라고 한탄했다.

'제2의 혁명'*

7월 25일부터 파리 48개 구는 상시활동체제로 들어갔고, 국회에 왕의 폐위를 청원했다. 이튿날 몇 개 구의 지도자들과 아직 파리에 남아 있던 연맹군 대표들은 생탕투안 문밖의 어느 선술집에서 만나, 국회와 왕을 압박할 수단으로 군사적 준비를 논의했다. 그들은 2개 부대를 편성해 여차하면 강남과 강북으로 행진해서 튈르리 궁을 공격할 계획을 세웠다. 28일쯤부터 파리를 초토화하겠다고 다짐하는 브룬스비크 공의 협박성 선언문이 시중에 나돌자, 민심은 극도로 날카로워졌다. 또 전방을 이탈해서 국회에 나타나 자코뱅 클럽의 해체를 촉구하고 복귀한 라파예트에 대해 오래전부터 처벌하라고 요구했음에도 국회가 꿈쩍도 하지 않자 급진적인 구에서는 시위를 조직하기로 했다. 7월 31일에 모콩세이 구는 다음 일요일(8월 5일)에 모여 국회로 가자고 결의한 뒤 다른 구에 동참해달라고 호소했다.

---

* 이 부분을 정리하는 데 다음 저작들의 도움을 받았다. David P. Jordan, *The King's Trial. Louis XVI vs. the French Revolution* (1979); Georges Soria, *Grande Histoire de La Révolution française II* (1988); William Doyle, *The Oxford History of the French Revolution* (1989).

그러나 8월 4일, 국회는 모콩세이 구의 결의를 파기했다. 파리 도 의회는 시정부로 하여금 나팔소리에 맞춰 국회의 결정을 벽보로 널리 알리라고 명령했다. 이튿날 모이자고 결의했던 모콩세이 구는 한 방 얻어맞은 격이었다. 파리 코뮌은 도 지도부의 명령을 논의한 뒤 "이렇게 벽보를 붙이면 오히려 사람들을 결집시킬지 모르겠다"라는 이유를 들어 거부했다. 시정부의 반대는 모든 구를 비난하기보다 호의로 대하겠다는 의지를 드러냈거나, 아니면 그들을 만족시키지 못할까봐 두려워한다는 속내의 표현이었다. 파리 시정부는 도 지도부의 명령을 따라야 하면서도 시민들의 대변인 노릇을 해야 하는 위치에서 균형을 잘 유지했다. 한편으로 혁명적 조치를 취하면서도 질서와 평화를 얘기했다.

파리에서 가장 열렬하고 활발하게 혁명에 이바지한 구는 생탕투안 문밖의 가장 급진적인 캥즈뱅 구였으며, 거기서 봉기의 신호가 나왔다. 그들은 8월 3일에 생마르셀 구 대표단을 맞아 5일(일요일) 9시에 무기를 들고 바스티유 터에 모여 국회로 가자고 논의했다. 나머지 구에도 위원들을 보내 동참해달라고 요구했다. 그러나 4일, 코뮌의 대표 위원 오슬랭Osselin이 시장의 편지를 가지고 캥즈뱅 구를 찾았다. 앞으로 파리 코뮌이 48개 구를 대표해서 청원을 할 때까지 다음 날 있을 국회 방문을 자제해달라고 했다.

캥즈뱅 구의회는 시장의 편지를 온당하다고 생각해서 전날에 의결한 5일 행진을 취소하고, 다음 주 목요일(9일) 밤 11시에 국회가 성명할 때까지 차분히 기다리기로 했다. 만일 국회가 인민이 기대하는 정의와 법을 실행하지 않는다면, 자정에 경종을 울리고 일제히 북을 치면서 봉기하기로 했다. 그리고 생마르셀 구에 위원들을 보내 결정한 내용을 알려주는 동시에 마르세유 의용군에게도 사람을 보내 전후 사정을 설명해주었다. 그들이 피곤한 의장과 비서를 교체하면서 회의를 계속하는 동안 몽트뢰이, 고블랭, 푸아소니에르, 포팽쿠르 같은 구에서 방문한 대표들에게 전후 사정을 설명했다. 한편 그들은 9일까지 기다리기로 했으면서도 경계를 늦추지 않았다. 4일 회의 중에 샹젤리제에 25명을 보내 튈르리 궁을 감시하게 했다. 아마도 그날 밤에 일어날지 모를 행정부의 도주를 막으려는 목적이었다. 또 보리Bauri를 국회에 방청인으로 보내는 한편, 팔레 루아얄의 동향도 감시했다.

8월 6일 월요일에 캥즈뱅 구의회는 고블랭 구에서 오전에 채택한 회의록을 읽었다. 튈르리 궁을 지키는 대규모 스위스 수비대와 관련해서 전날 저녁부터 파리의 구들이 계속 불안해하고 두려워하는 것을 보고, 고블랭 구는 소속 국민방위군을 당장 코르들리에 수도원에 보내 마르세유 의용군을 데리고 다른 구에서 오는 시민들과 합세한 뒤 튈르리 궁을 향해 행진하기로 결정했다. 그들은 카루젤 광장에 도착한 뒤 네 명의 위원을 궁으로 들여보내 스위스 수비대를 철수시키라고 요구한다는 계획을 세웠다. 이 회의록을 읽은 캥즈뱅 구의회는 시장에게 편지를 써서 자신들도 튈르리 궁에서 대규모 스위스 병력을 철수시키기 위해 그곳으로 행진하고 숙영할 예정이라고 알려주었다. 시장은 세르장을 보내 생마르셀 문밖 주민들이 시위를 거두고 돌아갔으니 캥즈뱅 구도 자제해달라고 요청했다.

그러나 구의회는 국민방위군 부대장 상테르가 아팠기 때문에 부부대장에게 북을 쳐서 모든 구민을 무장하고 모이도록 명령했다. 그들은 여차하면 튈르리 궁으로 갈 준비를 갖추었다. 또한 구의 울타리를 철저히 지켜 어떤 사람도 구의 명령을 받지 않고 마음대로 나갈 수 없게 했다. 단지 파리에 필요한 생필품만 들여올 수 있게 했다. 우편마차에도 수상한 물건을 실었는지 구가 철저히 감시하기로 했다. 이러한 명령을 함께 지키자는 뜻으로 세관울타리를 끼고 있는 모든 구에 알리는 동시에 시정부에도 통보했다.

캥즈뱅 구는 튈르리 궁에서 스위스 병력을 철수시키기 위해 그날(6일) 밤에 숙영할 계획을 세웠다. 그 계획을 실천하기 전에 그곳 사정을 파악하는 위원들의 보고를 듣기로 했다. 이러한 계획을 다른 47개 구에 알리고 모두 동참해서 세력을 키우자고 호소했다. 출발시간은 오후 4시고 집결장소는 카루젤 광장이었다. 이 소식을 들은 파리 국민방위군 사령관 망다Mandat가 캥즈뱅 구 부부대장에게 편지를 썼다.

제1사단 제1대대는 왕의 납치를 구실로 북을 쳐서 병사를 소집했다는 말을 들었습니다. 이에 납치는 터무니없는 헛소문이며, 시정부는 이러한 내용을 부대장 상테르에게 통보해 소집을 금지하도록 조치했고, 불복해서 일어나는 모든 사태의 책임을 져야 할 것이라고 분명히 경고했습니다.

캥즈뱅 구의회는 오후 4시에 다시 회의를 열고 오전에 결정한 대로 튈르리 궁의 동향보고를 기다렸다. 다른 구에 파견했던 위원들이 돌아와 별다른 활동이 없다고 보고했다. 다른 구의회 의장들은 각각 회의를 열 때까지 어쩔 수 없으며, 회의 결과를 보고 나서 결정사항을 알려주겠다고 대답했다. 캥즈뱅 구의회는 아침에 내린 결정대로 실행하자는 발의와 함께 여러 가지 안을 잇달아 논의했다. 빨리 북을 쳐서 사람들을 모으자는 안이 나오자 다수가 지지했다. 그러나 의장은 만일 이러한 안을 표결에 부치라고 한다면 차라리 사임하겠다고 말하면서 저항했다. 그래서 의장과 서기를 각각 르베Lebay와 르네Renet로 바꾸고 회의를 계속했다. 그때 시정부에서 보낸 오슬랭이 들어와 왕의 수비대에 관한 결정을 통보했다. 시정부는 파리 48개 구의 모든 국민방위군 대대에서 날마다 일정한 병사를 궁으로 보내 왕궁을 수비한다는 새로운 안을 의결했다. 구의회는 이 소식을 듣고 산회했다.

앞에서 보았듯이 8월 8일은 파리 주민들을 더욱 화나게 만든 날이었다. 국회는 참석의원 630명의 호명투표로 라파예트 고소문제를 표결에 부쳤고, 406표 대 224표의 큰 표차로 고소하지 않기로 의결했다. 방청석에서 그 광경을 지켜본 사람들은 라파예트를 옹호한 의원들을 살해하려고 따라다녔다. 오브 출신인 메지에르Toussaint Maizières 의원은 의사당(마네주) 문을 나설 때부터 도팽 거리까지 뒤를 따라온 여성의 칼질을 간신히 지팡이로 막아냈다. 그때 국민방위군복을 입은 사내가 의원의 목덜미를 잡았다. 의원은 간신히 뿌리치고 도망쳤다.

같은 오브 출신인 레뇨 보카롱Jacques-Edm Regnault-Beaucaron은 로에가론 출신의 라퀴에와 의사당을 나와서 생토노레 문까지 걸었다. 그는 국민방위군복을 입고 붉은 모자를 쓴 사내들에게 둘러싸였고, "가로등에 목매달자"고 말하는 소리를 들었다. 그는 침착하게 의원의 면책특권을 말하면서 자기 신분을 증명할 리본을 내밀었다. 그들 중 한 명이 "당신이 의원이기 때문에 죽어야 한다"고 말했다. 그 순간 어떤 사람이 그를 낚아채서 도망칠 수 있게 도와주었다. 생트오포르튄 부대의 척탄병 라빌레트와 몇 명이 칼을 빼들고 그들을 덮친 덕분에 그는 파리 도 지도부 사무실까지 안전하게 도피했고, 거기서 호위를 받으면서 집으로 돌아갔다. 그는 충격을 받은 나머지 9일 회의에 참석하지 못한다고 의장에게 편지를 썼다.

마네주 안에서 회의가 끝나자 위협을 당한 의원도 있었다. 가장 왼쪽에 앉았던 방청객들이 무섭게 부르짖으면서 회의장을 나가려는 이제르 출신 뒤몰라르와 몇몇 의원의 팔을 잡았다. 특히 뒤몰라르는 라파예트를 옹호하는 연설을 해서 우호적인 분위기를 조성했기 때문에 표적이 되었다. 그들은 의원들을 향해 "거지 같은 놈, 망나니, 왕실비나 받아 처먹는 역적, 목매달아 죽일 놈들"이라고 외쳤다. 그들은 생토노레 거리에서 회반죽, 석재, 진흙을 모아다가 그들에게 던졌다. 의원들은 근처 가게에서 몰려나온 시민들의 도움을 받아 자리를 피했다.

8월 9일 목요일 낮에 파리 시장 페티옹은 국회에 출두명령을 받았다. 그는 지난 며칠 동안 일어난 일과 함께 자기가 질서를 유지하려고 내린 조치에 대해 자세히 설명했다. 그는 적들이 왕을 납치하려 한다는 소문을 비롯해 몹시 놀라운 말이 세간에 떠돌았기 때문에 백방으로 소문의 진원지를 찾으려 노력하는 한편, 질서를 유지하는 데 전념했다고 설명했다. 그럼에도 전날 라파예트를 고소하지 않은 데 실망한 사람들이 으르렁대고 있었다. 그들은 국회가 왕의 폐위문제에 대해서도 거부할 것임을 확신했다. 이제 더는 국회의 애국심을 믿을 수 없었다. 오직 봉기만이 살 길이며, 국민의 통일을 보전하기 위해 인민의 상식에만 기대야 한다고 생각했다.

그날 캥즈뱅 구의회는 푸아소니에르, 본누벨, 고블랭, 몽트뢰이, 그라빌리에, 보부르, 퐁소, 크루아 루주, 롱바르, 모콩세이, 포팽쿠르, 아르스날, 튈르리에서 보낸 대표들을 맞이했다. 이들은 캥즈뱅 구가 나라를 지키고 구하자는 결정을 내린 데 찬성했던 구의 대표들이었다. 캥즈뱅 구의회는 여러 구의 합동회의가 되었다. 그들은 82개 도의 연맹군도 캥즈뱅 구를 지지한다는 편지를 읽었다. 또 캥즈뱅 구 시민들에게 어떤 의원이 소총 24정을 지급하겠다고 제안하는 말에 구의회에 모인 사람들이 몹시 감동했다. 그들은 구마다 대표를 세 명씩 뽑아 코뮌에 보내서 함께 조국을 구할 방법을 찾자고 의결한 뒤, 모든 구의 협의체가 다수결로 결정한 명령만 따르기로 했다. 곧 캥즈뱅 구는 로시뇰Rossignol, 위그냉Huguenin, 발랭Balin을 대표로 뽑았다. 그 순간 다급한 종소리가 들렸다. 종소리는 먼저 문안에서 들렸다. 캥즈뱅 구의회는 시청에 보낸 위원들의 보고를 듣고 행동하기로 의결했기 때문에 종소리를 듣고서도 조치를 취하지 않았다. 그러나 생탕투안 문밖 주민들은 항상 경계태세를 늦추지 않았기 때문에 즉시 종을 쳤다. 캥즈뱅 구의회는 산회하지 않고 상황에 대처하기로 의결했다. 국민방위군을 무장하고 모이도록 하자는 제안을 받은 구의회는 부부대장에게 병사들을 소집하라고 명령했다.

한편, 시청에 나간 구 대표들은 한참 기다린 뒤에야 회의체를 구성할 만큼 모였고, 제법 48개 구의 절반 이상을 대표할 수 있었다. 그들은 조국을 구할 조치를 취하기 위해 무제한의 권한을 행사할 수 있다는 허락을 받아가지고 모였다. 기다리는 동안, 새로 온 사람들은 자기 구에서 결정한 사항을 서로 교환하고 구에 빠르게 전해주었다. 그들은 경종을 멈추라고 각 구에 알렸지만, 사람들은 이미 서둘러 모이기 시작했다. 그들이 주의하라고 한 조치는 아무런 성과도 얻지 못했다.

9일, 하루 종일 분위기가 험악해지자 페티옹은 시민들에게 호소했다.

"국회는 지금 우리의 가장 큰 이익을 위해 고심하고 있습니다. 국회 근처에서 소란을 피우지 마시기 바랍니다. 국회가 엄숙하고 당당하게 토론할 수 있는 분위기를 만들어주시기 바랍니다. 그들이 슬기로운 명령을 내릴 때까지 믿고 기다립시다. (……) 사람들이 결단을 내릴 날과 시간을 정하려 한다는 소식을 들었습니다. 그런 계획은 용서하기 어렵습니다. (……) 현재 상황에서는 시민들이 법을 엄정하게 준수하면서 조용하게 있는 것이 최선이라고 생각합니다."

국회에서는 파리 도 검찰총장 뢰데레를 불러 의원들의 안전과 공공질서

확립 방안에 대해 의견을 들었다. 뢰데레는 전날 국회의원들이 심하게 모욕당했다는 사실과 9일 자정에 종소리와 함께 시위대가 튈르리 궁으로 몰려들 계획에 대해 들었다고 말했다. 그는 파리 시장에게 대책을 마련하라고 편지를 썼고, 파리 시장은 오전 9시 반에 도 지도부에 편지를 보내 파리의 다급한 상황을 알리면서 자기가 내린 조치를 설명했다.

나는 무질서를 예방하고 막으려고 아주 단순한 조치를 내렸습니다. 시정부 관리들에게 국회에 들렀다가 혹시 무슨 동향을 감지하면 튈르리 궁으로 가라고 했습니다. 나는 아침에 시정부 요원들을 소집하고 오후에 코뮌 총회를 소집했습니다. 국민방위군 사령관에게 튈르리 궁의 초소경계를 강화하는 한편, 예비병력도 준비해달라고 부탁했습니다. 국회는 스스로 경비를 맡길 수 있는 능력을 갖추었기 때문에 딱히 경비를 두지 않았습니다. 사령관에게 국민방위군을 소집하도록 북을 쳐도 좋다고 허락했습니다. 이렇게 주의를 기울였습니다만, 과연 공공질서를 유지할 수 있을까요? 잘 모르겠습니다. 우리가 처한 상황에서 누가 합리적으로 대답할 수 있겠습니까? 조치를 내렸지만, 그 효과를 보장할 수는 없습니다.

마침내 자정이 되자 종소리와 함께 북소리가 여러 구에서 동시에 울려 퍼졌다. 특히 생탕투안 문밖과 생마르소 주민들이 가장 적극적으로 모였다. 브르타뉴 사람들과 마르세유 사람들, 잠자리를 박차고 일어난 사람들이 먼저 온 뒤에도 계속 불어났다. 그들은 무장하고 시청 광장으로 향했다. 그때 페티옹은 왕 곁에 불려가 안전조치를 강구하고 있었다. 그를 코뮌의 집(시청)에서 보지 못한 사람들은 불안해졌다. 시정부 관리들이 그들을 달래고 안심시켰지만 좀처럼 그들을 안정시킬 수 없었다. 여러 집단이 국회를 향해 출발했다.

이미 국회에는 의원들이 모여 있었고, 다른 의원들을 불러오라고 지시했다. 마침내 국회는 의결정족수를 채웠다. 그래서 방청객들은 빨리 튈르리 궁에 인질로 잡혀 있는 페티옹을 풀어주라는 명령을 의결하라고 재촉했다. 그러고 나서 페티옹이 국회 증언석에 나타났다. 사람들은 그를 데리고 코뮌의 집으로 돌아갔다. 점점 날이 밝으면서 무장한 시민들, 마르세유 용사들, 각도의 연맹군들이 튈르리 궁과 국회로 가는 길에 넘쳐났다. 그들은 반역자를 잡아서 처단하고 창끝에 머리를 꿰어가지고 다녔다. 반혁명주의자이며 중상비방문으로 유명한 쉴로Suleau도 국민방위군의 척탄병 제복으로 신분을 위장하고 튈르리 궁을 지키러 가다가 붙잡혀 살해되었다. 카를Carle이 지휘하는 30여 명의 가짜 순찰대가 튈르리 궁을 지키러 가다가 방돔 광장에서 발각되어, 카를과 병사 여덟 명이 군도로 참수당했다. 사람들은 그들의 머리를 창끝에 꿰어 들고 다녔다.

200~300명이나 되는 순찰대는 대포를 끌고 밤새 테아트르 프랑세 근처를 돌아다녔다. 그들은 페티옹, 그리고 생미셸 다리를 지키는 마르세유 의용군을 죽이겠다고 퐁뇌프 다리를 향해 가다가 앙리 카트르 대대의 분견대와 합류했다. 코뮌 의회는 전날부터 계속 회의를 하면서 사태를 주시했다. 그들은 파리 시장에게 400명의 호위대를 붙여 코뮌의 집에서 자유롭고 안전하게 보호한다고 의결했다. 그러나 그 정도로 만족했다. 국민방위군 사령관 망다는 튈르리 궁에서 나와 국회로 가는 도중 붙잡혀 당장 코뮌의 집 감옥에 갇혔다. 코뮌 의회는 망다의 자리에 임시사령관으로 상테르를 임명하고 참모부를 재편했다. 또한 파리 시장 페티옹, 검찰관 마뉘엘, 검찰관보 당통을 제외한 시정부와 옛 코뮌의 활동을 정지시켰다. 코뮌 의회가 이처럼 열일

을 하는 동안, 온갖 종류의 무기를 든 시민들이 삼삼오오 짝을 지어 사방에서 시청이나 튈르리 궁을 향해 몰려갔다. 이제 대대적인 봉기가 일어날 여건을 갖추기 시작했다. 반란자들이 카루젤 광장을 가득 메웠다. 마르세유 의용군이 생토노레 거리를 거쳐 가장 먼저 도착했다. 거리의 양쪽 창문에서 그들을 향해 총을 쐈지만, 그들은 별 피해를 입지 않고 앞만 보고 달려 광장에 도착했다.

튈르리 궁에서는 스위스 병사들, 척탄병과 추격병들에게 수비명령을 내렸다. 사령관 망다는 수비병력을 두 배로 늘리라는 페티옹의 명령에 따라 1,200명을 배치했다. 그 절반이 스위스 병사들이었다. 그들은 원래 300명이었지만, 두 배로 늘려 600명을 배치했던 것이다. 망다는 국민방위군에서 예비로 100명을 뽑아 그들을 돕게 했다. 또 프티 페르, 피유 생토마와 그 밖의 부대에서 대포 8문을 끌어다가 지원했다. 병사들은 밤새도록 이를 갈면서 훈련을 했다. "브르타뉴 의용군이건 뭐건 오기만 해봐라, 제대로 대접해주겠다." 그들은 마르세유 의용군과 상퀼로트에 대해서도 이를 갈았다.* 그러나 척탄병들은 날이 밝으면 도주하리라고 결심했다. 밤새 잠을 자지 못한 루이 16세는 아침 6시에 '쿠르 데 프랑스(궁의 안마당)'에 내려와 일장연설로 척탄병들을 격려했다. 그는 그들을 직접 검열하면서 그들의 수비태세에 만족했고, 6리브르짜리 신권을 다발로 주고 좋은 포도주도 제공했다. 척탄병들

---

* 7월 15일 일요일에 국회는 수아송 기지로 떠나는 의용군이 파리를 거쳐 갈 때 파리 시장이 그 현황을 파악해서 보고하라고 명령했다. 18일, 페티옹은 그동안 각지에서 파리로 들어오는 의용군의 수가 2,960명이나 되는데 2,032명이 동북쪽 수아송 기지로 출발하겠다고 등록했음을 보고했다. 그리고 파리에는 14일의 연맹제에 참가했다가 남은 연맹군도 있었다.

은 왕을 안으로 모시고 들어가면서 쩌렁쩌렁 울리는 소리로 "왕 만세!"를 외쳤다.

루이 16세가 검열을 마치고 궁 안으로 들어갈 때쯤, 시청에서는 당통이 반란코뮌을 데리고 시정을 장악했다. 오래전부터 거사를 계획한 사람들은 파리 코뮌 의회를 장악해야 국민방위군을 통제할 수 있으며, 튈르리 궁에서 왕을 끌어내리려면 단순히 시위만으로는 어림도 없기 때문에 전투조직을 갖추어야 한다고 생각했다. 자정에 종을 치면, 7월 26일에 모였던 사람들 가운데 상테르와 알렉상드르가 이끄는 2개 부대가 각각 강북과 강남에서 튈르리 궁을 향해 행진하기로 했고, 그사이 당통은 새 코뮌 요원들을 이끌고 코뮌 의회의 권한을 정지시킨다는 계획을 세웠다. 그러나 시간 계획이 틀어졌고, 당통은 겨우 6시 이후에 거사에 성공했다.

당통이 세운 혁명코뮌commune insurrectionnelle*은 9일부터 캉즈뱅 구의 제안에 동조해서 위원 세 명씩 뽑아 조국을 구하는 모든 조치를 취할 수 있도록 무제한의 권한을 주어 시청에 파견한 사람들로 구성되었다. 대표들이 시청에 모여들 때 코뮌 의회가 열리고 있었는데, 건물을 지키던 보초들은 그들에게 순순히 문을 열어주었다. 그들은 48개 구의 58퍼센트에 해당하는 28개 구 대표들이었기 때문에 대표성을 확보할 수 있었다.** 당통은 형식적이지만 시장 페티옹을 가택연금 상태에 두고 코뮌의 집을 장악한 뒤 캉즈뱅 구 대

---

* 원래 뜻을 그대로 옮기자면 '반란코뮌'이라 해야겠지만, 이날의 사건을 계기로 제2의 혁명이 일어났으며, 새 코뮌이 이 시기의 실세이기 때문에 '혁명코뮌'이라고 옮겼다.

** 이들은 스스로 "국가를 구하는 전권을 가지고 모인 과반수 구의 위원들 모임L'assemblée des commissaires de la majorité des sections réunies avec pleins pouvoirs de sauver la chose publiaue" 이라 칭했다.

표를 혁명코뮌 의장으로 뽑았다. 이 소식은 빠르게 퍼졌고, 튈르리 궁으로 가는 사람들은 별로 큰 저항을 받지 않았다. 이때 상테르의 우군과 알렉상드르의 좌군이 강을 끼고 하류 쪽 튈르리 궁을 향해 출발했다. 혁명코뮌의 첫 의결 내용은 이렇다.

> 인민은 위임한 권한을 되찾을 권리를 가졌으므로, 국민방위군 참모부가 자유에 나쁜 영향을 끼치는 것을 보고 그 기능을 임시 정지한다. 또한 코뮌 의회의 권한도 정지한다. 시장, 코뮌 검찰관, 16인 행정관은 계속 권한을 유지한다.

혁명코뮌은 국민방위군 사령관 망다를 신문한 뒤 아베 감옥에 감금하라고 명령했다. 그러나 망다는 호송 길에 민중의 손에 참변을 당했다. 계속 종소리가 들리고, 파리 전 지역 주민들이 반역자들의 머리를 창끝에 꿰어 들고 행진하는 모습이 8월 10일의 무더운 아침 파리 풍경이었다. 무장 시민들은 튈르리 궁 앞 카루젤 광장을 메우고, 거기에 끼지 못한 사람들은 궁 양 옆길에 서서 사태를 주시했다. 튈르리 궁의 포병들은 밤사이 도망치고 없었다. 쿠르 루아얄(왕궁 앞마당)의 문이 열리고, 왕과 가족, 최측근 랑발 공작부인이 나오더니 튈르리 정원을 가로질러 국회로 향했다. 그들은 국회의 영접위원들, 국민방위군과 스위스 수비대의 호위를 받았다. 시위대들은 왕 일행에게 길을 터주었으며, 이제 궁을 쉽게 점령할 수 있게 되었다고 생각했다. 병사들이 왕 일행을 입법부의 품에 넘길 때, 스위스 병사들은 자기 위치로 되돌아갔다. 의용국방군은 일부 척탄병을 제외하고 자기 위치를 오래 지키지 않고 도망쳤다. 척탄병들은 피유 생토마, 루브르, 프티 페르, 앙리 카트르 소속 부대의 자리를 지키면서 스위스 수비대 병사들에게 도와주겠다고 약속했지만 결국 약속을 저버렸다.

파리 도 지도부는 어떤 희생을 치르고서라도 밀고 들어오는 봉기자들을 힘으로 막으라고 계속 명령했다. 마르세유 의용군과 파리 문밖 주민들이 카루젤에 도착하기 전, 한 무리의 시민이 쿠르 데 프랑스 문 앞에 나타났다. 안에서 경비하던 스위스 병사들은 안으로 들여보내달라는 시민들에게 "왕 만세!"라고 외치면 넣어주겠다고 말하고 나서, 그렇지 않으면 칼 맛을 보여줄 수도 있다고 위협했다. 궁을 지키는 병사들이 얼마나 날카로워졌는지 알 수 있다. 그리고 왕이 나간 정문에서는 이미 시위대가 왕궁 마당으로 발을 들여놓고 있었다. 시위대는 왕이 궁을 떠났으므로 평화롭게 궁을 점령할 수 있다고 믿었다. 과연 스위스 병사들의 일부는 탄창을 땅에 던지면서 우호적인 몸짓을 보였다. 그러나 잠시 후 스위스 병사들은 사격명령을 듣고 마구 총을 쏘기 시작했다. 그렇게 해서 피비린내 나는 전투가 시작되었다.

국회에서는 의원들이 아침 7시부터 회의를 속개했다. 그날의 의장 메를레 대신 지롱드의 베르니오가 개회선언을 한 뒤, 시정부 관리 두 명과 검찰관보가 현황을 보고했다. 관리는 파리가 무정부상태에 들어갔다고 말문을 열었다. 밤새 각 구의 위원들이 속속 코뮌의 집에 도착해 임의로 코뮌 평의회(혁명코뮌)를 꾸렸으며, 사령관 망다를 붙잡아 심문하고, 그 자리에 상테르를 임명했다고 보고했다. 관리는 코뮌의 집에 들렀다가 간신히 도망쳐 나왔다고 말하고 나서, 새로 권력을 장악한 사람들이 발표한 성명을 전했다. 성명을 발표한 의장 위그냉은 캥즈뱅 구 대표였다. 위그냉은 원래 낭시의 변호사 출신이며 일찍이 파리로 와서 1789년 7월 14일 바스티유를 정복하는 무리에 가담했으며, 지난 6월 20일 튈르리 궁에 들어가 루이 16세에게 프리기아 모자를 씌운 인물로 알려진 사람이다.

"대다수 구의 대표들은 코뮌 평의회를 꾸리고 나라를 구하는 첫 조치를 내렸다. 우리는 코뮌이 대표하던 모든 권력을 장악했다. 그리고 옛 코뮌 의회의 기능을 정지시키고, 시장과 검찰관은 직무를 수행하도록 의결했다."

의원들은 파리 시정부 기능과 코뮌 의회가 완전히 새롭게 태어났음을 알았다. 그들은 튈르리 궁에서 함성이 더욱 커지는 것을 들으면서 대책을 논의하기 시작했다. 왕이 가족과 대신들을 이끌고 입법의회로 온다는 기별이 왔다. 왕을 호위한 병사들까지 안으로 들이느니 마느니 의견이 분분했다. 이윽고 루이 16세와 가족이 그들의 품으로 들어왔다. 루이 16세는 국회의장 옆에 서서 이렇게 말했다.

"나는 큰 범죄를 피하기 위해 여기 왔습니다. 나와 가족은 국민의 대표들 사이에 있어야 안전하다고 생각합니다. 나는 오늘 여기서 보내겠습니다."

의원들은 박수로써 화답했다. 의장은 정중하게 답사를 했다.

"국회는 언제나 의무를 알고 있습니다. 특히 헌법기관들을 유지하는 것을 가장 소중한 의무로 생각합니다. 언제나 그 자리를 굳게 지키겠습니다. 목숨을 바쳐 지키겠습니다."

그러나 루이 16세는 그날 의장석 뒤에 있는 '로고그라프Logographe'(신문사 기자들의 방이라는 뜻)에 가족과 함께 갇혀서 자신의 운명을 초조하게 기다려야 했다. 의원들은 마침내 왕의 권한을 정지하고, 기초의회를 소집하며, 왕과 가족을 뤽상부르 궁에 가둔다고 의결했다. 루이 16세는 하루만 버티면 궁으로 되돌아갈 수 있으리라고 낙관했지만, 어림없는 바람일 뿐이었다. 의원들은 왕이 없는 동안 내각을 임명할 권한을 가지기로 의결하고 나서 새 내각을 발표했다.

"법무장관 당통, 내무장관 롤랑, 전쟁장관 세르방, 국세장관 클라비에르, 해군장관 몽주, 외무장관 르브룅."

왕이 임명한 내각은 대신들로 구성되었지만, 이제 국회가 임명한 내각은 장관들로 구성되었다고 봐야 한다. 그리고 8월 10일, 왕의 권한을 정지시킨 것은 1791년 헌법을 부정하는 혁명이었다. 그 헌법에는 왕이 입법부를 해산할 수 있으며, 왕은 몇 가지 경우에 '사임abdication'한다고 정했다. 다시 말해 국회는 왕을 정직suspension시키거나 폐위déchéance할 권한이 없었다. 그렇다면 누가 먼저 헌법을 부정했던가? 지난 1년 동안 귀족주의자들은 양원제 헌법을 만들어야 한다고 주장하면서 단원제 헌법을 거부했다. 그러나 이번에는 국민이 왕의 정직과 폐위를 요구했고, 마침내 무장투쟁을 통해 국회를 움직였다. 그래서 1792년 8월 10일은 한 달 뒤에 있을 '공화국 선포'의 첫 단추를 꿰는 날이었다. 그날 상퀼로트 계급이 폭력을 휘둘러 혁명의 적들에게 죽음의 공포를 안겨주었고, 혁명은 새로운 국면으로 도약했다. 그날 전투가 끝난 뒤 사상자는 1,000명을 넘었다. 역사학자 조던D. P. Jordan은 스위스 병사들 600명과 궁에 있던 귀족과 하인들 200명, 시위대 324명이 희생되었다고 썼다. 왕정을 폐지하기 위한 싸움이 얼마나 격렬했는지 보여주는 이날의 사건은 그때까지 가장 피비린내 나는 사건이었고, 앞으로 더 큰 학살의 예고편이었다.

〈8권에 계속〉

329

1791년 10월 1일	입법의회 첫 회의, 첫 의장 파스토레와 부의장 뒤카스텔 선출
4일	입법의원들 헌법에 충성 맹세
5일	왕에 대한 존칭(전하Sire, Majesté) 사용 금지. 왕이 국회 방문 시 의장과 같은 의자 제공하고, 의원들은 자리에 앉아서 왕의 말을 듣는 것으로 함
7일	파리 시정부 요원들이 국회에서 헌법에 충성 맹세
8일	라파예트가 파리 국민방위군 총사령관직을 사임
9일	7월에 방데와 되세브르에서 일어난 소요사태의 진상을 조사하러 갔던 갈루아, 장소네 의원이 국회에 결과 보고
16일	아비뇽에서 반혁명 투쟁 발생
20일	입법의회에서 망명자 문제 토론 시작, 브리소가 전쟁 옹호론을 주장
22일	레알 중앙시장의 우애협회가 국가비상사태 선포를 제안 파리의 몰리에르 극장에서 사드 후작의 〈옥스티에른 백작 또는 방탕한 생활의 불행Le comte Oxtiern, ou Les Malheurs du libertinage〉 초연
25일	베르니오가 국회에서 선제공격을 제안
31일	프로방스 대군에게 프랑스로 돌아오지 않으면 섭정권을 빼앗는다는 법 통과
11월 1일	아시냐 지폐 1억 리브르 발행
6일	마이엔 도가 국회에 비선서 사제들이 반혁명 봉기를 준비한다고 보고함
9일	망명객들에게 1792년 1월 1일까지 돌아오지 않으면 재산을 몰수하고 사형을 선고한다는 법 통과
11일	루이 16세가 10월 31일과 11월 9일의 법에 거부권 행사, 그러나 동생에게 환국하라고 명령

12일	루이 16세가 망명객들에게 환국 명령, 황제 레오폴트 2세는 8월 27일의 '필니츠 선언'을 담은 회람을 왕에게 보냄
14일	파리 시장 선거에서 라파예트를 누르고 페티옹 당선
25일	입법의회가 감시위원회 설립
29일	맹세를 거부하는 비선서 사제의 반혁명 혐의자 처벌법 제정
12월 2일	전쟁대신 뒤포르타이 해임하고 나르본 임명
3일	왕의 동생들이 환국 거부 루이 16세가 프로이센의 프레데릭 빌헬름 2세에게 비밀편지를 보냄
5일	왕의 동생들이 라루에리가 준비한 브르타뉴 봉기 승인 모차르트가 비엔나에서 사망
10일	황제가 알자스 영유권을 소유한 제후들을 보호하는 프랑크푸르트제국의회의 의결을 승인
14일	루이 16세가 트리어 대주교 선제후에게 망명객들의 군대를 1792년 1월 15일까지 해산시키라고 통보했음을 국회에 알림
12월 17일	아시냐 지폐 3억 리브르 발행
19일	왕이 11월 29일 비선서 사제 처벌법에 거부권 행사
21일	황제가 프랑스의 군사공격에 대해 트리어 대주교 선제후를 보호하겠다는 의지를 밝히고, 8월 27일의 '필니츠 선언'을 재확인
28일	노르군의 로샹보와 랭군의 뤼크네를 대원수로 승진 임명 의용군 조직법 제정
29일	전비 2,000만 리브르 예산안 가결
30일	이스나르가 국회에서 혁명을 완수하려면 전쟁을 해야 한다고 주장
31일	왕에게 하는 신년인사를 폐지하기로 의결
1792년 1월 2일	"1789년 1월 1일부터 자유의 시대" 선포
9일	러시아와 오스만제국이 제2차 이아시 조약 체결
17일	브리소가 국회에서 황제에게 선전포고하라고 연설 로베스피에르가 자코뱅 클럽에서 브리소의 전쟁론 비판

18일	프로방스 대군의 섭정권 박탈
20일	파리의 민중이 이날부터 며칠 동안 식료품상 약탈
25일	오스트리아의 레오폴트 2세에게 최후통첩
	탈레랑이 영국과 외교적 교섭 활동하고 귀국
2월 1일	국회의 국내 통행증 소지 의무 명령
9일	해외망명자 재산 몰수법 통과
13일	몽틀레리의 미곡상 약탈
14일	페르센 백작이 파리에 잠입
	됭케르크에서 소요사태 발생하고 항구의 창고들 약탈
18일	베튄에서 제14보병연대의 군사반란
26일	비선서 사제들과 농민들이 망드를 점령
3월 1일	오스트리아 황제 레오폴트 2세 사망, 아들 프란츠 2세가 계승
3일	군중이 에탕프 시장 시모노를 살해
7일	오스트리아와 프로이센 연합군 총사령관에 브룬스비크 공 임명
8일	군대가 콩슈Conches의 소요 진압
9일	전쟁대신 나르본을 그라브로 교체
10일	외무대신 르사르가 국회에 오스트리아와 프로이센 연합을 알리지 않았
	다는 이유로 고발당하고 사임
12일	프로이센과 러시아가 제2차 폴란드 분할에 합의
15일	새 내각 구성: 뒤무리에(외무), 라코스트(해군), 뒤랑통(법무)
16일	스웨덴 왕 구스타프 3세가 살해당하고, 아들 구스타프 4세가 왕위 계승
20일	국회가 단두대로 기요틴을 승인하고 제작비 지출 의결
23일	롤랑을 내무대신, 클라비에르를 국세대신으로 임명
24일	식민지 유색인들의 정치적 평등법 통과
25일	오스트리아 총리대신의 최후통첩
30일	사면받은 샤토비외 연대 스위스 병사들의 파리 도착

4월 5일	소르본 대학 폐지
15일	파리에서 샤토비외 연대 스위스 병사들을 위한 축제
20일	보헤미아와 헝가리의 왕에게 선전포고
21일	콩도르세가 공교육안 제출, 아시냐 지폐 50퍼센트 평가절하
25일	그레브 광장에 기요틴 설치하고 절도범 펠티에 처형 스트라스부르 시청에서 루제 드 릴Rouget de Lisle이 최초로 〈랭군을 위한 전쟁 노래Le Chant de guerre pour l'armée du Rhin〉를 부름, 이 노래는 장차 국가 〈라 마르세예즈La Marseillaise〉가 됨
28일	첫 전투, 로샹보의 군대가 벨기에로 진격
29일	오스트리아군의 반격, 프랑스 군대 궤멸하고 딜롱 장군 살해당함
30일	아시냐 지폐 3억 리브르 발행
5월 5일	31개 대대 창설법 통과
6일	루아얄 알르망 연대가 적에게 투항
8일	전쟁대신 그라브의 사임
9일	전쟁대신에 세르방 임명
12일	작센 경기병 연대와 베르슈니 경기병 연대가 적에게 투항
17일	로베스피에르가 『헌법의 수호자Défenseur de la Constitution』 1호 발간
19일	러시아군의 폴란드 침공
24일	환속한 자크 루Jacques Roux의 『프랑스와 자유를 구하는 방법에 관한 논고Discours sur les moyens de sauver la France et la liberté』 출간
27일	비선서 성직자 유형법 제정
29일	왕의 근위대 해산법 제정
6월 8일	병력 2만 명 증원법 제정
11일	왕이 비선서 사제 유형법과 병력 2만 명 증원법에 거부권 행사
12일	롤랑, 세르방, 클라비에르 해임하고 뒤무리에를 전쟁대신에 임명
13일	국회가 해임된 대신들을 지지하고 뒤무리에를 공격

28일	파리에 브룬스비크 공의 선언문이 퍼지기 시작
30일	국회가 수동시민에게 국민방위군 복무 허용
	샹젤리제에서 마르세유 의용군과 왕당파 군인 충돌
31일	파리 모콩세이 구가 왕을 더는 인정하지 않는다고 선언
	아시냐 지폐 3억 리브르 발행
8월 3일	왕이 브룬스비크 공의 선언에 대해 의견 발표
4일	파리 문밖 캉즈뱅 구가 9일까지 국회가 왕의 폐위를 선언하지 않으면
	10일에 대대적인 봉기를 하겠다고 예고
7일	프로이센과 러시아가 오스트리아를 빼고 폴란드 분할 재합의
10일	파리 민중 봉기와 튈르리 궁 점령
	왕과 가족이 국회로 피신
	국회가 왕권 정지와 국민공회 선거 의결
	새 내각 발표: 당통(법무), 롤랑(내무), 세르방(전쟁), 클라비에르(국
	세), 몽주(해군), 르브룅(외무)